Inhalt

Nordische Mythen für Kinder

Emma Rosenqvist

Alle Ratschläge in diesem Buch wurden vom Autor und vom Verlag sorgfältig erwogen und geprüft. Eine Garantie kann dennoch nicht übernommen werden. Eine Haftung des Autors beziehungsweise des Verlags für jegliche Personen-, Sach- und Vermögensschäden ist daher ausgeschlossen.

Email: info@edition-lunerion.de
www.edition-lunerion.de

Psiana eCom UG
Berumer Str. 44
26844 Jemgum

Vorwort

Bestimmt haben viele von euch schon einmal von Loki, Odin und Co. gehört. Vielleicht kennen manche sogar ihre Geschichten, die seit langer Zeit sowohl Jung als auch Alt in ihren fesselnden Bann ziehen.

Die Welt der nordischen Mythologie mit all ihren mächtigen Göttern und schillernden Fabelwesen ist vielfältig. Jede Sage strotzt nur vor Magie und Spannung!

Sicherlich könnt ihr es kaum abwarten, mehr über diese alten, spannenden Mythen zu erfahren und dabei in die Welt der mächtigen Götter, gewaltigen Drachen, flinken Zwerge, tapferen Kriegerinnen und sämtlichen anderen Kreaturen, die uns auf unserer Reise begegnen werden, abzutauchen. All das wird euch in diesem Buch begegnen.

Worauf warten wir noch? Los geht's!

Viel Spaß beim Lesen!

Hinweis: In diesem Buch findest du an verschiedenen Stellen QR-Codes, die dich zu Audiodateien führen. Falls du keine Möglichkeit hast, diese zu scannen, kannst du alle Dateien auch über diesen Link finden: https://bit.ly/3UDTIZF

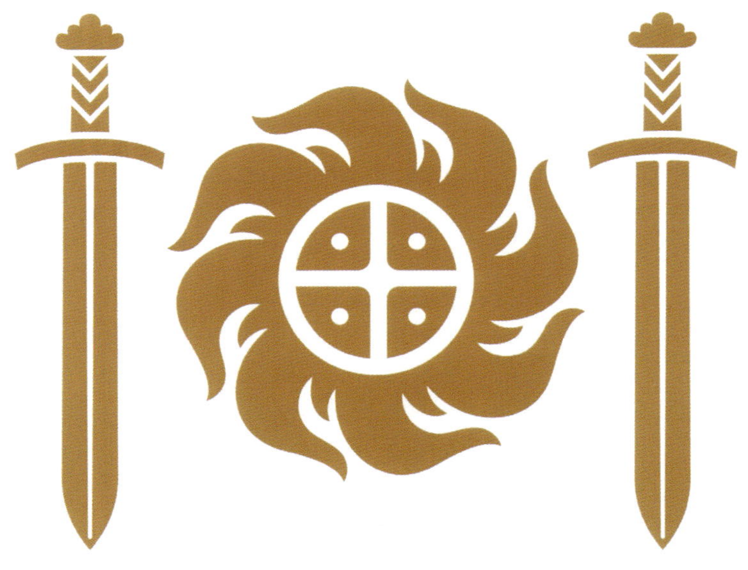

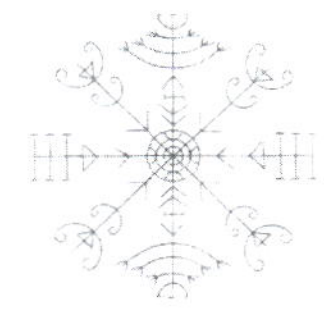

Die Welt der Mythen und großen Mächte

Götter, Elfen, Zwerge und Riesen, all diese Wesen begegnen uns öfter, wenn wir uns Geschichten erzählen und träumen wollen. Fantastische Wesen wie ein achtbeiniges Pferd und riesige Wildkatzen sind ebenfalls Teil der Welt der nordischen Mythologie, die so viele Menschen seit Jahrhunderten verzaubert.

Die nordischen Götter haben damals wie heute Groß und Klein mit ihren Abenteuern unterhalten und auch Lebensweisheiten gelehrt. Mindestens genauso interessant wie ihre Legenden sind die Menschen, die sich ihre Geschichten ausgedacht und viele Jahrhunderte lang erzählt haben: die Wikinger.

Wer genau war dieses Volk und wie sah deren Leben aus, das sie zu solch mystischen Geschichten inspiriert hat? In diesem Buch werden wir nicht nur mehr über die Götter selbst lernen und uns von ihren Sagen verzaubern lassen, sondern auch verstehen, wer die Wikinger waren und warum die Götter ihnen so wichtig waren. Tauchen wir ein in eine Welt mit eigenen Naturgesetzen, magischen Wesen und exotischen Lebensphilosophien.

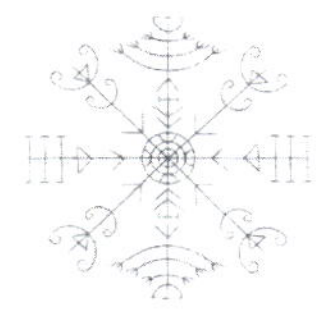

Auf den Spuren der nordischen Mythologie

Eine zauberhafte Welt

Asgard, das Reich der nordischen Götter, ist die Welt von Odin, seinem Sohn Thor und vielen anderen Göttern, zu denen wir Menschen von der Erde aus, auch Midgard genannt, hinaufblicken. Laut den Erzählungen schwingt Thor seinen Hammer mit dem Namen Mjölnir, mit dem er unzählige Schlachten bestreitet und den wir als Donner am Himmel wahrnehmen. Zumindest sind dies die Sagen, die sich im Norden Europas seit vielen Jahrhunderten bei Lagerfeuern erzählt werden.

Im hohen Norden, in den skandinavischen Ländern Norwegen, Schweden und Dänemark, wächst jedes Kind mit den Legenden des Göttervaters Odin auf, mit dem Donnergott Thor sowie dem Gott des Feuers und des Schabernacks Loki. Auch andere Göttinnen und Götter treiben ihr Spiel neben den drei bereits erwähnten. Zu diesen werdet ihr später noch einiges erfahren, bleibt also gespannt.

Von Generationen an wurden diese Erzählungen weitergetragen, von Großvätern und Großmüttern an ihre Enkel, Vätern und Müttern an ihre Kinder und auch unter Erwachsenen erzählt man sich heute noch gerne die Abenteuer der mystischen Götter.

Doch was genau ist Mythologie?

Das Wort entstammt dem altgriechischen Wort „Mythos“ (μῦθος) und bedeutet „Sage“, „Erzählung“, „Geschichte“ oder „Dichtung“. Es umfasst eine Sagenwelt, die fest verwurzelt ist mit der kulturellen Geschichte eines Volkes. Was eine Mythologie ausmacht, sind die Überlieferungen aus der Vorzeit der heutigen modernen Welt, deren Themen Heldensagen sind, aber auch Geschichten von Göttern und Dämonen sowie deren Ursprung.

Niemand kennt den genauen Ursprung von Mythen oder weiß, wer sie als Erstes erzählt hat. Diese sind eine Sammlung von verschiedenen Geschichten, die über viele Jahrhunderte von Mund zu Mund weitergetragen wurden. So manche Sagen wurden ausgeschmückt und ergänzt. Wurden diese in die Welt hinausgetragen, so konnten andere Völker verstehen, wie die nordischen Völker die Welt sehen und begreifen.

Mit mythologischen Geschichten haben sich die Menschen bereits damals, aber auch heute, unterhalten und die Zeit vertrieben. Manchmal wurden sie auch als Warnungen genutzt oder als Ratgeber verwendet. Mit den Sagen versuchten die Menschen aber auch, sich die Welt zu erklären. Oftmals waren sie auch eng mit der Religion verknüpft.

Heute wissen wir, dass Donner und Blitze durch das Aufeinandertreffen von kalter und heißer Luft entstehen. Wir können sogar durch die alte Faustregel der Sekundenzählung zwischen Blitz und Donner errechnen, wie weit der Sturm von uns entfernt ist. Damals jedoch hielten die Menschen dieses furchterregende Himmelsspektakel für den Zorn der Götter.

Bevor das Christentum und andere modernere Religionen durch Reisende in die nordischen Völker gebracht wurden, haben diese die nordischen Götter angebetet. Riten und Bräuche waren – ähnlich wie der heutige Gottesdienst – üblich, um Unheil abzuwenden und um Glück und Gesundheit zu erbitten.

Die nordischen Völker waren sehr naturverbunden und glaubten an Magie, die durch bestimmte Handlungen in gewünschte Bahnen gelenkt werden konnte. Um den Willen der Götter zu deuten, wurde Wahrsagerei angewendet. Auch Omen waren ein beliebtes Mittel, um die Zukunft vorherzusagen.

Insbesondere die Wikinger glaubten, dass das Schicksal eines jeden Einzelnen sowie der Welt bereits geschrieben war. Als kriegerisches Volk, das durch Seefahrerei andere Völker überfiel und viele Schlachten bezwang, glaubten die Wikinger, dass am Ende der Zeit die große Dämmerung eintreffen würde: Ragnarök, die Schlacht der Götter.

Für die Wikinger war Religion, Zauberei und der Glaube an die Macht der Natur dasselbe. Ihre Religion war der Glaube an die Götter. Zauber und Magie waren Teil der Welt ihrer Götter, aber auch ihrer eigenen. Denn zum Beispiel durch das Aufschreiben von Runen, die wir später näher kennenlernen, hofften die Wikinger auf eine positive Lenkung der Geschehnisse. Sie hatten auch einen tief verwurzelten Glauben an Naturgeister, die im Einklang mit der Welt und den Göttern leben. All dies spiegelt sich in ihren Sagen wider.

Die Welt der nordischen Mythologie ist voller Heldensagen, Fabelwesen, die auf unserer Erde wandeln, und Göttergeschichten aus Asgard. Erzähler, Beobachter und Mitspieler sind wir, die Menschen aus Midgard. Damals nur über mündliche Überlieferung, mittlerweile auch über Schriften, halten wir die Legenden am Leben und geben sie weiter.

Wie gelangen die Legenden in die moderne Welt?

Die Edda

Die Geschichten der nordischen Götter sind heute bekannt als sogenannte „Edda“. Dies ist ein altisländisches Wort, das mehrere Bedeutungen hat. Zum einen bedeutet es „Urgroßmutter“, da es auf alte Märchengesänge hinweist. Zum anderen bedeutet es in der moderneren Welt auch „Dichtkunst“. Die Edda ist nicht nur der Begriff für die Legenden, sondern auch eine Sammlung von Liedern und Schriften über die nordischen Götter, die aus Island stammt.

Die Edda ist in zwei Teile aufgeteilt:

Edda bezeichnet demnach beides: die inhaltlichen Geschichten und auch die Kunst, diese zu erzählen, sei es in Liedern oder in Gedichten.

Die ältere Edda

Zum einen wäre da die ältere Edda, die hauptsächlich aus Liedern besteht. Diese handelt vor allem von den alten Götterliedern, wie sie ursprünglich erzählt und gesungen wurden.

Könnten wir eine Zeitreise machen und mit den Wikingern zusammen am Lagerfeuer sitzen, so wären es die Lieder aus der älteren Edda, die wir hören könnten. Diese würden jedoch anders erzählt und gesungen werden, als wir es jetzt kennen. Vermutlich würden wir kaum verstehen, worum es sich handelt. Da die Zuhörer die Geschichten bereits in- und auswendig kannten, waren die Lieder voller Andeutungen und bildlicher Sprache.

Die jüngere Edda

Einfacher ist dann die **jüngere Edda** zu verstehen, auch Snorri- oder Prosa-Edda genannt. Der isländische Gelehrte und Dichter Snorri Sturluson aus dem 13. Jahrhundert war fest entschlossen, die Geschichten der Götter verständlich niederzuschreiben und auch zu erklären, wie die Lieder aufgebaut waren.

Snorri Sturluson, (geboren 1179, verstorben 1241) war einer der berühmtesten isländischen Dichter und Politiker. Insbesondere wurde er wegen seines Kampfes um die Unabhängigkeit Islands erinnert, der sich gegen die Machtergreifung Norwegens auflehnte. Er hatte das höchste staatliche Amt des Gesetzessprechers inne und stiftete Frieden bei politischen Konflikten.

Die nordischen Legenden waren gekleidet in einer traditionellen Dichtkunst, die von Snorri enträtselt werden konnte. Dazu eignete er sich viel Wissen über die nordische Mythologie an und konnte die Tiefe der Geschichten sowie auch ihren Unterhaltungswert verstehen und wiedergeben.

Anders als in der alten Edda ging Snorri jedoch davon aus, dass die Erzählungen über die Götter inspiriert waren von echten Menschen, die als Migranten in den Norden kamen. Er glaubte, dass Menschen dem ebenfalls mythologischen Trojanischen Krieg, bekannt aus dem Werk der Ilias des griechischen Dichters Homer, entflohen waren und mit fortgeschrittener Technik in den Norden kamen, wo sie von den Einheimischen als Götter wahrgenommen wurden.

Anhand dieser Schriften wurden die Überlieferungen in die Welt getragen, wo sie viele Menschen und Künstler inspirierten. Seitdem gibt es unzählige Bücher, Filme und Spiele rund um die Thematik der nordischen Götter.

Welche nordischen Völker glaubten an Odin und Co.?

Das Volk, das die Länder Norwegen, Dänemark und Schweden bevölkerte, nannte sich Wikinger. Der Name entstammt dem altnordischen Wort „vikingr" und bedeutet „Gefolgsmann" oder „Pirat". Es bedeutet aber auch „der Bucht entstammend", da das Wort „vik" „Bucht" bedeutet. Dieses Volk lebte zumeist nahe der See. Es war bekannt dafür, solide Schiffe zu bauen, mit denen es zum Teil Handel trieb, zum Teil aber auch andere Siedlungen überfiel.

Auf dem Festland betrieben die Wikinger viel Landwirtschaft und waren sehr im Einklang mit Tieren und der Natur. In der Zeit des dunklen Mittelalters, ca. 500–1000 nach Christus, lebten die Wikinger in einer durchaus modernen Gesellschaft.

So waren Mann und Frau gleichgestellt und beide kämpften Seite an Seite. Weibliche Kriegerinnen wurden Schildmaiden genannt und genossen hohes Ansehen. Weibliche Kriegerinnen gehörten also stets zum Volk der Wikinger, was sich auch in den Sagen über die Walküren wiederfindet. Diese waren weibliche Geister, die auf geflügelten Pferden ritten, um die gefallenen Krieger auf dem Schlachtfeld nach Walhall zu bringen.

Nach Walhall, auch Walhalla genannt, werden nur besonders tapfere

Krieger gebracht, die auf dem Schlachtfeld verenden, um dort mit Göttern und ihren Vorfahren gemeinsam auf Ragnarök, die letzte Schlacht, zu warten.

Die Wikinger lebten in einer rauen Umgebung, die teilweise kalt und lebensfeindlich war. In ihren Liedern kleideten sie die Götter demnach ähnlich wie sich selbst, beispielsweise mit vielen Lederhäuten und Fellen sowie schweren Panzern und Waffen. Blicken wir auf Thor, der den mächtigen Hammer Mjölnir schwingt, wird er oft beschrieben als groß, blond, muskulös und mit Fellen und schwerer Rüstung bekleidet – das typische Erscheinungsbild eines Wikingers.

So rau und gewaltvoll die Umgebung der Wikinger war, so rau und gewaltig waren auch die Handlungen ihrer Legenden. Inspiriert von den eisigen Kälten des Nordens, erzählen sich die Wikinger Geschichten von Jötunheim, dem Land der Eisriesen. Es ist einfach, zu glauben, dass hinter den eisigen Gebirgen der Gletscher Eisriesen leben.

Kannst du dir vorstellen, dass die Sonne mehrere Wochen lang nicht aufgeht? Dies ist für die Menschen in Norwegen Realität. Die lange Polarnacht (auf Norwegisch morketid genannt) herrscht von Anfang Dezember bis Anfang November.

Näher am Nordkap dauert sie sogar von Mitte November bis Mitte Januar. Bis auf ein leichtes Glimmen der Sonne am Horizont herrscht dort Dunkelheit, nur unterbrochen durch Polarlichter. In der Edda werden Lieder über Nilfheim gesungen, die Nebelwelt. Dies ist die Welt der Dunkelheit, des Eises und des Todes.

Es ist erkennbar, dass die Menschen die Göttersagen nach ihrer eigenen Umgebung aufbauten, nach dem, was sie täglich sahen und was sie erlebten. Durch die Reisen der Wikinger brachten sie auch ihre Götter zu weiteren Völkern, so etwa nach Island, zu den Kelten, ins heutige Irland und selbst bis an die Nord- und Ostsee, zu den damaligen Germanen, den heutigen Deutschen. Auch sie glaubten an den Donnergott Thor, den sie allerdings „Donar“ nannten. Der Göttervater Odin wurde „Wodan“ genannt. Die nordischen Götter sind nicht von der Kultur der Menschen zu trennen, die ihre Lieder singen und ihre Geschichten bereits seit vielen Jahrhunderten erzählen und noch viele Jahrhunderte erzählen werden.

Wollen wir nun gemeinsam in die Welt der nordischen Götter abtauchen!

REISE IN DIE WELTENESCHE YGGDRASIL

Denken wir an unser Universum und die Erde, wissen wir, dass diese als Erdkugel um die Sonne kreist. Um uns herum befinden sich Planeten, die Milchstraße, Sterne und unendliche Weiten des Unbekannten. Blickten die Wikinger in den Himmel, was sahen sie wohl?

Zunächst einmal glaubten diese daran, dass die Welt, in der wir und alle anderen Schöpfungen leben, Teil eines unendlich großen Baumes ist. Dieser Baum ist eine Esche, mit dunkelgrünen, eiförmigen Blättern, deren Ränder gesägt sind.

Diese Esche umspannt die ganze Welt; ihre Wurzeln dringen tief in die Erde, ihre Äste ragen hoch in den Himmel. Sie wird auch als Weltenesche bezeichnet und ihr Name ist Yggdrasil. Diese Esche ist der Weltenbaum, das Zuhause aller Schöpfungen, die der Götter, der Riesen, der Elfen, der Zwerge und der Menschen.

Yggdrasil hat drei starke Wurzeln,
an deren Ende jeweils eine Quelle entspringt:

Der Brunnen der Urd

Die Quelle der ersten Wurzel ist der Brunnen der Urd, auch Schicksalsbrunnen genannt. Dieser wird in der Snorri-Edda „Gylfagynning“ so beschrieben:

„Dies Wasser ist so heißig, dass alle Dinge, die in jene Quelle geraten, so heiß werden wie die Haut, die man Skjall nennt und die innen an der Eierschale sitzt.“

Auf dem Brunnen schwimmen zwei Schwäne, die Vater und Mutter aller Vögel sind. Von ihnen stammt jedes Lebewesen ab, das Gefieder trägt.

Der Urdbrunnen ist die Heimstätte der drei Nornen, den Schicksalsschwestern, die das Schicksal jedes Wesens, ob Mensch oder Gott, weben. Ihre Namen sind Urd, das Schicksal, Verdandi, die Werdende, und Skuld, die Schuld oder das, was sein soll. Die Schicksalsschwestern beschreiben die Zeit in Form von Vergangenheit, Gegenwart und Zukunft. Von der Stunde der Geburt an bis zum Tod haben die Schicksalsschwestern den Faden des Schicksals in ihrer Hand.

Anders als die Walküren, die wir später näher kennenlernen werden, stehen die Nornen nicht im Dienste der Götter. Ganz im Gegenteil, selbst Odin kann sich seines ihm vorbestimmten Schicksals nicht entziehen. Es waren die Nornen, von denen er erfuhr, dass es sein Schicksal war, am Tag der Götterdämmerung Ragnarök durch den mächtigen Fenriswolf besiegt zu werden. Die Nornen sind älter als die Götter selbst, sie lebten bereits vor Erschaffung der Weltenesche. Es hieß, sie kamen aus Riesenheim und mindestens die Norne Urd entstamme den Riesen. Ob sie Riesinnen, Göttinnen oder die Reinkarnation der Zeit sind, kann nicht genau gesagt werden.

Jeden Tag schöpfen die Nornen Wasser aus dem Urdbrunnen und begießen damit Yggdrasils Wurzeln, damit er auf ewig grün bleibt. Jeden Tag findet auch der Rat der Götter an dem Urdbrunnen statt.

Der Begriff „Norne“ leitet sich aus dem altgermanischen Wort „norhni“ ab. Es bedeutet Verknüpfung. Die Nornen sind daher Verknüpferinnen oder auch Schicksalsweberinnen.

Der Mim-Brunnen

Aus der zweiten Wurzel entspringt die Quelle des Brunnens der Weisheit, des Mim-Brunnens. Die zweite Wurzel ist verbunden mit Jötunheim, eine der neun Welten, die wir später genauer kennenlernen werden.

Der Wächter des Brunnens ist Mimir, „der, der sich erinnert". Dieser trinkt jeden Tag aus der Quelle, um Weisheit und Weissagung zu erlangen. Odin besucht Mimir oft und bittet ihn um Rat. Als er selbst aus der Quelle trinken möchte, um Weisheit zu erlangen, wird ihm dies erlaubt – jedoch zu einem hohen Preis. Odin opfert eines seiner Augen, um ebenfalls aus der Quelle trinken zu dürfen. Es wird gemutmaßt, dass Odin auf der Suche nach einer Möglichkeit war, seinem Schicksal und damit seinem vorbestimmten Tod durch den Fenrirwolf bei der Götterdämmerung zu entgehen.

Die Hvergelmir-Quelle

Der dritten Wurzel entstammt die Quelle Hvergelmir, die alle Flüsse und Meere der Welt mit Wasser speist. Diese Quelle liegt an einer tiefen Wurzel von Yggdrasil und verkörpert das Urmeer, welches übertragen auch das Chaos bedeutet, dass auch allem Leben innewohnt.

Das Wort „Hverr" entstammt dem Altnordischen und bedeutet „Kessel" oder „heiße Quelle". Das Gesamtwort lässt sich schwer übersetzen, es ist jedoch davon auszugehen, dass es so viel bedeutet wie „der brausende Kessel".

An dieser Quelle finden sich zahlreiche Schlangen. In ihrer Mitte befindet sich der große Schlangendrache Nidhöggr, der mit pechschwarzen Schuppen, großen, ledrigen Flügeln und gelben Augen an den Wurzeln von Yggdrasil nagt. Dieser wird auch als Totendrache bezeichnet.

Durch das Nagen an der Wurzel schwächt Nidhöggr die Weltenesche. Wenn ihre Blätter nicht mehr saftig grün sind, sondern braun werden, ihre Wurzeln abgenagt und die Rinde morsch und rissig sind, wird die Götterschlacht Ragnarök geschlagen.

Dann umschlingt der Totendrache Nidhöggr alle Toten, die einen unehrenhaften Tod gestorben sind, in seine ledrigen Flügel und steigt mit ihnen hinab in die Unterweltgebirge.

Steigen wir aus den Tiefen der Wurzeln von Yggdrasil heraus und blicken wir auf die Baumkrone, die sich ins Unendliche in den Himmel streckt. In den oberen Ästen finden wir einen riesigen Adler. Sein Name ist nicht bekannt, er überblickt jedoch die ganze Welt und hat Kenntnis über alles, was vor sich geht.

Der Adler ohne Namen steht im Zwist mit dem Schlangendrachen Nidhöggr. Der Grund für den Streit ist schon längst in Vergessenheit geraten. Den Konflikt tragen diese aus, indem sie sich über das Eichhörnchen Ratatosch Nachrichten überbringen. Das Eichhörnchen flitzt die starken Wurzeln und Äste rauf und runter und übermittelt so Nachrichten und auch Argumente zwischen dem Adler und dem Schlangendrachen hin und her.

Weiter unten an den Trieben von Yggdrasil sehen wir vier Hirsche, die an den Rinden und Trieben nagen. Ihre Namen sind Dain, Dvalin, Dunegar und Dwalthor. Diese vier Hirsche könnten die vier Winde repräsentieren. Auch könnten sie für die vier Jahreszeiten stehen, die Spuren hinterlassen an allem Irdischen, so auch an der Weltenesche.

YGGDRASIL

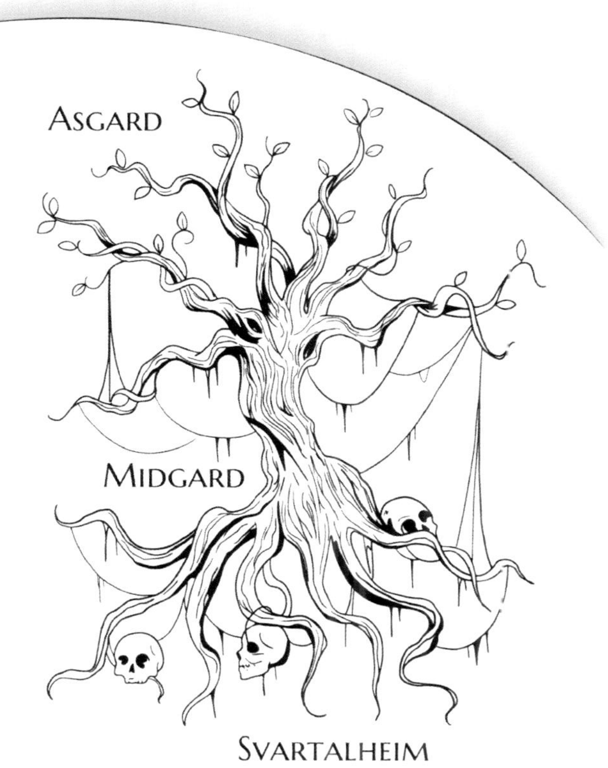

Kommen wir nun zu den neun Welten, die Yggdrasil beherbergt. Aufgezählt heißen diese:

1. Asgard – Königreich der Asen, Heimat der Götter
2. Vanaheim – Reich der Vanir
3. Alfheim – Reich der Lichtelfen
4. Midgard – Reich der Menschen
5. Jötunheim – Land der Eisriesen

6. Svartalfheim – Königreich der Zwerge
7. Nilfheim – Königreich von Eis und Nebel
8. Muspelheim – Königreich von Feuer und Chaos
9. Helheim – Reich der Toten

Versuchen wir, uns diese Welten vorzustellen, so bilden Asgard, Vanaheim und Alfheim paradiesische Orte und befinden sich in den Ästen von Yggdrasil.

Midgard, Jötunheim und Svartalheim sind irdische Welten, wie wir sie von unserer Erde kennen, und in der Mitte der Weltenesche zu finden.

Nilfheim, Muspelheim und Helheim sind Welten der Extreme und der Schatten und befinden sich zwischen den Wurzeln.

Asgard

Beginnen wir unsere Reise in die neun Welten mit Asgard, dem Götterheim und Königreich des Göttergeschlechts der Asen. Es ist ein prunkvolles Reich mit hohen Gebäuden, die bis in den Himmel ragen. Das prunkvollste Bauwerk ist Odins Burg Gladsheim, die aus Gold und Edelsteinen gebaut ist.

Sie ragt hoch über alle anderen Bauten hinaus. Dort sitzt Odin auf seinem Thron Hlidskjalf, dem höchsten Punkt Asgards, und überblickt das Geschehen der Welt. Der Thron ist eine Quelle des Wissens und der Weisheit. Odin beobachtet nicht nur die Menschen, sondern auch die anderen Götter.

So kann er von Hlidskjalf aus Loki finden, wenn er, der Gott des Feuers und des Schabernacks, wieder Unsinn mit den anderen Göttern treibt und so Odins Wut erzürnt.

Abseits des Throns befinden sich weitere große Hallen, die im Sonnenlicht durch das Gold und die prunkvollen Edelsteine glitzern. In den Hallen hängen Speere an den Wänden und Schilde an den Decken.

Die größte Halle ist Valhall, auch Walhalla, genannt. Dort sitzen die Götter mit ihren besten und tapfersten Kriegern an einer langen Tafel und speisen und trinken gemeinsam. Die Halle verfügt über 500 Tore, aus denen schnell herausgeritten werden kann, im Falle, dass alle Krieger zur Schlacht gerufen werden. Insbesondere für die Wikinger hatte die Halle Valhall eine besondere Bedeutung. Sie glaubten, dass Odin und seine Walküren, also die weiblichen Schildjungfern, die über Leben und Tod eines Kriegers entscheiden, die tapfersten Krieger nach Walhalla holen, wenn diese auf dem Schlachtfeld gefallen sind.

In Walhalla trainieren sie jeden Tag und jeden Abend sitzen sie mit den Göttern und ihren Vorfahren an einer langen Tafel, wo sie speisen und trinken. Dort warten sie auf die Götterdämmerung, die letzte Schlacht Ragnarök, wo sie Seite an Seite mit den Göttern kämpfen.

Die Bezeichnung Asgard lässt sich auf das Altgermanische zurückführen, wo unterschieden wurde zwischen „innangard", innerhalb des Zaunes, und „utangard", jenseits des Zaunes. Der Gedanke war, dass innerhalb des Zaunes alles geordnet und zivilisiert ist, während jenseits des Zaunes Wildnis und Chaos herrschen.

Wenden wir unseren Blick ab von der beeindruckenden Fassade der glitzernden Burg Gladsheim und schauen uns um, sehen wir eine große Brücke, die aus Asgard herausführt. Sie leuchtet in allen Farben des Regenbogens. Die Brücke heißt Bifröst und über sie gelangen die Götter in die anderen Welten.

Jeden Tag nutzen sie die Brücke, um zur Urdquelle, dem Schicksalsbrunnen, zu gelangen, um dort Rat abzuhalten. Auch nutzen sie Bifröst, um nach Midgard, das Reich der Menschen, zu gelangen. Wo genau das Ende der Brücke in Midgard ist, weiß niemand so genau.

Aus diesem Grund können die Götter zwar nach Midgard gelangen, die Menschen jedoch nicht nach Asgard. Es gibt nur einen Gott, der Bifröst nicht nutzt: Thor. Unterhalb der Regenbogenbrücke befindet sich ein Meer aus heißem Wasser. Thor beschließt, durch die heiße Quelle zu reiten, anstatt den Bifröst zu nutzen.

Warum nutzt Thor als Einziger die Regenbogenbrücke nicht? Wie wir wissen, ist Thor der Gott des Donners und des Sturms. Ein Regenbogen erscheint erst, wenn die Sonne nach dem Sturm durch die Wolkendecke wiederkehrt und die feuchte Luft mit warmen Sonnenstrahlen beleuchtet. Thor nutzte vermutlich die Brücke also nicht, weil sie, bevor er als Donnergott durch das Wasser geschritten ist, gar nicht da war.

Die Farben der Regenbogenbrücke sind nicht zufällig entstanden. Um Asgard zu schützen und unerwünschte Besucher fernzuhalten, wird das Rot der Brücke zu lavaheißem Feuer, wenn jemand anderes als die Götter sie betreten. So wollen sie sich vor allem vor den Eisriesen schützen, von denen sie Angriffe erwarten.

Den größten Schutz bietet jedoch der Wächter des Bifröst, der Gott des Lichtes und des Schutzes: Heimdall. Er gehört ebenfalls zu dem Geschlecht der Asen und wird als der strahlendste aller Götter bezeichnet. Er hat Zähne aus Gold und reitet auf einem Pferd aus Gold, ist also durch und durch eine eindrucksvolle Erscheinung. Er wurde von neun Müttern geboren, die alle miteinander verwandt sind. Als Licht- und Schutzgott schläft Heimdall nie. Seinen goldenen Augen entgeht nichts. Er lebt in seiner Halle Himinbjorg, die direkt am Ende des Bifröst in Asgard liegt. Mit seinem allsehenden Blick erkennt er jede Täuschung, jeden Zauber und jedes Versteck, das mögliche Eindringlinge nutzen könnten, um nach Asgard zu gelangen. Sobald die Stunde der letzten Schlacht Ragnarök schlägt, wird Heimdall in sein Horn Gjallarhorn blasen und damit das Ende der Welt ankündigen.

Die Erbauung der Mauer von Ansgard

Audiodatei 1:
Die Erbauung der Mauer von Ansgard

Odin blickt von Hlidskjalf aus über Asgard. Das Reich ist erbaut, die Fassaden der Häuserreihen glitzern im Sonnenlicht. In weiter Ferne sieht er die Halle Himinbjorg und weiß, dass Heimdall sein allsehendes Auge auf den Zugang zur Stadt gerichtet hat. Doch abseits des Bifröst, am fernen Horizont, sieht Odin Nebel aufziehen. Ist es ein Wetterphänomen? Oder sind es vielleicht die Eisriesen aus Jötunheim, die einen Angriff auf die frisch errichtete Stadt wagen?

Furcht erfasst Odin, als er den Nebel aufsteigen sieht. Er beschließt, beim nächsten Götterrat am Urdbrunnen mit den anderen Asen über mehr Schutz für Asgard zu beratschlagen.

Die Götter finden sich erneut am Schicksalsbrunnen ein. Doch dieses Mal haben sie einen Gast. Wie zufällig tritt ein Riese in ihrer Mitte. Begleitet wird er von seinem Pferd, einem gigantischen Hengst namens Svadilfari. Der Riese hört Odins Bedenken über den Nebel und schlägt ein Abkommen vor: Er würde Asgard eine Mauer bauen, die von nichts und niemandem überwunden werden kann.

Dazu braucht er drei Winter. Als Bezahlung möchte er die Sonne, den Mond sowie die Hand der Göttin Freya, die ebenfalls bei der Sitzung zugegen war. Der Riese hat sofort Gefallen an ihrer Schönheit und Weisheit gefunden, denn Freya ist die Göttin der Fruchtbarkeit und Liebe sowie die Lehrerin des Zaubers.

Freya jedoch ist entsetzt, niemals würde sie solch einem Abkommen zustimmen. Der listige Loki ergreift das Wort und schlägt vor, der Riese möge die Mauer bauen, jedoch in nur sechs Monaten und ohne Hilfe. Er flüstert den anderen Göttern zu, dass der Riese dies niemals schaffen würde, weshalb das Abkommen nur zu ihren Gunsten wäre.

Überzeugt von Lokis Worten, stimmen die anderen Götter dem Vorschlag zu. Auch der Riese nickt, jedoch unter der Bedingung, dass sein treuer Gefährte, der Hengst Svadilfari, bei ihm bleibt. So wird das Abkommen getroffen und der Riese macht sich sogleich ans Werk.

Getrieben von der Aussicht auf die Heirat mit Freya sowie dem Besitz über Sonne und Mond, arbeitet der Riese unermüdlich. Zum Entsetzen der Götter ist ihm Svadilfari eine große Hilfe, denn dieser schleppt Tag und Nacht große Steine und Geröll für den Bau der Mauer heran.

Bald sind die sechs Monate erreicht und der Riese ist mit dem Bau der Mauer fast fertig. Es fehlt lediglich der Torbogen. Voller Verzweiflung wendet sich Freya an Odin, er möge ihr helfen, die Hochzeit abzuwenden. Ohne Lokis überzeugende Worte hätte sie dem Abkommen nie zugestimmt, doch nun scheint es, dass der Riese entgegen allen Widrigkeiten doch seinen Teil einhalten könnte.

Erzürnt ruft Odin Loki zu sich herbei und droht ihm mit einer gräulichen Strafe, sollte der Riese es schaffen, die Mauer rechtzeitig fertig zu stellen. So überlegt sich Loki eine Ablenkung. Er erschafft eine prachtvolle Stute, der er Leben einhaucht. Sobald Svadilfari diese erblickt, hat er nur noch Augen für die schöne Stute und vergisst die Arbeit an der Mauer.

So lenkt die Stute Svadilfari ab und er geht mit ihr. Gemeinsam erschaffen sie einen jungen Hengst, der mit acht Beinen geboren wird. Dies ist von nun an Odins Ross, das prächtigste Pferd Asgards. Sein

Name ist Sleipnir und mit seinen acht Beinen ist er das schnellste Pferd an Land und auf dem Wasser.

Voller Wut und Traurigkeit über die List und den Verlust seines Gefährten wendet sich der Riese an Odin und wirft ihm unehrenhaften Betrug vor. Der Allvater fühlt sich beleidigt. So bringt er den Riesen gemeinsam mit Loki und Thor vor die von ihm erbaute Mauer der Stadt und verbietet ihm, je wiederzukommen. Der Riese kehrt Asgard den Rücken zu und verschwindet in den Tiefen von Yggdrasil.

VANAHEIM

Verlassen wir das prunkvolle Reich der Asen und besuchen das Zuhause des anderen Göttergeschlechts, der Wanen oder Vanir. Diese Götter sind bekannt für ihre Naturverbundenheit, Fruchtbarkeit und ihren Wohlstand. Sie sind Götter des Ackerbaus und gelten als älter als die Asen.

Ihre Umgebung ist daher grün und voller saftiger Früchte, Gemüse und hoch sprießendem Getreide. Wo genau Vanaheim zu finden ist, wird unterschiedlich überliefert. In manchen Erzählungen ist Vanaheim ebenfalls in den Ästen von Yggdrasil zu finden, direkt zwischen Asgard und Midgard.

Bei dieser Erzählung werden die Vanir als Übermittler zwischen den Asen und den Menschen angesehen. Ihre Welt ist ein Bindungsglied zwischen der magischen Welt Asgard und der irdischen Welt Midgard. In anderen Erzählungen ist Vanaheim näher an den Wurzeln, neben Helheim, dem Reich der Toten.

Vor Anbeginn jeder Sage fand ein langer Krieg statt zwischen Asen und Wanen, über den wir in den nächsten Kapiteln mehr erfahren werden. Die Wanen verloren den Krieg und ihre Welt senkte sich ab, bis in die Wurzeln von Yggdrasil, wo sie nahe Helheim verblieb, nah an ihren eigenen Gefallenen.

Der Anführer der Vanir ist Njörðr, der Gott des Meeres, der Winde und der Schiffe. Er wird auch als Fruchtbarkeitsgott verehrt. Der Sage zufolge verfügt Njörðr über so viel Wohlstand, dass er Auserwählte mit Fisch und Land beschenkt und diese so ebenfalls zu reichen Menschen macht.

Segelten die Wikinger über turbulente See, so beteten sie zu Njörðr, er möge sie sicher über die raue See bringen. Weitere berühmte Vanir sind zwei von Njörðrs Kindern: die Zwillinge Freya und Freyr. Wir haben Freya bereits in der Geschichte über den Mauerbau Asgards kennengelernt. Ihr Zwillingsbruder Freyr ist der Gott des Himmlischen, der Wärme und des Friedens. Freya und Freyr leben nicht mehr in Vanaheim, sondern wurden nach Ende des Götterkrieges als Friedensgeiseln nach Asgard geschickt.

ALFHEIM

Reisen wir weiter nach Alfheim, das Heim der Lichtelfen. Dieses befindet sich direkt neben Asgard und wird von Wesen bewohnt, die schöner strahlen als das Sonnenlicht, den Lichtelfen. Diese sind groß und anmutig. Ihre Schönheit überstrahlt alles und sie können mächtige Zauber wirken. Anders als die Asen sind die Lichtelfen zwar mächtig, aber keine Götter, sondern gänzlich anderer Abstammung.

Sie sind den Menschen sehr ähnlich, nur sind sie größer, schlanker und anmutiger. Sie leben in einer hellen Welt des Lichts mit Bauten, die viele verschlungene Verzierungen aufweisen. Manchmal werden sie auch Elben oder Alben genannt. Die Überlieferungen haben mehrere Begriffe für diese anmutigen Wesen.

Das Oberhaupt von Alfheim ist Freyr, der Vanir. Noch bevor er nach Asgard als Friedensgeisel gesandt wurde, erhielt er das Reich Alfheim als Geschenk. Er sollte mit seiner Weisheit und Friedfertigkeit darüber hüten. Die Vanir und die Lichtelfen waren einander verbunden durch ähnliche Lebensphilosophien.

Beide waren sehr naturverbunden und fühlten sich dem Licht hingezogen. Beide konnten mächtige Naturzauber wirken, die ihnen selbst, aber auch den Menschen dienten. Würden wir versuchen, die Lichtelfen zu kategorisieren, würden diese vermutlich am ehesten noch als Halbgötter gelten.

MIDGARD

Kommen wir nun zu Midgard, unserer Heimat, die angesiedelt ist zwischen der paradiesischen Oberwelt und der Unterwelt. Dies ist die Welt der Menschen, wie wir sie kennen, und Zentrum des nordischen Kosmos, mit grünen Wäldern und Wiesen, warmen Stränden, hohen Bergen, tiefen Ozeanen und stürmischen Meeren.

Hier sind wir zuhause und meistens ungestört von Bewohnern anderer Welten. Manchmal nutzen die Asen die Regenbogenbrücke Bifröst, um Midgard zu besuchen. Ihre Geschäfte sind unterschiedlich, manchmal kommen sie, um die Menschen zu beobachten, manchmal sogar, um mit ihnen zu interagieren.

Odin ist ein häufiger Besucher in Midgard, nicht zuletzt durch zahlreiche romantische Beziehungen, die er zu Menschenfrauen pflegt. Auch die Lichtelfen gehen manchmal Verbindungen zu Menschen ein. Ihren Nachfahren sagt man nach, dass sie die schönsten Menschen sind, die je auf Erden wandelten.

Midgard ist umschlossen von tiefen Ozeanen, die es von den anderen Welten trennen. In diesen Gewässern lebt der Sage nach die gigantische Midgardschlange, die die ganze Welt mit ihrem Körper umfassen kann. Der Name der Midgardschlange ist Jörmungandr. Sie ist eines der Kinder Lokis, die er mit der Riesin Angrboda gezeugt hat.

Ihre Geschwister sind der Fenrirwolf und die Totengöttin Hel, deren Geschichten wir später erfahren. Diese drei Geschwister sind der Sage nach die drei Weltfeinde, die in der Schlacht der Götterdämmerung eine große Rolle spielen werden.

Die Götter fürchteten die Kinder von Loki und Angrboda, da sie eine Mischung aus Göttern und Riesen waren. So beschlossen sie, die Midgardschlange, bevor sie ausgewachsen war, in den Ur-Ozean zu verbannen, der Midgard umschließt. Mit ihren glänzenden Schuppen und dem immer mehr wachsenden Körper liegt Jörmungandr dort und beißt sich selbst in den Schwanz. Sie wartet auf Ragnarök, das Ende der Welt, um aus dem Ozean herauszukommen und ihren Geschwistern im Kampf beizustehen.

Thors Stärkeprobe – die Begegnung mit der Katze

Audiodatei 2:
Thors Stärkeprobe – die Begegnung mit der Katze

Auf einer seiner vielen Reisen fernab von Asgard, in der Welt der Eisriesen Jötunheim, trifft Thor als Gast bei dem Riesenkönig in seiner Burg Utgard ein. Der Riesenkönig wird Skrýmir und auch Utgard-Loki genannt.

Dieser erstellt sich eine List, denn er möchte Thors Stärke auf die Probe stellen. Er verwandelt die Midgardschlange in eine gewöhnliche Katze und platziert sie vor Thor. Er fordert Thor vor seinem gesamten Hofstaat heraus, seine Stärke unter Beweis zu stellen und die Katze hochzuheben.

Thor kann die Illusion nicht durchschauen und willigt ein. Er umfasst den Bauch der Katze mit beiden Händen und zieht. So sehr er sich auch anstrengt, es gelingt ihm nicht, die Katze mehr vom Boden zu heben, als dass eine Pfote in der Luft hängt.

Verwundert schaut er zum Riesenkönig Utgardloki hinaus, der sich köstlich amüsiert. Dieser löst die Illusion auf und gibt die Midgardschlange frei, die sofort in die Tiefen des Ur-Ozeans abtaucht, da es noch nicht an der Zeit ist für einen Kampf mit Thor.

Dieser zeigt sich erbost ob des Tricks. Er schimpft den Riesenkönig einen Scharlatan, der ihn zu Belustigungszwecken in eine Falle lockte. Der Riesenkönig jedoch zeigt sich unbeeindruckt von Thors Tem-

perament. Er lobt ihn sogar noch und bewundert seine Kraft, denn niemand auf der Welt wäre imstande, die Katze auch nur vom Fleck zu bewegen.

JÖTUNHEIM

Für die nächste Welt, die wir besuchen wollen, brauchen wir sehr dicke Winterjacken. Es ist Jötunheim, die Welt der Frost-, Eis- und Felsenriesen. Diese Welt besteht aus Schnee, Kälte und Eisbergen, die so groß sind, dass man den Himmel kaum noch sieht. Die Landschaft ist geprägt von strahlendem Schnee, tiefen und dunklen Wäldern und frostigen Bergen.

Jötunheim liegt an den Wurzeln von Yggdrasil. In dessen Nähe befindet sich der Mim-Brunnen, die Quelle von Mímirs Weisheit. Odin reist oft dorthin, um Weisheit zu erlangen. Demnach besucht er das Land der Eisriesen von Zeit zu Zeit.

Der Hauptsitz der Riesen aus Jötunheim, die Jötunn oder Jötnar genannt werden, ist sowohl die Hauptstadt als auch die gleichnamige Burg Utgard. Der Herrscher über den Ort ist der Eisriese Skrýmir, auch Utgard-Loki genannt. Utgard ist nicht nur ein Name, sondern auch eine Bezeichnung, wie wir bereits in einem früheren Kapitel erfahren haben. Außerhalb des Zauns herrschen das Chaos und die Wildnis.

Wie wir bereits anhand Thors Abenteuer am Hofe Utgards erkannt haben, liegen in Jötunheim Illusion und Wirklichkeit nah beieinander und sind schwer auseinanderzuhalten. Die Eisriesen konnten demnach selbst Zauber wirken, insbesondere Eis- und Illusionszauber. Sie und das Göttergeschlecht der Asen lebten in Feindschaft und versuchten oft, sich gegenseitig auszutricksen.

Neben den Feindschaften gab es jedoch auch starke Verbindungen aus Freundschaften und sogar Liebe. Viele Asen gingen Ehen mit Riesen ein, aus denen Nachwuchs hervorging.

Thors Aufgabe war es, Asgard und Midgard vor den Riesen zu schützen. Der Fluss Iving trennt Jötunheim von Asgard und Midgard. Er gefriert nie, so dass die Eisriesen ihn nicht einfach überqueren können.

Durch Zauber schaffen sie es dennoch manchmal, Jötunheim zu verlassen und durch Yggdrasil zu wandeln. Dann nutzt Thor seinen mächtigen Hammer Mjölnir, um sie zurück nach Jötunheim zu bringen und aus den anderen Welten zu verbannen.

Svartalfheim

Besuchen wir eine weitere Welt, die vor allem von Dunkelheit geprägt ist. Es ist die Welt der Dunkelelfen, auch bekannt als Nidavellir, was „niedere Felder“ bedeutet. In den Überlieferungen wird zwar von Dunkelelfen gesprochen, es ist jedoch gemeinhin bekannt, dass damit Zwerge gemeint sind.

Die Bevölkerung von Svartalfheim sind die geschicktesten und mächtigsten Handwerker in allen neun Welten. Dort wurde Thors Hammer

Mjölnir geschmiedet, Odins magischer Ring und Speer sowie Freyrs zusammenklappbares Schiff.

Die Schmiede von Mjölnir, die Zwergenbrüder Brokkr und Sindri, sind die Einzigen, die neben Thor Mjölnir halten können. Das bedeutet, sie verfügen auch über außergewöhnliche Kräfte und reine Herzen.

Diese Welt ist zwar dunkel, aber nicht einsam oder verzweifelt, wie etwa die Totenwelt Hel. Die Zwerge ziehen die Gemütlichkeit und den Schutz von Mienen, Höhlen und Schmieden den weiten Flächen und dem Sonnenlicht vor. Die Dunkelelfen bzw. Zwerge selbst sind klein, anders als die groß gewachsenen Lichtelfen aus Alfheim, und selbst dunkel wie die Nacht.

Durch ihre Lebensweise sind sie der Sonne gegenüber empfindlich und meiden sie. Die Zwerge sind kampfbewandert und hitzig, wenn sie sich durchsetzen wollen. Anders als die Lichtelfen, die mit dem Guten assoziiert werden, sind die Zwerge eher irdische Wesen: einige sind gut, andere nicht.

Von Odin und den anderen Göttern werden sie aufgrund ihrer Magie und Schmiedekunst respektiert und gefürchtet.

NILFHEIM

Ziehen wir erneut die Winterkleidung an und reisen weiter zur nächsten Welt. Diese ist ähnlich wie Jötunheim eine Welt aus Kälte und Eis. Die frostige Tundra beherbergt jedoch, anders als Jötunheim, keinen einzigen Baum und die Sicht ist nicht klar, sondern vernebelt und undurchdringbar.

Niflheim gehört zu einer der beiden Urwelten. Die andere Urwelt ist Muspelheim. Diese Welten haben ihren kosmischen Ursprung bereits seit Urgezeiten und sind viel älter als die anderen sieben Welten.

Niflheim liegt an der dritten Wurzel von Yggdrasil. Sie beherbergt auch die dritte Quelle Hvergelmir, der alle Meere und Flüsse entspringen.

Eisige Winde und Trostlosigkeit umgeben Niflheim. In manchen Überlieferungen wird die Todesgöttin Hel als Herrin über Niflheim beschrieben. Auch wird Niflheim als Welt der Toten bezeichnet, da nichts in der Kälte überleben kann und der Schlangendrache Nidhöggr sich direkt unter Niflheim befindet, um dort die Wurzel von Yggdrasil anzunagen.

MUSPELHEIM

So kalt und eisig das Nebelland Niflheim ist, so heiß und flammig ist die Feuerwelt Muspelheim. Die Landschaft ist durchzogen von verbrannter Erde und Feuer speienden Vulkanen. Die Luft ist erstickend heiß und die Temperaturen sind unaushaltbar hoch. In dieser extremen Umgebung leben die Feuerriesen. Ihr Wächter und Bewacher ist ein Feuerriese namens Surtr. Sein Name bedeutet „schwarz“ oder „verbrannt“.

Surtrs mächtige Waffe ist ein gigantisches Feuerschwert, dessen Flamme nie erlischt. Er ist mit den Asen verfeindet, kann die Welt Asgard jedoch nicht betreten, um diese anzugreifen. So wartet Surtr in der verbrannten Welt von Muspelheim auf den Tag der Götterdämmerung Ragnarök, wo er den Weltenbrand entfacht, um alles Leben zu vernichten.

HELHEIM

Kommen wir nun zur letzten der neun Welten: der Totenwelt Helheim. Diese befindet sich neben Niflheim und ist eine dunkle und leere Welt, wenn auch nicht so eisig wie Niflheim oder Jötunheim. Hierher kommen alle Verstorbenen, die nicht auf See oder im Kampf gestorben sind.

Sie werden von Hel in ihrem Haus empfangen, welches Eljudnir genannt wird. Hier wählt Hel sorgfältig aus, wen sie in welche Halle schickt. Dort wird also darüber entschieden, wie die Verstorbenen nach ihrem Ableben in Hel ihr Dasein fristen werden.

Manche Hallen haben eine Atmosphäre der Trostlosigkeit und Einsamkeit. Hierher kommen die Seelen, die in ihrer Lebzeit keine guten Taten für andere vollbracht und ihr Leben allein verbracht haben. In manchen Hallen wird gelacht und getanzt. Dort finden sich diejenigen wieder, die ein Licht in ihrer Welt waren und ihren Mitmenschen Freude gebracht haben.

Helheim ist zwar das Reich der Toten, jedoch nicht mit Furcht zu betrachten, sondern vielmehr als letzte Station der unsterblichen Seele. Die Göttin Hel wird zwar von Odin gefürchtet, jedoch ist sie nicht von bösartiger Natur.

Hier beenden wir unsere Reise durch die neun Welten und blicken auf Yggdrasil, die immergrüne Weltenesche. Wir sehen den Adler ohne Namen auf der Baumkrone sitzen und in die Ferne blicken sowie das Nachrichten überbringende Eichhörnchen Ratatosch und die vier Hirsche, die an den Blättern kauen.

Yggdrasil wird stark und aufrecht stehen und die neun Welten beherbergen, bis die Götterdämmerung eintrifft, Yggdrasils Blätter braun werden und die Weltenesche fällt. Vor dem Ende wollen wir jedoch den Anfang kennen.

Wie alles begann: Die Schöpfung der Welt und der Menschen

„Da war nicht Sand, nicht See, nicht salzige Wellen,
Nicht Erde fand sich noch Überhimmel,
Gähnender Abgrund und Gras nirgend."
(Völuspá, das Lied der Seherin, Lieder-Edda)

Vor Anbeginn der Zeit, bevor es Menschen, Tiere und selbst Götter gab, existierte das große Nichts, die völlige Leere, genannt „Ginnungagap". In ihr befanden sich lediglich die zwei Ur-Welten der Extreme und des Chaos, die Nebelwelt Niflheim im Norden und die Feuerwelt Muspelheim im Süden.

Dazwischen herrschte Ginnungagap. Die Quelle Hvergelmir existierte bereits im eisigen Niflheim und aus ihr entsprang das erste Wasser: der giftige Fluss Elivagar. Dieser ergoss sich in die Leere Ginnungagaps. Durch die eisigen Temperaturen Nilfheims gefror der Fluss Elivagar nach und nach, so dass aus Wasser Eis wurde, das sich immer mehr in der großen Leere ausbreitete. Aus der Feuerwelt Muspelheim sprühten Funken und Flammen in Ginnungagap, die nach und nach auf das gefrorene Wasser Elivagars trafen. Dort, wo diese sich begegneten, entstand ein fester Dampf, aus dem das erste Lebewesen hervorging: der Ur-Riese Ymir, der Vorfahre der Frost- und Reifriesen. Die Flammen Muspelheims hauchten ihm Leben ein; aus dem festen Eis Elivagars formte sich sein gigantischer Körper. Neben Ymir entstand aus dem Dampf zwischen den Welten die Ur-Kuh Audhumbla. Ihre Milch diente Ymir als Nahrung. Da noch keine Weiden und kein Gras existierten, fand Audhumbla keine Nahrung. So begann sie, das Eis der mächtigen Eisblöcke Nilfheims anzulecken. Je mehr sie von dem Eis ableckte, desto mehr offenbarte sich eine verborgene Gestalt in dem Eisblock.

Am ersten Tag leckte Audhumbla ein Büschel Haare frei. Am zweiten Tag leckte sie seinen Kopf frei. Am dritten Tag offenbarte sich sein Körper. Es war ein Riese, der im tiefen Schlaf im Eis verborgen lag. Sein Name war Buri, was auch „Erster“ bedeutet. Buri war in der Lage, selbst Leben zu erschaffen, und so rief er seinen ersten Sohn ins Leben: den Riesen Börr. Dieser nahm sich eine Riesin zur Frau, deren Name Bestla war.

Woher genau Bestla kam, ist nicht überliefert. Es ist möglich, dass auch sie durch die Ur-Kuh Audhumbla aus einem Eisblock freigeleckt wurde. Vielleicht wurde sie auch von Ymir erschaffen. Der Ur-Riese konnte ebenfalls mit seinem Leib Leben erschaffen.

Nachdem Ymir sich an der Milch Audhumblas satt getrunken hatte, fiel er in einen tiefen Schlaf. Während er schlief, schwitzte er. Aus jeweils einer Achsel floss ein Tropfen Schweiß, aus dem jeweils ein Riesen-Mann und eine Riesen-Frau entstand. Sobald sich seine Füße im Schlaf berührten und aneinanderrieben, entsprang zwischen ihnen ebenfalls Leben: weitere Riesen. So entstand das erste Leben, durch den Ur-Riesen Ymir und die Ur-Kuh Audhumbla.

Der Riese Börr und seine Frau Bestla zeugten drei Kinder miteinander, drei Söhne. Den ältesten tauften sie Odin und die zwei jüngeren Vili und Ve. Sie waren mit übermächtigen Kräften ausgestattet und obwohl sie von Riesen abstammen, waren sie selbst keine Riesen. Sie waren der Ursprung eines neuen Göttergeschlechts: der Asen.

Eine Weile lebten Asen und Riesen friedlich nebeneinander. Doch Ymir brachte immer mehr Riesen hervor. Manche waren ähnlich ihrem Schöpfer von einer bösartigen Natur, denn Ymir hatte einen unheilvollen Geist.

So beschlossen Odin, Vili und Ve, dem Leben Ymirs ein Ende zu bereiten. Sie brachten den kolossalen Riesen zu Fall und er hauchte seinen letzten Atemzug aus. Sein Blut ergoss sich wie eine Sintflut über all die anderen Riesen, die in den roten Wellen ertranken. So erlosch die Rasse der Riesen beinahe, denn zwei konnten sich auf ein Boot retten: der Riese Bergelmir und seine Frau.

Bergelmir galt als sehr weise – er beobachtete Odin und seine Brüder und erkannte, dass sie was im Schilde führten. Als diese sich um Ymir versammelten, um ihn zu Fall zu bringen, floh Bergelmir mit seiner Frau auf ein naheliegendes Boot und konnte so der tödlichen Sintflut entkommen. Bergelmir und seine Frau gelten als die Stammriesen, da diese weitere Nachkommen hervorbrachten.

Nach dem Fall Ymirs machten sich Odin, Vili und Ve daran, die Welt zu erschaffen. Aus Ymirs Blut wurden die Meere geschaffen. Aus seinem Fleisch wurde Land gebaut. Seine Knochen bildeten die Berge. Aus Ymirs Haaren entstanden die Bäume, aus seinen Knochensplittern und Zähnen Steine und Felsen. Auch für Ymirs Kopf wurde Verwendung gefunden. Denn aus seinem Gehirn bildeten Odin, Vili und Ve die Wolken. Aus der Schädeldecke des Riesen wurde das Himmelsgewölbe gebaut, mit vier Hörnern, die jeweils die vier Himmelsrichtungen markieren.

Damit das Himmelsgewölbe an Ort und Stelle blieb, platzierten die Götterbrüder an je einem Ende einen Zwerg, der es festhielt. Die Namen der Zwerge waren Austri (Osten), Westri (Westen), Nordri (Norden) und Sudri (Süden). Wie genau die Zwerge entstanden sind, ist nicht eindeutig überliefert. In einer Erzählung sind sie aus Maden entstanden, die in Ymirs Körper lebten.

Eine andere Sage beschreibt, dass Odin sie aus Knochen und Blut von Ymir sowie aus Lehm erschaffen hat und ihnen dann mit seinem göttlichen Atem Leben eingehaucht hat. Die Zwerge waren damit die dritte erschaffene Art nach den Riesen und den Asen.

Nun wurden alle weltlichen Dinge aus Ymirs Körper geschaffen und die drei Brüder blickten zufrieden auf ihr Werk. Des Nachts jedoch konnten sie sich in der Dunkelheit der Schönheit ihrer neu geschaffenen Welt nicht erfreuen. So beschlossen sie, aus Feuerfunken der Flammenwelt Muspelheim die Gestirne der Nacht zu erschaffen. Sie formten die Planeten und Sterne und gaben ihnen ihre Laufbahn vor.

Zum Schluss benötigten sie noch etwas, um ihre Schöpfung zu schützen. Aus den Wimpern Ymirs schafften sie eine Mauer, die sie um ihre neue Welt umspannten. Midgard war erschaffen. Außerhalb der Mauer lagen die anderen Welten, in Utgard.

Odin, Vili und Ve ließen sich ebenfalls im inneren Teil der Mauer nieder. Sie wählten den schönsten und glänzendsten Ort für sich aus, den sie Idavellör nannten, den Ort der ersten Ratssitzung. Anschließend beschlossen die drei Brüder bei einem Strandspaziergang, ihr Werk zu bewundern. Während sie an den Gewässern entlangspazierten, entdeckten sie ein Stück Treibholz, das an den Strand gespült wurde. Dieses war außergewöhnlich wohlgeformt, mit einer vom Sand glatt abgeschliffenen Oberfläche. So formten die drei Brüder aus diesem Treibholz die ersten Menschen: einen Mann namens Ask, was Esche bedeutet, und eine Frau namens Embla, was Ulme bedeutet.

Die Götter hauchten den Menschen Leben und Verstand ein und gaben ihnen Midgard als ihre Heimat, während die Götter sich nach Asgard zurückzogen, von wo aus sie die Menschen als ihre Schöpfung allzeit beobachten konnten.

So erschufen die ersten Asen Odin, Vili und Ve die Welten Midgard und Asgard. Genaue Überlieferungen, wie die anderen Welten erschaffen wurden, gibt es nicht. Jötunheim wurde vermutlich von den überlebenden Riesen Bergelmir und seiner Frau bevölkert.

Eindeutige Überlieferungen über die Entstehung aller Geschöpfe gibt es nicht, denn wir dürfen nicht vergessen: Die Sagen sind Geschichten, die man sich früher am Lagerfeuer erzählte. So manch einer hat sich die kreative Freiheit genommen, den einen oder anderen erzählerischen Abzweig zu nehmen. So kennen wir den Ursprung der Lichtelfen nicht ganz genau. Diese scheinen Naturgeister zu sein, die in den Wäldern leben, aber wer genau ihre Welt Alfheim wie geschaffen hat, ist nicht überliefert. Manche Geschichten sind vielleicht noch nicht entdeckt und warten noch auf ihre Aufdeckung. Bis dahin lernen wir erst die Götter etwas näher kennen.

Die nordischen Götter

Von Asen und Wanen/Vanir

Odin, Vili und Ve haben wir bereits bei der Entstehung der Welten kennengelernt. Vili und Ve begleiten uns nicht weiter auf der Geschichte der Götter. Ihr Verbleib ist ungewiss.

So mancher sagt ihnen nach, dass sie so viel Gefallen an ihrer Schöpfung, den Menschen, gefunden haben, dass sie eine Tarnung nutzten, um zwischen ihnen zu leben. Wer weiß, vielleicht wandeln Vili und Ve heute noch vergnügt zwischen den Menschen umher und auch du bist ihnen schon einmal begegnet.

Steckbrief Asen

1. *strahlende und schöpferische Götter*
2. *galten als kriegerisch und kampfer-probt*
3. *waren das am meisten verbreitete Geschlecht der Götter*
4. *entstammten dem Göttervater Odin*
5. *lehnten Hochzeiten innerhalb der Familie streng ab*

Wir haben bereits erfahren, dass die Wanen oder Vanir ebenfalls ein Göttergeschlecht waren, welches in Vanaheim lebte. Anders als das strahlende Asgard war Vanaheim eine Welt voll grüner Natur, welche Midgard sehr ähnelte. Woher die Wanen oder Vanir genau kamen, ist nicht überliefert.

Blicken wir jedoch auf ihre Handlungen und ihre Naturmagie, so erkennen wir, dass diese vermutlich noch vor dem Eintreffen der Götterahnen umherwandelten und eher Naturgeistern ähnelten als strahlenden Göttern in schimmernder Rüstung.

Steckbrief Wanen/Vanir

1. *naturverbundene und friedliebende Götter*
2. *wurden für Fruchtbarkeit und Schutz angebetet*
3. *Schutzgötter von Bauern, Seefahrern und Fischern*
4. *ihr Zauber hieß Seiðr*
5. *Hochzeiten innerhalb der Familie waren gängig*

Die Große Schlacht um Gullveig

Es ist überliefert, dass am Anbeginn der Zeit zwischen den Asen und den Vanir ein großer Krieg ausbrach. Grund dafür war das Streben der Asen nach Schätzen und Reichtum.

Der Sage nach kam die Zauberin Gullveig, eine mächtige Vanir, nach Asgard. Ihr Name bedeutet auch „die Goldene" oder „die Schätzende". Sie war Hüterin vieler Reichtümer und durch ihren Zauber als Seherin und Wahrsagerin wusste sie, wo Schätze zu finden waren. In Gold und strahlenden Smaragden gekleidet, kam die Zauberin durch die Tore nach Asgard und wurde zunächst fürstlich empfangen.

Doch die Asen fanden schnell Gefallen an den glitzernden Juwelen. Anders als die Vanir, die diese Schätze auch kannten, sie jedoch weniger huldigten als die Natur, begannen die Götter Asgards, Gier nach den Reichtümern zu entwickeln. Sie nahmen einige Schätze, die ihnen von Gullveig zunächst als Geschenk überreicht wurden, dankend an.

Ihre Gier entfachte jedoch den kriegerischen Charakter der Asen und so verlangten sie nach mehr. Gullveig weigerte sich, die Verstecke der Schätze preiszugeben. Erbost über ihren Widerstand, nahmen die Asen Gullveig gefangen, die als freie Vanir und Gast kürzlich zuvor durch die Tore Asgards eintrat.

Sie versuchten, Gullveig durch Drohungen, furchterregende Zaubersprüche und Einschüchterungen die Geheimnisse um die kostbaren Schätze zu entlocken. Doch Gullveig war eine mächtige und weise Vanir, deren Zauberkraft sich von Mutter Erde selbst nährte. Sie schützte sich durch ihre Zauber und ihre immense Willenskraft. So mussten sich die Asen geschlagen geben.

Doch die Vanir hatten bereits Nachricht von Gullveigs Gefangennahme erhalten. Erzürnt darüber, dass die Asen es wagten, aus Habgier eine ihrer Göttinnen gefangen zu nehmen und sie schlecht zu behandeln, beschlossen sie, Asgard anzugreifen und Gullveig zu befreien. So ritten die Vanir aus Vanaheim über die Wurzeln Yggdrasils in Richtung Asgard. Die Asen hörten die Kampfrufe der Vanir und wähnten sich hinter der von dem Riesen gebauten Mauer sicher. Doch sie unterschätzten die Macht der Vanir. Angefeuert durch ihren Zorn und genährt durch Mutter Erde selbst, ließen sie ihre Seiðr-Zauber wirken und schlugen ein großes Loch in der Mauer, zum Entsetzen der Asen.

Durch ihre Seher konnten sie Gullveig ausfindig machen und befreien. Wutentbrannt über ihren geschwächten Zustand aus der Gefangenschaft, schworen die Vanir Rache, und so kam es zu einer denkwürdigen Schlacht zwischen den Asen und den Vanir, die viele Tage und Nächte andauerte. Götter fallen in der Schlacht nicht wie gewöhnliche Menschen und so war der Himmel erfüllt von Blitzen und Feuern, während die Götter ihr Gefecht austrugen.

Gullveig war zwar körperlich geschwächt von der Gefangenschaft, doch ihr Zauber war stärker geworden. Sie erhob sich aus den Schatten und wurde zur „Hell-Erleuchtenden" ernannt. Ihr Sinn war nicht nach Rache und sie war erschrocken über die Kampfbereitschaft der sonst so friedliebenden Vanir.

So schlug sie einen Waffenstillstand vor, bevor unwiderrufliche Verluste auf beiden Seiten gemacht werden würden. Die Anführer beider Gruppen, Odin und Njörðr, geboten den Kämpfen vorübergehend Einhalt und beratschlagten mit ihren weisesten Beratern, wie der Waffenstillstand von beiden Seiten eingehalten werden kann.

So versprach Njörðr zur Einhaltung des Friedens, gemeinsam mit seinen Kindern Freyr und Freya von nun an in Asgard zu leben und Odin in der Zauberkunst Seiðr zu unterrichten. Im Austausch dazu sollten die Vanir als Friedensgeiseln Hoenir und Mimir erhalten. Hoenir war ein großer Kriegsherr und sollte die Vanir von nun an anführen.

Mimir galt als der weiseste der Asen und würde fortan Hoenir beraten. So kehrten die Vanir nach Vanaheim zurück, ohne ihren Anführer Njörðr und seine Kinder Freyr und Freya – dafür mit Hoenir, der den Vanir die Wege der Asen lehren sollte, sowie mit dem weisen Mimir.

So währte der Frieden zwischen Asgard und Vanaheim ... vorerst.

Ein trügerischer Pakt

Das Leben in Asgard stellte eine Herausforderung dar für die Geschwister Freyr und Freya. Wie unter den Vanir üblich, waren diese in Vanaheim miteinander verheiratet. In Asgard jedoch war eine derartige Ehe verpönt und wurde daher aufgelöst. Beide sollten neue Ehepartner erhalten.

Da Freyr sowie auch Freya von ungewöhnlicher Schönheit waren, stellten sie hohe Anforderungen an etwaige Interessenten. Ihnen fehlten die grünen Wiesen und tiefen Wälder Vanaheims. So fristeten sie zunächst ein eher trostloses Dasein. Odin selbst sah sich in vielen Entscheidungen ratlos und suchte oft Mimir in Vanaheim auf, um von ihm Weisheit zu erlangen. Der Tausch hatte auch für Odin ungeahnte Nachteile mit sich gebracht.

In Vanaheim stellten die Vanir fest, dass die Kriegskunst ihres Anführers Hoenir sich schwer mit den Zielen und der friedvollen Lebensweise in Vanaheim verbinden lässt. Sie vermissten ihren Anführer Njörðr sowie Freyr und Freya. Auch zeigten sie sich erbost darüber, dass die Asen Hochzeiten innerhalb der Familie, welche in Vanaheim Tradition hatten, derart ablehnten und die Ehe zwischen Freyr und Freya auflösten.

So beschlossen sie, ihren neuen Anführer Hoenir aus Vanaheim zu verbannen und ihre Götter heimzuholen. Sie schickten Hoenir ins Exil. Wohin sein Weg ihn führte, ist unbekannt. Vielleicht nach Midgard. Die Vanir wollten den Asen eine Botschaft überbringen, ohne jedoch zu riskieren, einen Botschafter der Vanir an die Asen zu verlieren.

So beschlossen sie, Mimir zu schicken, um den Asen die Botschaft auszurichten, dass sie nach ihrem Eigentum wiederverlangen. Damit Mimir nicht fliehen kann, bannten sie seinen Körper mit einem starken Zauberspruch. So konnte Mimir nur noch seinen Kopf bewegen und sprechen, ansonsten war er nicht mal mehr imstande, mit dem kleinen Finger zu zucken. So schickten die Vanir ihn nach Asgard zurück, wo Odin ihn erschrocken in Empfang nahm. Nachdem Mimir seine Botschaft ausgesprochen hatte, stellte er zu seinem Entsetzen fest, dass der Bannzauber noch immer anhielt. Odin versuchte alles, um den Bann zu brechen, doch der Seiðr-Zauber war zu mächtig.

So fristete Mimir für alle Zeiten sein Dasein als sprechender Kopf, unfähig, sich sonst zu rühren. Seine Weisheiten sind dennoch von unschätzbarem Wert. Trotzdem holte Odin sich also weiterhin Rat bei dem weisen Mimir.

Die Asen beratschlagten bei dem Brunnen der Urd darüber, was nun mit den Vanir geschehen sollte. Auch wenn diese keinen Anführer hatten, so waren diese mächtige Gegner und ein erneuter Krieg könnte die Zerstörung beider Göttergeschlechter bedeuten. Also machten sie den Vanir ein Angebot: Bei einem Treffen beider Götter an dem Brunnen der Urd vermischten sie ihren Speichel, sodass ein mächtiges Sekret entstand. Aus diesem formten sie das Wesen Kvasir, welches als Weisester im Kosmos galt.

Kvasir war weder Ase noch Vanir, sondern ein Zwerg. Seine Weisheiten erlangten noch mehr Berühmtheit als die Mimirs. Und so wurde der Friedensvertrag zwischen Asen und Vanir endgültig besiegelt.

DER RABENGOTT ODIN

Steckbrief Odin

1. *galt als Anführer der Asen und Gottvater*
2. *hatte nur ein Auge, langes weißes Haar und einen langen, weißen Bart*
3. *kämpfte mit seinem Speer Gungnir*
4. *ritt auf seinem achtbeinigen Pferd Sleipnir*
5. *hatte als Tierbegleiter zwei Raben und zwei Wölfe*
6. *war verheiratet mit der Göttin Frigg*

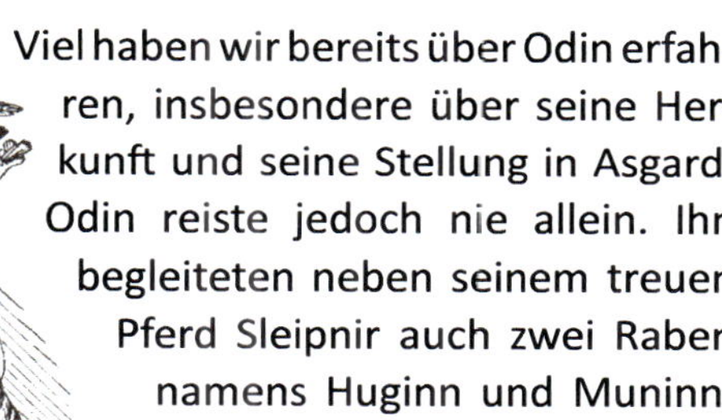

Viel haben wir bereits über Odin erfahren, insbesondere über seine Herkunft und seine Stellung in Asgard. Odin reiste jedoch nie allein. Ihn begleiteten neben seinem treuen Pferd Sleipnir auch zwei Raben namens Huginn und Muninn. Huginn bedeutet „Gedanke“ und Muninn „Gedächtnis“.

Diese schweiften immer über dem Himmel und kehrten zu Odin zurück, um mit ihm ihre Beobachtungen zu teilen. Neben ihm her liefen zwei graue Wölfe, die ihm bei der Jagd halfen. Ihre Namen waren Geri, was „Gieriger“ bedeutet, und Freki, was „Verschlinger“ bedeutet.

Die Raben Huginn und Muninn saßen auf Odins Schultern, wenn sie nicht von ihm ausgesandt wurden. Daher wurde Odin auch der Rabengott genannt. Raben gelten allgemeinhin als kluge Tiere, daher waren auch Huginn und Muninn Raben der Weisheit, die insbesondere zeigen sollten, über welch großes Wissen Odin verfügte und dass sich vor ihm nicht so leicht etwas verbergen konnte.

Bei den Wikingern bedeuteten Raben nicht nur Weisheit, sondern auch Schlachtfeld und das Ableben. Da Odin auch als Kriegsherr gefürchtet war, symbolisierten die Raben auch die Anwesenheit des nahen Todes, stellte man sich im Kampf gegen Odin

Odins Zauber waren mächtig. So konnte er etwa Winde herbeirufen, Brände löschen und die Toten wiederbeleben. Auch in der Schlacht waren er und sein mächtiger Speer Gungnir gefürchtet. Es heißt, die Zwerge haben den Speer aus Sonnenstrahlen geschmiedet. Der Speer war sehr lang und glänzte wie Gold.

An der Speerspitze befanden sich mystische Runen. Diese gaben dem Speer neben der Schmiedekunst und dem Material seine Macht. Er verfehlte niemals sein Ziel und kehrte immer in die Hand des Besitzers zurück. Anders als Thors mächtiger Hammer konnte der Speer jedoch von jedem geworfen werden. So trug Odin Gungnir immer bei sich.

Für die Menschen aus Midgard hatte Odin eine besondere Bedeutung. So wurde er nicht nur als Vater aller Götter verehrt, er war insbesondere der Gott der Könige und Helden. Es heißt, Odin beobachtete mithilfe seiner Raben die Geschäfte der Menschen ganz genau und wusste, seine Schützlinge geschickt auf den Thron zu bringen. Könige sowie Helden hofften nach ihrem Ableben auf einen Platz in Walhalla, der großen Halle der Helden, zu denen Odin sie vielleicht holen würde.

Odins Bestimmung war, die Asen in der großen Schlacht der Götterdämmerung Ragnarök am Ende aller Zeit zu führen. Daher verbrachte er seine ewige Lebzeit damit, so viel über Ragnarök wie möglich herauszufinden, um diese vielleicht abzuwenden oder zu seinen Gunsten zu entscheiden.

So opferte er das Licht eines seiner Augen an Mimirs Quelle, um dort die Weisheit über Ragnarök zu erlangen. Er erhoffte sich, einen Blick in die Zukunft zu erhalten. Auch kletterte Odin an Yggdrasil hoch und versuchte, die in der Rinde eingravierten Runen zu entziffern.

Doch egal, was Odin versuchte: Die Götterdämmerung war seine Bestimmung und er würde ihr entgegentreten müssen.

Der Brunnen der Weisheit

Audiodatei 3:
Der Brunnen der Weisheit

Mimirs Blick ist in die Ferne gerichtet. Er wartet auf den Besuch, der heute zu ihm kommen soll. Er weiß bereits, welches Ansinnen ihn hertreibt, und hofft, ihn davon abbringen zu können. Doch er sah bereits in den Spiegelungen des Brunnens, dass dieser Besuch heute unvermeidlich sein wird.

Mimir hört lautes Hufgetrampel hinter sich, welches immer lauter wird. Es sind mehr als vier Hufe, die näher kommen. Plötzlich verstummen die *Schritte „Er ist hier“, denkt Mimir, seufzt und dreht sich um. Vor ihm steht der Allvater Odin auf seinem gewaltigen Ross Sleipnir. Der Gaul wirft seine weiße Mähne nach hinten und blickt ihn aus roten Augen an. Seine acht Hufe scharren unruhig über den Boden. Mit einem großen Ruck steigt Odin ab und bindet Sleipnir an Yggdrasil.*

„Hallo Mimir“, sagt Odin mit tiefer, gedrückter Stimme: „Du weißt bereits, wieso ich hier bin.“ Es ist keine Frage. Mimir nickt. „Es gibt nichts, womit ich dich davon abhalten kann?“, fragt Mimir. Er blickt in Odins blaue Augen, die vor Entschlossenheit strotzen.

Sie sind wie blaue Blitze, die an einem dunklen Himmel erstrahlen. Gewaltig und erschreckend, wie die Macht, die in Odin innewohnt.

„Nun gut“, sagt Mimir, „tritt heran.“ Er weist mit einer Handbewegung gen Brunnen. Odin nähert sich bedächtig. Das gewaltige Monument eines Brunnens ragt aus dem Boden hervor. Das Material könnte Marmor sein, es leuchtet jedoch wie Sternenschweif.

Es scheint, als hätte das Universum selbst den Brunnen aus einem gewaltigen Stern geformt. Das Wasser des Brunnens ist tiefblau, wie der tiefste Ort im Ozean. Keine Welle ist auf der Oberfläche zu sehen, das Wasser ist still. Der Brunnen wartet.

Mimir hebt seinen Stab in die Luft. Er taucht ihn tief in den Brunnen und rührt. Ein Strudel entsteht, der gewaltige Wellen verursacht. Mit beiden Händen und unter gewaltiger Anstrengung rührt Mimir weiter. Der Strudel wird immer tiefer, das Wasser des Brunnens reicht bis an die Ränder des Brunnens.

Odin blickt hinein. Er sieht Formen und Muster in den Wellen. Etwas Gewaltiges verbirgt sich unter der Wasseroberfläche. Odin blickt zu

Mimir. Dieser keucht vor Anstrengung, Schweißperlen tropfen ihm von der Stirn. Er schaut zu Odin und nickt.

Odin nimmt tief Luft und mit einem Ruck steckt er seinen Kopf in die gewaltigen Wellen des Brunnens. Mimir hebt seinen Stab heraus, tritt zur Seite und wartet. Auch er sieht, was der Brunnen Odin zeigt. Mimir verzieht das Gesicht. Nach kurzer Zeit taucht Odin seinen Kopf wieder heraus.

Der Strudel verlangsamt sich von Sekunde zur Sekunde, bis er nur noch eine sanfte Welle an der Wasseroberfläche ist. Plötzlich kommt das Wasser zur Ruhe. Kein gewöhnliches Wasser würde solch ein Verhalten zeigen, doch der Brunnen hat seine eigene Natur.

Er gibt Odin die Antwort auf seine Frage, jedoch zu einem schrecklichen Preis. Dort, wo Odins rechtes Auge blau gestrahlt hat, ist nur noch glatte Haut. Odin hat sein Auge geopfert, um die Weisheit des Brunnens zu kosten.

Sein linkes Auge blickt voller Schrecken zu Mimir. „Mein Sohn ... Baldr“, sagt Odin mit matter Stimme. „Ich weiß, ich habe es auch gesehen“, antwortet Mimir, „wenn Ragnarök eintritt, wird dies durch den Tod deines Sohnes angekündigt.“

Mimir greift in den Brunnen und holt ein Stück des Materials heraus, aus dem er eine Augenklappe für Odin formt. „Kann ich es verhindern? Du, Mimir, der weiseste aller Riesen, so sag mir, kann ich meinen Sohn retten?“, will Odin wissen. Mimir schüttelt den Kopf, er weiß es nicht.

Odin nimmt die Augenklappe an sich und kehrt ihm den Rücken zu. Er bindet Sleipnir von Yggdrasil ab und reitet mit ihm nach Asgard, voll düsterer Gedanken.

DER KRIEGS- UND DONNERGOTT: THOR

Steckbrief Thor

1. *wurde verehrt als Blitz- und Donnergott*
2. *galt als mutig, kämpferisch und als großer Kriegsherr*
3. *seine bevorzugte Waffe war der Hammer Mjölnir*
4. *war einer der Söhne Odins*
5. *hatte mit seiner Ehefrau Sif zwei Söhne und eine Tochter*

Kaum eine Figur der nordischen Mythologie ist so berühmt und inspirierend wie der mächtige Donnergott Thor. Seine Kraft ist legendär, genauso wie seine zahlreichen Abenteuer, die sich seit Jahrhunderten weitererzählt werden. Doch wer genau war der sagenumwobene Donnergott und was machte ihn so mächtig?

Thor war der Sohn Odins mit seiner ersten Frau, einer Riesin namens Jörd, die als Erdmutter galt. Seine kernige Natur und seine Kraft hatte Thor von seiner Mutter geerbt. Er hatte lange gold-rote Haare und einen buschigen Bart. Seine Erscheinung war gewaltig mit seiner glänzenden Rüstung und einer lauten, dröhnenden Stimme. In den früheren germanischen Dörfern wurde Thor auch „Donnar" genannt und „bärtiger Herkules". Ihm wurde auch der Wochentag „Donnerstag" als Festtag zugesprochen.

Um seine Kraft zu erhalten, konnte er ganze Ochsen verspeisen und trank mehrere Fässer Met. Sein Charakter war lebhaft, er scheute keinen Kampf und war risikofreudig. Deswegen wurde er auch als Beschützer und Wächter von Asgard und Midgard angesehen. In vielen Sagen schlug er Angreifer in die Flucht, die Asgard Schaden zufügen wollten.

Im Altnordischen war der Name des Donnergottes „Þórr", im Altenglischen „Þunor". Altfriesisch war er als „Thuner" bekannt und im Altsächsischen als „Thunar". All diese Namen werden demselben mächtigen Gott zugeschrieben und bedeuten „Donner" und „Macht".

Die Schattenseite seiner Kämpfernatur zeigte sich jedoch auch in einer hitzköpfigen Angriffslust. Mehr als einmal musste sein Vater Odin den jungen Thor daran erinnern, keine Kämpfe zu suchen, und versuchen, ihn in Gelassenheit zu lehren.

Durch seine aggressiven und oft unüberlegten Handlungen könnte Thor als leichtsinniger und wenig durchdachter Charakter gewirkt haben. Jedoch war auch er weise, denn er stammte von Odin ab und musste sich mit anderen, durchaus listigen Göttern wie Loki messen. Er suchte die Weisheit nicht, wie sein Vater Odin, sondern genoss die Kraftmessung in Kämpfen und war vielen Kriegern und Helden ein Lehrer und Vorbild.

In Asgard bewohnte Thor den Palast „Bilskirnir", der eine der größten Kampfstätten war. Dort bildete er Krieger aus und übte selbst seine Kampfkunst. Der Palast verfügte über 540 Räume, von denen die größte Halle mit Donner und Blitzen gefüllt war.

Verließ Thor seinen Palast, stieg er in einen bronzenen Streitwagen, der von zwei Ziegenböcken gezogen wurde. Ihre Namen waren Tanngnjostr, was „Zähneknirscher" bedeutet und Tanngrisnir, „Zähneblecher". Die Ziegenböcke hatten eine sonderbare Natur; Leben und Tod waren für sie sich wiederholende Rituale.

Den Sagen nach konnte Thor die Ziegenböcke bei seinen Reisen verspeisen und musste nur des Nachts die Knochen in ihre Felle wickeln. Am Morgen standen Tanngnjostr und Tanngrisnir wieder quicklebendig vor ihm, bereit, den Streitwagen wieder über die Wolken zu führen. Dieses Ritual wurde auch von den Wikingern praktiziert, die Ziegenböcke zu Ehren Thors verspeisten, die Knochen jedoch immer unberührt ließen.

Mit den immer wieder auferstehenden Ziegenböcken ritt Thor über Stürme hinweg, während er mit der linken Hand den Streitwagen steuerte und in der rechten Hand sein mächtiger Hammer Mjölnir ruhte. Thor verfügte über insgesamt drei große Schätze: Mjölnir, sein Gürtel, der seine Kraft verstärkte und ihm im Kampf Gleichgewicht verlieh, und ein paar eiserne Handschuhe, die ihm erlaubten, Mjölnirs Macht zu nutzen, ohne selbst Schaden davonzutragen.

Schwang der Gott Mjölnir, so erzeugte er damit eine derart gewaltige Energie, die sich dann in Form von Blitz und Donner entlud. Blickten also vor Hunderten von Jahren die Menschen in den Himmel und sahen ein Lichtspektakel zwischen den Wolken, so waren sie davon überzeugt, dass Thor mit seinem von zwei kräftigen Ziegenböcken gezogenen Streitwagen über den Wolken fliegt und vielleicht gerade den Kampf gegen Feinde aufnimmt.

Auch wenn Thor als Kriegs- und Donnergott sowie als Schutzgott verehrt wurde, hatte er auch eine andere Wirkung. Er war bekannt als Fruchtbarkeitsgott, der mit seinem Hammer nicht Schaden anrichtete, sondern vielmehr Rituale durchführte und auch Gegenstände weihte. In Thor wohnte lebensfrohe Energie, die sich in seinem Temperament zeigte, aber auch in großem Nutzen und Leben für andere. So ist bis heute Mjölnir als Fruchtbarkeitssymbol weit verbreitet. Als Schmuckanhänger wird eine Miniaturfigur von Mjölnir heute noch gerne um den Hals oder als Armband getragen.

Mjölnir selbst ist sagenumwoben. Seine Herkunft liegt, wie bei vielen mächtigen Gegenständen, bei den Zwergen. Der Sage nach war Loki für sein Erschaffen verantwortlich. Wie für Loki typisch, hat er einen Streich gespielt, der zu weit ging: Er schnitt Thors Frau Sif ihre wunderschönen langen, blonden Haare im Schlaf ab.

Thor war außer sich vor Zorn und drohte Loki mit dem Tode, sollte dieser keine Wiedergutmachung leisten. So ging Loki zu den Zwergen, die Meister der Schmiedekunst waren. Er bat sie um das Schmieden von goldenen Haaren für Sif, die jedoch wie echte Haare wachsen sollten. Die Zwerge schmiedeten wunderschöne, goldene Haare, die Sif zum Staunen brachten.

Überglücklich nahm sie die Wiedergutmachung an. Doch Loki wäre nicht Loki, hätte er es damit gut sein lassen. Er begann, überall damit anzugeben, welch fürstliches Geschenk er Sif und Thor gemacht hätte.

Nachdem die Asen seines Geredes überdrüssig waren, fing Loki an, die Zwerge zu bedrängen, die jedoch kein Volk der großen Worte waren. Um Loki wieder loszuwerden, schlugen sie ihm einen Handel vor: Sie würden noch einmal ihre Schmiedekunst unter Beweis stellen und dieses Mal für Thor ein Attribut herstellen, das seinesgleichen sucht. Dafür sollte Loki ein Schweigegelübde für mindestens ein Jahr ablegen. Loki willigte ein, insgeheim wollte der listige Loki jedoch das Vorhaben sabotieren.

Während sich die Zwerge ans Werk machten, verwandelte sich Loki in eine Mücke. Er begann, die Zwerge bei der Arbeit zu belästigen, doch diese ließen sich nicht beirren. Kurz vor der Fertigstellung von Thors mächtigem Hammer gelang es Loki, der es langsam mit der Angst zu tun bekam, ein Jahr lang schweigen zu müssen, doch, die Zwerge zu stören.

Er flog dem Schmied als Mücke direkt ins Auge und stach dort zu. Voller Schmerz und halb geblendet, konnte der Zwerg den Griff des Hammers nicht weiterbearbeiten. Jedoch war Mjölnir trotzdem fertiggestellt. Thor war begeistert, auch wenn der Griff für eine solch gewaltige Waffe zu kurz war. Die Zwerge wandten sich zufrieden an Loki und erinnerten ihn an sein Gelübde, der von nun an ein Jahr lang schwieg.

Thors größter Feind war die Midgardschlange Jörmungandr, die in dem Ur-Ozean um Midgard herum lebte. Seine Bestimmung war es, ihr dreimal zu begegnen, das dritte und letzte Mal bei der großen Schlacht Ragnarök. Thor wusste, dass er die Midgardschlange erlegen muss, da diese gemeinsam mit ihren Geschwistern Fenrir, dem Wolf, und Hel, der Totengöttin, in Ragnarök das Ende der Welt bedeuten.

Einmal war er ihr bereits begegnet, jedoch war sie da in der Gestalt einer Katze getarnt und konnte Thors Hammer noch rechtzeitig entkommen. Ob sie bei der nächsten Begegnung wohl wieder entwischen konnte?

Thors Fischzug

Audiodatei 4:
Thors Fischzug

Es ist kurz vor Sonnenuntergang. Ein Boot treibt auf den Wellen des Ur-Ozeans, die träge hin und her wiegen. Das Boot ist aus robustem dunkelrotem Holz, mit verschiedenen Runen und Ornamenten verziert.

Auf dem Boot sind zwei Männer zu erkennen: der Riese Hymir an einem Ende und der Muskelbepackte Thor an dem anderen Ende. Hymir sitzt, die Beine vor sich gestreckt, auf einer Bank und beobachtet Thor, der ein großes Ochsenhorn aus einem Leinenbeutel herausholt. Neben ihm aufrecht am Boot befestigt ist eine große Angel, die sanft im Wind mal nach links, mal nach rechts schwenkt. Thor greift nach der Angelschnur und beginnt, das Ochsenhorn drumherum zu wickeln.

„Der Fisch, der diesen Köder beißt, wird ausreichen, um uns beide heute und morgen satt zu halten", sagt Hymir mit einem Lachen. „Keineswegs", entgegnet Thor, „ich habe großen Hunger, der so schnell nicht gestillt wird", und deutet auf den Leinenbeutel, in dem sich mindestens noch drei weitere Hörner befinden.

Hymir lacht und freut sich insgeheim auf den frisch gebratenen Fisch, der ihnen hoffentlich sogleich in die Hände fallen dürfte. Thor überprüft den Angelknoten, nickt zufrieden und macht sich bereit, den Köder auszuwerfen. Mit einem eleganten Schwung wirft er den Köder weit in die Tiefen des Ur-Ozeans und setzt sich geduldig auf die Bank.

In seinen mit Eisenhandschuhen bedeckten Händen hält er die Angel. Sein Hammer Mjölnir steckt in seinem Gürtel und glänzt fröhlich im sich langsam rot färbenden Sonnenlicht. „So einen eleganten Auswurf habe ich selten gesehen", fängt Hymir an, ihn zu necken. „Sei lieber ruhig, sonst werfe ich dich elegant hinterher", entgegnet Thor mit einem Augenzwinkern.

Hymir lacht, jedoch verstummt er lieber. Zu viel hat er bereits über Thors Temperament gehört, weshalb ein spontanes Baden für ihn durchaus im Bereich des Möglichen liegen könnte. Plötzlich bewegt sich die Angel. Etwas hat angebissen! Ein kraftvoller Ruck zieht an der Schnur; Thor und Hymir werfen sich einen erfreuten Blick zu: große Beute!

Thor packt die Angel mit beiden Händen und beginnt langsam, die Schnur wieder einzuziehen. Doch etwas stimmt nicht. Die Schnur blockiert. Sie ist straff gespannt und die Beute scheint gewaltig zu ziehen. Die Angel beginnt, sich zu biegen, und Thor packt fester, sein Blick ist entschlossen auf die Wasseroberfläche gerichtet. Er zieht die Angel kraftvoll zurück und seine gewaltigen Oberarme spannen jeden Muskel an.

Unter der Wasseroberfläche bewegt sich ein gigantischer Schatten. Hymir reißt die Augen vor Entsetzen auf. „Es ist kein Fisch", ruft er Thor zu. „Ich weiß", entgegnet dieser und lässt ein kampflustiges Lachen ertönen. Thor weiß genau, was dort seinen Köder geschluckt hat. Seine Lebensgeister sind geweckt. Er kann es kaum erwarten, den Kampf aufzunehmen.

Die Wellen um das Boot herum werden immer wilder. Die untergehende Sonne taucht die Szene in blutrotes Licht. Thor zieht mit aller Kraft an der Angel; die Schnur scheint noch zu halten. Plötzlich teilt sich das Wasser direkt vor Thor.

Zwei große, gelbe Augen schauen ihn hasserfüllt an. Ein gigantischer Schlangenkopf kommt zum Vorschein: es ist Jörmungandr, die Midgardschlange. Aus ihrem Maul hängt die Angelschnur und böse zischt sie mit ihrer gespaltenen Zunge. Hymir bekommt es mit großer Angst zu tun.

Statt eines köstlichen Fisches scheint es, dass sie sich ihre Henkersmahlzeit geangelt haben. Doch Thor ist voller Leidenschaft und blickt dem Ungetüm tief in die Augen. Er klemmt die Angel zwischen seine Knie und wickelt die Schnur um seinen Körper. Er versucht mit seiner rechten Hand, seinen Hammer zu greifen, um seine Bestimmung zu erfüllen und Jörmungandr endlich zu erlegen.

Das Boot wackelt zwischen den hoch aufsteigenden Wellen. Jörmungandr hat sich hoch über sie aufgebäumt und ist bereit zum Angriff. „Thor, sie wird uns beide auf den Grund des Ozeans schicken. Kapp die Schnur", ruft Hymir voller Furcht. Doch Thor entgegnet: „Nein, das Biest gehört mir!"

Doch bevor Thor mit Mjölnir zum Angriff ansetzen kann, hat Hymir bereits sein Schwert gezückt. Mit einem Hieb durchtrennt er die Angelschnur und befreit das gewaltige Monster. Ein lautes Zischen ist alles, was Hymir und Thor noch hören, bevor Jörmungandr wieder in die unendlichen Tiefen des Ur-Ozeans verschwindet.

„Du Narr!“, Thor ist außer sich. Bevor Hymir weiß, wie ihm geschieht, packt Thor ihn wutentbrannt und wirft ihn ins tiefe Wasser. Die Sonne ist während des Kampfes bereits untergegangen. Dunkelheit umschließt das Boot. Thor blickt hinauf in die Sterne und richtet das Boot aus. Er kehrt allein an Land zurück.

GOTT DER DUNKELHEIT UND DER LIST: DER BÖSEWICHT LOKI

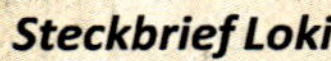

Steckbrief Loki

1. *Gott der Illusionen, der List und der Zwietracht*
2. *gutaussehend, mit leuchtend grünen Augen*
3. *war der Sohn einer Göttin und eines Riesen*
4. *hatte Odin Blutsbruderschaft geschworen und durfte daher in Asgard leben*
5. *konnte nach Belieben Gestalt wechseln*

Obwohl Loki als Gott galt, wurde er nicht verehrt, sondern eher gefürchtet und verachtet. Ihm wurde nachgesagt, er schaffe es nicht, „den Tag ohne Probleme vergehen zu lassen“. Während anderen Göttern positive Eigenschaften zugesprochen wurden, wurde Loki größtenteils mit Schlechtem in Verbindung gebracht, wie Arglist, Täuschung und Egoismus.

Grund dafür ist unter anderem seine Herkunft. Als Halbriese konnte er das Vertrauen der Asen nie ganz für sich gewinnen, denn diese fürchteten, er würde seine Loyalität nur vortäuschen und sich den Riesen anschließen. Loki machte es den Göttern in Asgard auch nie leicht, ihn zu mögen. Er spielte ihnen oft Streiche und brachte sie in Schwierigkeiten, zum Beispiel, als er die Haare von Thors Frau im Schlaf abschnitt. Da er jedoch Odins Blutsbruder war, wurde er in Asgard geduldet.

Der Sage nach war Loki gutaussehend und lebhaft. Er konnte mit seinen vielfältigen Zaubereien oft Sympathien bei verschiedenen Palästen für sich gewinnen und verfügte über einen schelmischen Humor. Das Problem war, dass niemand sicher sein konnte, welche Interessen Loki wirklich dabei verfolgte. Insbesondere Heimdall, der Wächter Asgards, behielt ihn ganz genau in seinem allwissenden Auge.

Verheiratet war Loki mit der Asengöttin Sigyn, die als Sinnbild für eheliche Treue und Pflichtbewusstsein galt. Mit ihr hatte er zwei Söhne. Auf einer seiner vielen Reisen traf Loki die Riesin Angrboda, mit der er weitere drei Kinder zeugte. Diese waren die Midgardschlange Jörmungandr, der Riesenwolf Fenrir und die Halbriesin Hel.

All seine drei Kinder waren Vorboten für die Götterdämmerung Ragnarök. Die Götter bekamen Angst vor Lokis Kindern und fanden Wege, diese zu verbannen. Wie wir bereits wissen, verweilte die Midgardschlange auf dem Grund des Ur-Ozeans, wo sie auf Ragnarök wartete, um dort Thor letztmalig entgegenzutreten.

Die Halbriesin Hel wurde als wunderschöne junge Frau beschrieben, jedoch nur mit einer Seite ihres Körpers. Die andere Seite war die einer alten Frau, die ihr Leben bereits lange hinter sich gelassen hat, mit blauer Hautfarbe. Nach ihrer Verbannung aus Asgard errichtete Hel ihr eigenes Reich unter den Wurzeln der Weltenesche Yggdrasil: Helheim. Dorthin kommen alle Verstorbenen, die den „Strohtod“ gestorben sind, demnach auf dem Sterbebett ihr Ende fanden.

Anders als die Krieger, die auf dem Schlachtfeld fielen, oder die Seefahrer, die ebenfalls woanders hinkamen, begrüßte Hel die Toten in ihrem Reich und teilte sie ein, je nachdem, welches Leben sie geführt hatten. Anders als die sehr bekannte, heute beschriebene christliche Hölle war Helheim kein Ort, an dem für die Sünden gebüßt wurde, sondern lediglich das Zuhause nach dem Ableben.

Demnach gab es auch schöne und warme Orte in Helheim, vor allem für Menschen, die ein gutes und friedliches Leben geführt haben. In Helheim herrschte Hel, bis ihr Vater Loki sie zur letzten Schlacht Ragnarök an seine Seite rufen würde.

Der Riesenwolf Fenrir war eine große Bestie mit dunkelgrauem Fell und einem großen Gebiss. Er lebte ebenfalls in Asgard, bis die Götter Angst vor seiner Größe bekamen. Odin erfuhr durch Mimirs Quelle, dass Fenrir sein Untergang sein würde. Was mit Fenrir in Asgard geschah, erfahren wir noch später.

Viele Abenteuer erlebte Loki in verschiedenen Gestalten. Er konnte sich in jedes mögliche Wesen verwandeln und täuschte damit sogar die Götter. Lediglich Heimdall, der Gott des Lichts, war sein natürlicher Gegenspieler. Und wenn auch Heimdall ihn in Asgard durch Odins Wort duldete, so traute Heimdall ihm nie.

Ob er damit Recht behalten würde, sollte sich zeigen, sobald die Götterdämmerung eintrat und Loki seine Entscheidung treffen musste, ob er an der Seite der Götter, bei denen er sein Leben lang gelebt hatte, oder an der Seite der Riesen, die seine Wurzeln waren, kämpfen würde.

Lokis letzte List

Audiodatei 5:
Lokis letzte List

Nachdem Odin in Mimirs Brunnen geblickt hat und weiß, dass sein Sohn Baldr sterben wird, kehrt er nach Asgard zurück und berichtet davon seiner Ehefrau, der Göttin Frigg. Voller Verzweiflung um ihren Sohn bereist Frigg die neun Welten und fleht jedes Lebewesen, jedes Element und jeden Gegenstand an, ihrem geliebten Sohn keinen Schaden zuzufügen.

Alle versprechen es, denn Baldr ist beliebt und wird von vielen geliebt. Er ist der Gott der Liebe und des Lichts und wird als der Schönste und Anmutigste aller Götter angesehen. Sein Wesen gilt als freundlich und warmherzig, er ist weise und beredsam. Niemand in den neun Welten würde ihm Schaden zufügen wollen.

Doch was Frigg nicht weiß, ist, dass Loki ihr gefolgt war. Getarnt belauscht er ihre Gespräche und findet heraus, dass sie einen Gegenstand nicht um das Leben ihres Sohnes bittet: einen Mistelzweig. Frigg findet, dass ein Mistelzweig zu unwichtig sei, als dass er eine echte Gefahr für Baldr darstellen könnte.

Die Götter erfahren von den Versprechen und finden Gefallen daran, alle möglichen Gegenstände auf den schönen Baldr zu werfen. Diese prallen an ihm ab, ohne ihn wirklich zu berühren, und fallen zu Boden. Egal, mit welcher Waffe er auch angegriffen wird, Baldr ist unangetastet.

Loki, verkleidet als Frau, beobachtet das Spektakel amüsiert, denn er hat von seinen Reisen insgeheim mehrere Mistelzweige mitgebracht, aus denen er ein Speer anfertigte. Ihm sinnt es nach Rache gegen Odin und die anderen Götter, die seine Kinder Jörmungandr, Hel und Fenrir so verächtlich behandelt haben.

So gibt Loki, noch immer getarnt, den Speer aus Mistelzweigen Baldrs Bruder Hodr. Dieser wurde blind geboren und nimmt den Speer an sich, um ebenfalls an dem harmlosen Wurf gegen Baldr teilzunehmen. Hodr wirft den Speer, welchen Baldr direkt in der Brust trifft und sein Schicksal besiegelt. So tritt die Prophezeiung des Brunnens ein und voller Schmerz muss Odin seinen Sohn verabschieden.

Frigg, außer sich vor Kummer, fleht Odin an, Baldr aus dem Reich der Toten zurückzuholen. Da dieser weder als Krieger noch als Seemann verstorben ist, gibt es nur einen Ort, an dem er nach seinem Ableben sein könnte: im Reich von Hel, Helheim.

Seine letzte Hoffnung, hell wie ein Stern in der Brust, steigt Odin hinab zu den Wurzeln Yggdrasils und wird an den Toren von Helheim von der Totengöttin Hel persönlich empfangen. Sie blickt ihn an aus dunklen, traurigen Augen und weiß bereits, was er begehrt. Ohne zu sprechen, nickt sie und stimmt zu, Baldr aus dem Totenreich zu entlassen. Jedoch nur unter einer Bedingung: Baldr kann nur nach Asgard zurückkehren, wenn jeder in Odins Halle eine Träne für ihn vergießt.

So kehrt Odin zurück nach Asgard und jeder weint um Baldr, denn jeder liebte ihn. Jeder, bis auf eine Person: eine alte Frau, die ganz am Ende der Halle trockenen Auges das Trauerspiel zu genießen schien. Hel ist eine gerechte Göttin und hätte sich an ihr Wort gehalten, doch da nicht jeder um Baldr weinte, gibt sie seine Seele nicht frei. So bleibt dieser in Helheim und Odin sinnt sich wutentbrannt nach der Alten um. Doch diese war verschwunden.

Nach Rache sinnend, sucht Odin Heimdall auf, der jedes Lebewesen in den neun Welten ausfindig machen kann. Da Heimdalls goldener Blick jede Täuschung aufdecken kann, weiß er, dass die Alte der noch immer getarnte Loki ist.

Voller Wut und Enttäuschung über den Verrat verfolgen Odin und die anderen Götter Loki, der sich als Lachs getarnt im Ur-Ozean verstecken wollte. Sie nehmen ihn gefangen und schwören Strafe für Baldrs Tod.

So binden sie Loki an Yggdrasil fest, dass er sich nicht bewegen und keinen Zauber wirken lassen kann. Dort soll Loki keinen Schaden mehr anrichten können und ist somit zum Warten verdammt, bis die Götterdämmerung Ragnarök seine Ketten sprengen wird.

DER GOTT DES LICHTS: HEIMDALL

Steckbrief Heimdall

1. *Wächter über Asgard und über die Götter*
2. *Gott des Mondes und des Lichts*
3. *hatte goldene Zähne und goldene Augen*
4. *konnte unendlich fern schauen und hören*
5. *schlief selten oder nie*
6. *wusste, wo sich jedes Lebewesen in den neun Welten befindet*

Als Sohn von neun Müttern, die alle Schwestern sind, ist über Heimdalls Vater nicht viel bekannt. Er wird auch als Sohn Odins bezeichnet, jedoch ist dies auf die enge Bindung zwischen ihnen zurückzuführen und nicht auf echte Verwandtschaft.

Heimdall war von beeindruckender Erscheinung: Er hatte zwei große Widderhörner an seinem Kopf. Seine Augen und seine Zähne waren aus Gold und von ihm schien ein helles Leuchten auszugehen, was ihn zum Gott des Mondes und des Lichts machte.

Heimdall war der natürliche Gegenspieler Lokis, denn er konnte jede Illusion aufdecken und in das Herzen der Menschen und Götter blicken. Er ließ sich weder von Zaubertäuschungen noch von gesprochenen Unwahrheiten in die Irre führen. Er selbst sprach auch immer die Wahrheit und war wenig redselig. Seinen Worten konnte man immer Vertrauen schenken, denn so arglistig und täuschend Loki war, so reinherzig und wahrheitsgetreu war Heimdall.

Heimdall ist Herr über das Licht, welches zwei Funktionen hat: Zum einen deckt es Täuschungen auf und zum anderen soll es die Frostriesen davon abhalten, Asgard anzugreifen. Heimdalls Name selbst ist „Gott des Feuers und des Lichts" oder „schützende Flamme".

Um Asgard und die Götter zu beschützen, führte Heimdall ein goldenes Schwert bei sich und er wurde als Meister der Schwertkunst gefeiert. Von seiner schwebenden Halle Himinbjorg aus erblickte Heimdall über die Regenbogenbrücke Bifröst, deren rote Farbe Flammen darstellten. In manchen Sagen kann Heimdall die Flammen von Bifröst selbst entzünden.

Wurde er zum Kampf aufgerufen oder drohte Gefahr, entzündete Heimdall sein goldenes Schwert, welches dann zum Flammenschwert wurde, und trat damit gegen die Angreifer an. Da Heimdall nie schlief, entging seinen goldenen Augen nichts.

Trotz seiner großen Macht war Heimdall nicht unfehlbar. Daher hing an seiner Halle Himinbjorg ein prächtiges Horn, das sogenannte „Gjallarhorn“, welches lediglich „laut tönendes Horn“ bedeutet. In dieses Horn würde Heimdall blasen und damit Ragnarök ankündigen.

Heimdall nahm seine Aufgabe als Wächter und Beschützer sehr hingebungsvoll wahr. Für die Welt der Menschen war er der Gott der Ordnung. Er ist derjenige, der soziale Gefüge erschuf und aufrechterhielt.

Die Gestaltung der Gesellschaft – hoher Besuch in Midgard

Audiodatei 6:
Die Gestaltung der Gesellschaft

Nachdem Odin, Vili und Ve die Menschen aus Treibholz geformt haben und diese Midgard bevölkerten, war es an der Zeit, die Gesellschaft zu ordnen. Als Gott des Lichts, mit einem reinen Herzen und allwissenden Blick, reist Heimdall nach Midgard, um den Menschen eine soziale Ordnung zu gestalten.

In einer Verkleidung klopft Heimdall in seiner ersten Nacht in Midgard an die Tür einer Scheune. Ein ärmliches Ehepaar öffnet und bietet ihm Übernachtung und eine karge Mahlzeit an. Ihr Haus ähnelt mehr einer Scheune, mit vier krummen Wänden und einem Dach mit Löchern.

Heimdall nimmt die Einladung dennoch dankend an und übernachtet in der heruntergekommenen Scheune. Nachdem er sich am nächsten Morgen verabschiedet und von dannen zieht, stellt das Ehepaar fest, dass die Frau schwanger ist.

Sie gebärt daraufhin ein Kind, das sie „Thrall“ nennen. Thrall ist der erste Sklave und soll in der Gesellschaft den edler geborenen Klassen als Diener zur Verfügung stehen.

In seiner zweiten Nacht klopft Heimdall wieder verkleidet an eine andere Tür. Das Haus ist aus massivem Holz gebaut und macht ei-

nen gepflegten Eindruck. Es öffnet ein freundlich schauendes Ehepaar und bietet auch hier Übernachtung an und eine einfache, aber nahrhafte Mahlzeit.

Heimdall sieht, dass das Ehepaar Schwielen an den Händen hat, aber eine ausreichend gefüllte Küche. Nach seiner Übernachtung verabschiedet sich Heimdall gut gelaunt von dem freundlichen Ehepaar.

Auch hier gebärt die Frau kurze Zeit später ein Kind, einen Sohn. Sein Name ist „Karl" und er soll in der Gesellschaft die Arbeiter darstellen. Diese werden Handwerker oder vielleicht auch Bauern sein, die von Landwirtschaft leben.

In der dritten und letzten Nacht klopft Heimdall an der verzierten Tür eines massiven Hauses aus Stein. Auch hier wird er herzlich empfangen und bekommt ein üppiges Essen und einen bequemen Schlafplatz. Das Innere des Hauses ist geräumig und mit schönen Dingen ausgestaltet.

Nachdem Heimdall sich von dem dort wohnenden, anmutigen Ehepaar verabschiedet, reist dieser zurück nach Asgard. Der Sohn dieses Hauses wird „Jarl" genannt. Er soll den Adel und die Anführer in der Gesellschaft repräsentieren und wird in der Kunst der Runen und Kriegsführung unterrichtet. Er soll sich von seinem Wissen, seiner Intelligenz und seiner Fähigkeit, andere zu führen, von den anderen aus der Gesellschaft unterscheiden.

TYR, DER GOTT DES KRIEGERS UND DES HIMMELS

Steckbrief Tyr

1. *galt auch als der Gott des Rechts und der Gerechtigkeit*
2. *Sohn des Riesen Hymir*
3. *war der Beschützer der Gerichtsversammlung, genannt Thing*
4. *war einer der geschicktesten Kriegsherren*
5. *sein Festtag war der Dienstag*

Als Kriegsgott wurde Tyr vor allem von Kriegern verehrt. Bevor Odin als Hauptgott verehrt wurde, war es Tyr, den die Menschen angebetet haben. Seine Runen schmückten vor allem die Waffen großer Krieger, die in den Kampf zogen und ihre Gegner bezwangen, um Tyrs Gunst zu erhalten.

Die Legenden besagen, dass Tyr der größte Krieger und Kriegsherr war, den die neun Welten je gesehen haben. Anders als Thor, der ein hervorragender Kämpfer war, zeichnete sich Tyr vor allem dadurch aus, dass er ein kluger Stratege war. Er wusste geschickt, wie er seine Krieger positionieren und die Schwächen seiner Gegner ausnutzen konnte, um den Ausgang einer Schlacht für sich zu entscheiden.

Auch wurde Tyr als Gott der Gerechtigkeit und des Himmels verehrt. Er wurde als der Beschützer von Thing, der Gerichts- und Stammesversammlung der Wikinger, angesehen.

Doch was genau war Thing? Zunächst einmal ist eines der wichtigsten Merkmale, dass es immer unter freiem Himmel war. So sollten die Götter, aber insbesondere Tyr ein Auge auf die Versammlung werfen können. An der Versammlung teilnehmen durften nur die freien Menschen, demnach die Arbeiter und der Adel, aber nicht die Sklaven.

Eine Versammlung dauerte drei Tage und es wurde nur tagsüber beratschlagt, wenn Tyr sie im Sonnenlicht sehen konnte:

1. Am **ersten Tag** wurde oft diskutiert und sich ausgetauscht. Dabei floss viel Met, denn dieser sollte die Zunge lockern und Lügen leichter aufdecken. Es wurde über Vergangenes gesprochen, wer wann wie verstorben ist, über Verfehlungen bestimmter Stammesmitglieder, über mögliche Hochzeiten und auch über kriegerische Beutezüge.
2. Am **zweiten Tag** wurden nüchtern Entscheidungen getroffen.
3. Am **dritten Tag** folgte die Umsetzung der Entscheidungen.

Die Themen bei der Thingversammlung waren unterschiedlich: Es gab politische Diskussionen, wer welches Land erhalten sollte und warum. Auch ging es um militärische Strategiebesprechungen, also zum Beispiel, ob und wann ein Raubzug begonnen werden kann. Und auch gerichtliche Entscheidungen wurden getroffen, wenn geltendes Recht verletzt wurde.

Wie oft die Versammlung stattfand, hing von der Größe des Stammes ab. Dies orientierte sich an den Mondzeiten; mal trafen sie sich monatlich, mal im Abstand von einem oder sogar zwei Jahren.

Die Stämme verließen sich darauf, dass der Gott für Gerechtigkeit, Tyr, ihnen die Weisheit gab, faire und weise Entscheidungen zu treffen. Um ihn milde zu stimmen, wurden ihm bei der Versammlung manchmal Opfergaben gewidmet. So war die Thing auch eine Kultstätte, in der religiöse Rituale stattfanden.

Obwohl Tyr nur mit einer Hand kämpfen konnte, war er ein hervorragender Schwertmeister und wusste auch, mit dem Speer umzugehen, welcher als Waffe der Gerechtigkeit angesehen wurde.

Trotz seiner Herkunft als Sohn eines Riesen, dessen Mutter nicht erwähnt wird, lebte Tyr in Asgard, wo er Seite an Seite mit den anderen Göttern speiste, trank und auch Abenteuer erlebte. Wollen wir nun erfahren, wie Tyr seine Hand verlor, im Namen einer größeren Sache.

Pakt mit der Bestie

Audiodatei 7:
Pakt mit der Bestie

Loki kehrt zurück nach Asgard, begleitet von seinen Sprösslingen, die sich noch im Kindesalter befinden. Die Götter beäugen die monströsen Kreaturen misstrauisch, doch da diese noch klein sind, dürfen sie vorerst in Asgard verweilen.

„Der Wolf, er verschlingt bald mehr als du und wächst schneller als diese verflixte Schlangenkreatur", sagt Odin eines Tages zu Thor, während er Fenrir, den Wolf, bei einem seiner vielen, üppigen Mahlzeiten betrachtet. Doch Thor lacht und um seinen Vater zu necken, fordert er Fenrir sogar zu einem Wettessen heraus.

Schnell stellt sich heraus, dass Lokis Sohn mehr als nur einen gesunden Appetit hat, sondern einen nie endenden Hunger, da er immer weiterwachsen will. Die Götter bekommen es mit der Angst zu tun. Sie befürchten, Fenrir wird bald mächtiger als sie, und vielleicht wird sein Hunger auch vor ihnen nicht Halt machen.

Sie beschließen, ihn zu bändigen. Da Fenrir zwar einen ausgewachsenen Körper hat, aber noch immer jung und recht unerfahren ist, lässt er sich von den Göttern herausfordern. „Fenrir, demonstriere uns deine Stärke und lass uns schauen, ob du dich aus diesen Ketten befreien kannst", necken sie ihn und binden ihm schwere Eisenketten um die Pfoten.

Fenrir lacht gehässig und mit einem Ruck befreit er sich von den Ketten. Er schüttelt sich und ruft den Göttern herausfordernd zu: „Bringt größere Ketten!"

Fenrir wird wieder gefesselt; dieses Mal mit den größten Ketten, die jemals gebaut wurden. Sie umwickeln seinen ganzen Körper, seinen Hals, seine Pfoten. Lediglich zwei hellgrüne Augen schauen hervor, die noch immer vor Lachen funkeln. Fenrir nimmt einen tiefen Atemzug und mit einem gewaltigen Sprung sprengt er auch diese Ketten. Eisen fliegt von ihm; die Götter gehen erschrocken in Deckung, um nicht getroffen zu werden. Voller Stolz windet ihnen Fenrir sein weit aufgerissenes Maul zu und fragt grinsend: „Mehr habt ihr nicht zu bieten? Ihr seht, meine Stärke ist unvergleichlich. Huldigt mir, als den stärksten Gott, der in Asgard verweilt." Thor reagiert erbost in Anbetracht von so viel Überheblichkeit. Odin beschließt, die Gunst der Stunde zu nutzen, und wendet sich an die Meister des Handwerks, die Zwerge, um dort Hilfe zu erbitten.

Diese fertigen eine Leine an, die aus goldenen Sonnenstrahlen so eng gewebt ist, dass sie selbst die Sonne einfangen könnte, zumindest nach Aussage der Zwerge. Zufrieden kehrt Odin mit der unscheinbar aussehenden Leine nach Asgard zurück.

„Diesem Wichtigtuer werde ich eine Lektion erteilen", freut sich Thor. So fordert er Fenrir erneut heraus. Doch dieser wird misstrauisch in Anbetracht der einfachen Leine. Er will zunächst ablehnen; die Leine ist ihm nicht geheuer. Doch Thor ist nicht dumm. „Hat dich der Mut verlassen? Du bist wohl doch nicht der stärkste Gott in Asgard, wenn du dich vor einer einfachen Leine fürchtest", fängt er an, Fenrir zu reizen.

Dieser geht auf die Provokation ein und stimmt zu, mit der Leine gefesselt zu werden. Doch auch Fenrir ist ganz Lokis Sohn und ebenfalls so listig wie sein Vater. Er fordert eine Bedingung: Einer der Götter soll als Pfand seine Hand in das Maul des Wolfes legen, während er gefesselt wird.

Niemand wagt es zunächst. Tyr, der Gott des Himmels und der Gerechtigkeit, tritt nach einiger Zeit hervor. Er weiß um das Risiko, doch die einmalige Gelegenheit, das höllische Biest von Lokis Brut zu bändigen, ist zu verlockend. So legt also der mutige Tyr seine rech-

te Hand in Fenrirs Maul, während Thor seinen Körper mit der Leine umwickelt. Kaum hat dieser den letzten Knoten geknüpft, versucht Fenrir schon, sich zu befreien. Zu seinem Entsetzen muss er jedoch feststellen, dass die Leine seinem Zerren nicht nachgibt. Mehr noch: Je mehr und je wilder Fenrir zerrt, desto enger wird die Leine, die fest um seinen Körper gewickelt bleibt.

Voller Zorn und Verzweiflung beißt Fenrir zu und so verliert Tyr seine rechte Hand und muss fortan mit der linken sein Schwert führen. Die Götter hingegen atmen auf: Fenrir ist gebändigt. Tyrs Hand steckt dem gefährlichen Wolf noch im Rachen und hält seinen Kiefer offen, so dass dieser keinen weiteren Bissen zu sich nehmen kann. So kann Tyr durch sein Opfer sicherstellen, dass Fenrir nicht weiterwachsen und mächtiger werden kann. Die Asen bringen Fenrir in eine Höhle, weitab von Asgard, wo er fortan gefesselt sein Dasein fristet und nach Rache gegen Odin und Thor sinnt. Wenn das Ende aller Tage eintritt, wird er endlich wieder frei sein.

DIE WANEN – DIE ANDEREN GÖTTER ODER NATURGEISTER?

Steckbrief Njörðr

1. *Gott des Meeres, der Winde und der Schiffsfahrt*
2. *stand auch für Fruchtbarkeit, Fischfang und Reichtum*
3. *wurde angebetet, bevor sich die Wikinger zu See aufmachten*
4. *war der Anführer der Wanen*

Wir haben die Wanen bereits als mächtige Gegner der Asen kennengelernt und wissen, dass ihre Heimat das immergrüne und erdverbundene Vanaheim ist. Bei der Entstehung der Welt wurden die

Wanen, die auch Vanir genannt werden, nicht erwähnt. In späteren Sagen der Wikinger kamen diese jedoch vor, einige der Wanen wurden sogar angebetet.

Doch wieso wurde zwischen den Asen und Wanen unterschieden?

Eine Erklärung dafür konnte die Edda von Snorri Sturluson geben. Da Snorri davon ausging, dass die Sagen der Götter durch Flüchtlinge und Zuwanderer anderer Länder und Kulturen inspiriert und beeinflusst wurden, stellte er die Wanen als friedliebende Naturgeister dar.

Bevor also die Wikinger Kriegsgötter anbeteten, hatten auch sie eine tiefe Verbundenheit zur Erde und ihren Elementen. So sind die Wanen kulturell gesehen vermutlich Überbleibsel aus der Zeit, als die Menschen selbst mehr an Naturgeister glaubten und ihre Macht spüren wollten, als dass sie sich für den Ausgang einer Schlacht interessierten.

Schauen wir uns einmal eine der Besonderheiten der Wanen an: ihren Zauber Seiðr. Dieses Wort bedeutet im Allgemeinen „Zauber“. Doch was ist nun der Unterschied zu Thors Hammer?

Während Thor seinen Hammer schwingt und Blitz und Donner erzeugt, um eine direkte Magie wirken zu lassen, so üben die Wanen Seiðr viel subtiler aus. Hier geht es mehr um schamanische Praktiken, wie zum Beispiel bestimmte Gesänge in fremdartigen Sprachen, die in Ritualen ausgeführt werden.

Unter Schamanismus versteht man Praktiken, die Natur, Tiere und Überirdisches verbinden. Ein Schamane kann andere Menschen heilen, indem er sein umfassendes Wissen über Pflanzen nutzt und dieses mit dem Anrufen von Geistern zum Wohle der Gesundheit einsetzt.

Anders als bei den Asen, deren insbesondere männliche Götter Magie ausübten, waren es bei den Wanen die Göttinnen, die Seiðr anwandten. Sie wurden Seherinnen und Wahrsagerinnen genannt, wenn sie mithilfe des Zaubers den Mantel der Vergangenheit, der Gegenwart und manchmal sogar der Zukunft lüften konnten. Sie wurden Heilerinnen genannt, wenn sie mit Seiðr Menschen halfen, die mit einem Bein schon in Helheim waren.

Geschickt wussten es die Zauberinnen, Elixier herzustellen oder Tarnungen und Illusionen zu zaubern, die sie nicht nur selbst nutzten, sondern auch anderen gaben. Erinnern wir uns an Gullveig, die von den Asen gefangen genommen wurde und unbeschadet das Gefängnis verließ. Sie schützte sich mit Seiðr vor größeren Schäden und beschwor sich selbst Willenskraft, damit sie die Verstecke der Reichtümer, die sie hütete, nicht preisgab.

Um die Riten zu vollziehen, brauchte es natürliche Zutaten, die es insbesondere in dem fruchtbaren Land Vanaheim mehr als ausreichend gab. Daher konzentrierten sich die Wanen-Götter mehr darauf, das Leben zu steuern und zu beschützen, indem sie Seiðr wirkten, anstatt Schlachten zu kämpfen und Kriege zu gewinnen.

Dennoch waren die Wanen gefürchtet und wurden auch von Odin nicht unterschätzt, denn ihre Macht kam von Mutter Erde selbst. Hätten die Wanen erneut die Schlacht zu den Asen gesucht, so wäre der Ausgang ungewiss gewesen. Beide Mächte waren Götter, jedoch lagen ihre Stärken und auch ihre Schwächen woanders. Ob es mehr Asen als Wanen gab, ist nicht überliefert. Es gibt nicht so viele Geschichten der Wanen-Götter, die sich bei hellen Lagerfeuern erzählt wurden. Grund dafür könnte sein, dass die Wanen als Naturgeister mit dem Aufkommen der Asen als veraltet angesehen wurden.

Mit den Asen waren Reichtümer und Eroberungen die wichtigen Themen, nicht mehr fruchtbares Land oder das Wirken der Elemente. Diese bevorzugten Schwerpunkte kamen durch die Geschichten der eingewanderten Flüchtlinge, unter anderem aus Rom und auch Asien.

Insbesondere die Römer konnten von schönen Dingen erzählen und so wurde lieber von kriegerischen Asen, die wertvolle Eroberungen machten, erzählt als von den friedlichen Wanen, die voller Geschick ihre Ernte sammelten.

Einige der berühmtesten Wanen sind Njörðr, der Gott des Meeres, und seine Zwillingskinder Freya, Göttin der Schönheit, und Freyr, der Fruchtbarkeitsgott. In früheren Kapiteln haben wir bereits etwas von ihnen erfahren. Wollen wir nun sehen, welche Abenteuer sie erlebt haben.

Steckbrief Skaði

1. *Gott der Berge, des Winters und der Jagd*
2. *bewegte sich in ihrer Heimat auf Skiern fort*
3. *eine Riesin, die in Jötunheim lebte*
4. *war eine talentierte Jägerin und Kriegerin*
5. *galt als sehr schön, mit weißen Haaren und eisblauen Augen*
6. *hatte ein temperamentvolles Wesen*

Eine unglückliche Wahl

Audiodatei 8:
Eine unglückliche Wahl

Den Bogen fest gespannt, steht die Riesin vor den Toren Asgards und blickt grimmig auf sie hinab. Bereit, es mit den Asen aufzunehmen, fokussiert sie das Tor und setzt zum Angriff an. Plötzlich wird sie von Wind umschlossen und blickt sich um.

Der Göttervater Odin steht hinter ihr und schaut ihr fest in die Augen. „Skaði“, sagt Odin freundlich, „als Gottheit der Jagd besteht kein Zweifel, dass dieser Pfeil jedes Ziel treffen würde. Doch vielleicht ist ein Kampf nicht nötig.“ Odin blickt ihr hoffnungsvoll ins Gesicht. Sein übrig gebliebenes Auge funkelt die Riesin Skaði, die Göttin der Jagd und der Skifahrt, freundlich an.

„Ihr habt meinen Vater ermordet“, zischt sie Odin wütend an. „Welche Wiedergutmachung bietet ihr für seinen Tod?“, fragt sie ihn. Odin schaut sie ernst an und antwortet: „Die Ehe. Mit einem unserer Götter. Du darfst auswählen.“ Milde gestimmt folgt die Riesin Odin nach Asgard.

Eine Ehe zwischen Riesen und den Asen ist auf beiden Seiten stets willkommen, denn diese sichert Verbündnis und Frieden. Insgeheim erhofft sich Skaði die Ehe mit dem schönen Baldr, Odins Sohn. Da Odin jedoch nicht gesagt hat, wie genau die Auswahl stattfinden wird, steht Skaði eine Überraschung bevor.

In Odins Palast angekommen, stehen die Götter, die als potentielle Ehegatten in Frage kommen, bereits aufgestellt. Der schöne Baldr überstrahlt alle anderen Götter mit seinem Anblick und Skaði freut sich auf die Auswahl. Bevor sie jedoch hervortreten kann, weist Odin die Götter an, hinter einen Vorhang zu treten. Nachdem diese durch

den Vorhang verdeckt sind, sollen sie ihre Schuhe und Stiefel ausziehen. Skaði darf ihren Ehegatten auswählen, doch nur anhand seiner Füße.

Sie läuft die Reihe auf und ab und überlegt. Schließlich zeigt sie auf die schönsten Füße. Sie gehören Njörðr, dem Gott des Meeres und der Schiffsfahrt. Dieser hat die saubersten und hellsten Füße unter den Göttern.

Skaði ist enttäuscht, willigt jedoch ein, ihn dennoch zu heiraten. So entgeht Asgard vorerst einem Kampf mit den Riesen und es wird stattdessen eine prunkvolle Hochzeit gefeiert. Skaði und Njörðr sind umeinander bemüht und versuchen, einen guten Start in die Ehe zu vollbringen.

Doch so sehr sich auch beide Ehepartner bemühen, die Ehe steht unter keinem guten Stern. Skaði, Göttin der Jagd und der Skifahrt, lebt in den Bergen, von Schnee und Tannen umringt. Sie liebt die Tiere, die Ruhe der Berge und beobachtet nachts die Polarlichter.

Für all das hat Njörðr keine Vorlieben. Er fühlt sich fremd in ihrer Welt und vermisst die Weiten des Meeres und das Rauschen der Wellen sowie seine Reichtümer, denn Njörðr ist auch der Gott des „Gebens". Die Luft in den Bergen ist ihm zu frisch und zu klar, er möchte wieder das raue Salz auf den Lippen schmecken und die Ungestümtheit des Meeres erfahren.

So handelt das frisch vermählte Ehepaar aus, dass sie jeweils ein halbes Jahr in der Heimat des anderen verbringen. Doch schnell stellt sich heraus: Skaði ist das Wohnen am Meer nicht geheuer. Sie beginnt, die Ruhe der Berge zu vermissen, den weißen Schnee und die Verbundenheit zu den Bergtieren. Mit Fisch und Seebrise ist sie nicht glücklich zu stimmen.

Da sie sich nicht einigen können, wo sie leben, beschließen sie, die Ehe als gescheitert zu erklären und getrennte Wege zu gehen. So lebt Skaði weiterhin in den Bergen und Njörðr am Meer.

Freyas Liebe und Leid

Steckbrief Freya

1. Göttin der Liebe und Schönheit
2. wurde als Schönste in den neun Welten beschrieben
3. hatte lange blonde Haare und blaue Augen
4. war eine Wanin und wusste die Zauberkunst Seiðr zu gebrauchen
5. kam als Friedensgeisel nach Asgard

Audiodatei 9:
Freyas Liebe und Leid

Als Schönste in den neun Welten hört Freya täglich Lobeshymnen auf sich. Die Göttin der Schönheit und Liebe weiß, wie sehr sie angebetet und begehrt wird. Mit ihrem langen, goldenen Haar, den strahlend blauen Augen und einer makellosen Haut kann sich Freya jeden Ehegatten in den neun Welten aussuchen.

Ihre Wahl fällt auf Odr, einen der Asen. Er hörte ihre Tränen, als sie ihre Heimat Vanaheim zurücklassen musste, lauschte ihren Geschichten über ihr grünes Zuhause und half ihr dabei, Asgard zu ihrer Heimat zu machen.

Sehr verliebt ist Freya in ihren Odr, ganz zum Unverständnis der anderen Asen, die ihr eine bessere Wahl zugesprochen hätten. Doch Freya lässt sich nicht beirren und hört auf ihr Herz. Es ist auch Odr, der sie ermutigt, Odin in den Geheimissen des Zaubers Seiðr zu unterrichten, denn Freya ist eine große Zauberin und Seherin.

Ihr Zauber wird so sehr respektiert und gefürchtet, dass selbst der Allvater Odin seine Abneigung gegenüber den Riten der Wanen abschwört und sie bittet, ihn in dieser Kunst zu unterrichten.

Als Göttin der Schönheit versteht sich Freya auch in Kunst und Malerei. Ihr Gatte Odr ist für sie wie eine Quelle der Inspiration und Freya malt nach ihren Begegnungen gerne. Ihre Kunstwerke werden bestaunt und bewundert. Auch singt sie, wenn sie glücklich ist, mit ihrer hellen Stimme und jeder in Asgard lässt sich von ihrem Gesang umschmeicheln. Die verliebte Freya ist eine Freude für jeden, der ihr begegnet, und so macht sie ihrer Rolle als Göttin der Schönheit und Liebe alle Ehre.

Eines Tages sitzt Freya in ihrem Palast in Asgard, umgeben von vielen funkelnden Schätzen, die ihr Bewunderer und Hofierer schenkten, und erhält einen Brief. Er ist von Odr, der ihr mitteilt, er werde nun vorerst Asgard verlassen, um Geschäfte zu erledigen. Seine Rückkehr sei noch ungewiss und er bedauere, ihr nicht persönlich „leb wohl" gesagt zu haben.

Freya ist außer sich vor Entsetzen. Ihr geliebter Mann – fort. Nein, das kann nicht sein. Sie wirft ihr Falkengewand über, welches aus den Federn vieler Falken gefertigt wurde und es ihr erlaubt, hoch wie die Falken selbst zu fliegen, und erhebt sich in den Himmel.

Zunächst sucht sie ganz Asgard, Midgard und Vanaheim ab, jedoch ohne Erfolg. Voller Verzweiflung kehrt sie nach Asgard zurück, um sich für die weitere Suche besser zu rüsten. Für die Ur-Welten Muspelheim und Niflheim, die in Extremen leben, ist das Falkengewand ungeeignet.

So steigt Freya in ihren Streitwagen, ein wunderschönes Gefährt aus verziertem Gold, welches von zwei riesigen Wildkatzen gezogen wird, und führt ihre Suche fort. Sie sucht alle neun Welten immer und immer wieder ab, schaut unter jeden Stein, hinter jedes Blatt, jedoch ohne Erfolg: Ihr Ehegatte Odr bleibt verschwunden.

Die verlassene und verletzte Freya kehrt nach Asgard zurück, wo sie ihren verschwundenen Ehegatten betrauert. Die Zeiten für Gesänge sind vorbei. Man sieht Freya auch nicht mehr malen. Vielmehr weint sie um das, was sie verloren hat. Ihr schönes Gesicht verwandelt jede Träne in pures Gold.

So ist Freya von nun an bekannt als Göttin der Liebe und Schönheit, die goldene Tränen weint und nie die Hoffnung aufgibt, ihren Ehegatten wiederzufinden.

...und da wären noch

Die Riesen

Steckbrief Riesen

1. *der erste Riese war Ymir*
2. *lebten in Jötunheim und Muspelheim*
3. *es gab Eis- und Feuerriesen*
4. *waren mehr als doppelt so groß wie die Asen*
5. *waren eine der ersten Rassen, die entstanden sind*
6. *manche hatten magische Kräfte*

Jötunheim, das Land von Eis und Schnee und Heimat der Eis- oder Frostriesen, auch Jötunn genannt, lag östlich von Midgard und südlich von Asgard. Damit sich die Menschen nicht dorthin verirrten, trennte sie eine Mauer von der lebensfeindlichen Welt der Riesen. Auch mehrere Eisflüsse sorgten dafür, dass die Menschen nicht nach Jötunheim gelangten und andersherum.

In den Sagen wird davon gesprochen, dass auch östlich von Midgard ein düsterer Eisenwald wuchs, in denen Trolle und Wölfe lauerten. Der Name des Eisenwalds war Jarnvidr. Kein Mensch konnte diesen lebend durchqueren, um am anderen Ende unbeschadet nach Jötunheim zu gelangen.

Nachdem der erste Ur-Riese Ymir erschlagen wurde und Odin und seine Brüder die Welt formten, flohen zwei der Riesen vor der vernichteten Flut aus Ymirs Leib, in der alle anderen Riesen ertranken. Den Sagen nach flohen sie nach Osten, demnach ist es gut möglich, dass sie nach Jötunheim gelangten.

Die Riesen waren Bergelmir und seine Frau. Diese bevölkerten Jötunheim und so wurde dort das Land der Eisriesen, die selbst Könige und Anführer hatten, wie der berühmte Skrýmir, der auch Utgard-Loki genannt wird. Ihn kennen wir bereits als Meister der Illusionen, der selbst Thor getäuscht hat.

Die anderen Riesen waren die Feuerriesen in Muspelheim, der Ur-Welt, die aus Flammen und Feuer besteht. Wie genau diese dorthin gelangt sind, ob sie vielleicht schon immer dort gelebt haben, jedoch kein anderes Wesen existierte, um von ihnen zu berichten, ist nicht bekannt. Wir wissen jedoch, dass Riesen unter extremen Lebensbedingungen leben konnten und keinerlei Absichten hatten, Territorien zu besetzen.

Dennoch gab es Riesen, die gewalttätig und aggressiv waren, ungeachtet deren Heimat. Diese wurden Reifriesen genannt. Warum sie den Menschen oder anderen Göttern schaden wollten, liegt oftmals in ihrer Geschichte. Wie wir von der Sage des Mauerbaus um Asgard gelernt haben, waren auch die Asen manchmal listig und hatten das Vertrauen der Riesen missbraucht.

Was ist die Rolle der Riesen in den Geschichten? Oftmals begegneten die Asen den Riesen in Form von Gegenspielern für ihre Abenteuer. Manche davon waren klare Feinde, andere waren Partner, mit denen sie Kinder zeugten, die dann wiederum Feinde sein konnten: siehe die Kinder von Loki und der Riesin Angrboda.

Die Riesen standen für das, was außerhalb der Ordnung der Götter lebte. Daher finden wir sie auch in Welten der Extreme und des Chaos, die ihr Zuhause waren.

In jeder Geschichte braucht es Helden und Anti-Helden und hier sind es die Riesen. Auch wenn diese nicht grundsätzlich schlecht waren, denn in den Augen der Wikinger wurde nicht unterteilt zwischen von Grund auf Böse oder Gut, so standen die Riesen für Bedrohungen außerhalb der Ordnung von Asgard.

Als Beispiel für zwei Gesichter, dem Gesicht der Riesen und dem der Götter, sehen wir Loki. Da er zum Teil von den Eisriesen abstammte, war er ein Charakter, der sehr zwischen den Welten wandelte. Bis zum Ende wusste niemand genau, wem seine Loyalität galt, vermutlich nicht einmal er selbst.

Auch brauchte es für einen mächtigen Gott wie Thor würdige Gegner. Wie hätte dieser Abenteuer bestreiten sollen, wenn es keine Feinde gegeben hätte? Wollen wir herausfinden, welche Abenteuer Thor auf einer seiner Reisen nach Jötunheim erlebte.

Die bärtige Braut

Audiodatei 10:
Die bärtige Braut

Die Sonne geht auf über dem prächtigen Asgard und ein neuer Tag beginnt. Thor öffnet die Augen, reckt und streckt sich und erstarrt. Er blickt auf seine Hände ... leer. Er blickt sich um und beginnt, hektisch zu suchen, doch sein mächtiger Hammer, Mjölnir, ist nirgends zu sehen. „Loki ...", murmelt Thor wütend in seinen Bart und lässt sofort den verschlagenen Gott Loki zu sich holen.

Doch Loki ist unschuldig. Er weiß nicht, wo der Hammer ist, und Thor glaubt ihm. Jedoch entdeckt Loki etwas Fremdes, das neben Thors Bett glitzert: einen Eissplitter. Sofort machen sich Thor und Loki nach Jötunheim auf, dem Land der Riesen, um nach Mjölnir zu suchen.

Dort angekommen, treffen sie auf den Riesen Prymr, der auf einem Grabhügel sitzt und eine Leine für seine Jagdhunde flechtet. Auch striegelt er sanft seine Stute. Prymr gehört zum Adel der Riesen. Als Aristokrat weiß er, wie man Politik macht und wie man wütenden Asen entgegentritt. Er gibt ohne Umschweife zu, Mjölnir gestohlen zu haben und dass sich dieser gut versteckt in Jötunheim befindet.

Sodann schlägt er Thor und Loki einen Handel vor: Er wird den Hammer zurückgeben, jedoch nur im Tausch gegen die Heirat mit der schönen Freyja, die ja kürzlich verlassen worden war.

Thor und Loki kehren nach Asgard zurück, um sich mit Freyja zu beratschlagen. Als diese von dem Ansinnen des Riesen hört, lacht sie schallend los und spottet: „Nie und nimmer heirate ich Prymr. Wenn dir der Hammer so wichtig ist, kannst du dir selbst ein Hochzeitskleid anziehen!“

Thor setzt eine unfreundliche Antwort an, doch Loki bremst ihn. Als Meister der List und Verschleierung kommt ihm Freyjas Scherz gar nicht so abwegig vor. So überredet er Thor, sich als Braut zu verkleiden und so seinen Hammer zurückzuholen.

Den Brautschleier soll dieser tragen, um sein Gesicht zu verbergen, und zwar bis nach der Eheschließung. Da diese mit dem Hammer geweiht wird, kann er Mjölnir sofort ergreifen und sich für dessen Diebstahl an den Riesen rächen.

So kommt es, dass der furchteinflößende Thor noch in Asgard ein prächtig geschmücktes Hochzeitskleid anzieht. Ein pompöser Schleier verdeckt seine langen Haare und seinen buschigen Bart, so dass unmöglich zu erahnen ist, wer sich unter all den Schichten Stoff befindet.

Auch Loki verkleidet sich als Hofdame und will Thor nach Jötunheim begleiten. Den Spaß kann er sich als Schalk nicht entgehen lassen. Sie leihen sich Freyjas Streitwagen aus, der von zwei gigantischen Wildkatzen gezogen wird, und machen sich auf den Weg zur Hochzeit.

In Jötunheim angekommen, ist bereits alles für den Hochzeitsschmaus vorbereitet. Prymr staunt nicht schlecht, als seine Braut einen ganzen Ochsen, acht Lachse und drei Fässer Met verzehrt. Doch Loki, als Frau verkleidet, beruhigt ihn: „Die Braut war so aufgeregt, dass sie seit acht Nächten nichts gegessen hat."

„Sie kann es kaum erwarten, vor den Altar zu treten", säuselt der gerissene Loki Prymr zu, damit dieser schnell den Hammer bringt, bevor Thor sich noch verrät.

Es funktioniert. Besessen von der Idee, endlich die schöne Freya zur Frau zu nehmen, lässt Prymr keine Zeit verstreichen und ruft die Hochzeitsgesellschaft zum Altar auf. Der Hammer wird gebracht und soll das Ritual besiegeln.

Voller Vorfreude lüftet Prymr den Schleier, um sich an der Schönheit seiner frisch vermählten Frau zu erfreuen. Kaum, dass der Schleier über das Gesicht gehoben ist, erschrickt er: „Ein Bart!", ruft Prymr laut aus und macht einen Schritt zurück. Ohne zu zögern, ergreift Thor seinen Hammer und endlich wieder mit Mjölnir vereint, nimmt er Rache an den Riesen für den dreisten Diebstahl.

Loki, noch immer verkleidet, schaut amüsiert zu, während Thor voller Tobsucht Blitze und Donner auf die Riesen herabschickt. Schlussendlich liegt die gesamte Hochzeitsgesellschaft auf dem Boden. Thor reißt sich das Kleid vom Leib und besteigt, gemeinsam mit Loki, Freyjas Streitwagen, vor dem die Wildkatzen geduldig warten.

„Ich glaube, das war die schönste Hochzeit, bei der ich seit langem war", witzelt Loki und gemeinsam kehren sie nach Asgard zurück.

Die Alben – Naturgeister und Elfen

Steckbrief Alben

1. *es wird zwischen Licht- und Schwarzalben unterschieden*
2. *sie waren mächtige Naturgeister*
3. *galten als Verbündete der Asen und Wanen*
4. *die Lichtalben waren wunderschöne und reine Wesen*
5. *wurden nur als Gruppe genannt*

Wir wissen bereits, dass die Lichtelfen, auch Alben genannt, in Alfheim wohnten, einer Welt voll Licht und Eleganz. Wie können wir uns diese Wesen vorstellen? Sie werden als hochgewachsen beschrieben, von schmaler Statur und atemberaubender Schönheit. Ihre Eleganz und ihre Anmut werden in Liedern besungen.

Daher war ihr Wächter und Anführer ihrer Welt der Wanengott Freyr, der Zwillingsbruder der schönen Freya. Freyr war ein Fruchtbarkeitsgott. Auch die Lichtalben standen für Fruchtbarkeit und das Gute in der Welt. Sie waren schaffende Wesen, die klug und künstlerisch waren.

Anders als bei den einzelnen Göttern sind keine Geschichten von einzelnen Alben bekannt. Sie wurden stets als Gruppe bezeichnet und waren in Asgard oft zugegen. Aufgrund ihrer Weisheit und Intelligenz wurden sie in Asgard oft zu Rate gezogen und von Odin hochgeschätzt.

Die Namen Albe und Elfe leiten sich aus dem altgermanischen „alb“ sowie dem altnordischen „álfr“ ab. Beides bedeutet „weiß“, „schimmernd“ oder „glänzend“. Dies bezeichnet nicht nur das Aussehen, sondern auch die Natur dieser Wesen, denn es wird auch übersetzt als „weiß sein“, was so viel bedeutet wie „rein“ oder „gut“ sein.

Die Alben waren Naturgeister, deren Ursprung unbekannt ist. Ob und in welcher Form sie über einen manifestierten Körper verfügten, ist nicht überliefert. Anders als die Wanen, die schlicht ein anderes Göttergeschlecht waren, schienen die Alben eine andere Natur zu haben.

Diese lebten zwar in einer der neun Welten, jedoch sind keine Geschichten von ihnen bekannt, in der sie mit Göttern, Riesen oder Menschen körperlich interagieren. Daher liegt die Vermutung nahe, dass die Alben zwar in einer der neun Welten wandelten, jedoch mehr Geist als Fleisch zu sein schienen.

Die Schwarzalben haben einen komplizierten Hintergrund. Während in der alten Edda die Schwarz- oder Dunkelalben mit ihrer Beschreibung von klein geraten, gerne unter der Erde und kernig mehr als Synonym für Zwerge verwendet wurden, ist es in der Snorri-Edda etwas anders.

Die Schwarzalben sind die natürlichen Gegenspieler der Lichtalben und stehen für alles Schlechte und Hässliche in der Welt. So werden sie beschrieben als knochig, unansehnlich und düster.

Wir wissen bereits, dass die Snorri-Edda in einer Zeit geschrieben wurde, in der das Christentum bereits im Norden Einzug erhielt. Da Snorri versucht hat, die nordischen Sagen zu strukturieren und ihnen einen geordneten Ablauf zu geben, ist es möglich, dass hier der Einfluss des Christentums bemerkbar wird. Wie das?

Anders als in der ursprünglichen nordischen Mythologie, in der nicht in Kategorien wie „gut“ und „böse“ erzählt wurde, sind christliche Geschichten mehr von diesen Normen geprägt. Der helle Himmel mit seinen strahlenden Engeln ist gut, die düstere Hölle ist böse.

So einen ähnlichen Geschmack erhalten nun auch hier die Alben, obwohl diese keine himmlischen Gestalten sind, sondern eher natürlichen Ursprungs. Ihr Wirken in der Welt der Menschen war subtiler, die Lichtalben gaben Leben und schöpferische Kraft, die Schwarzalben sorgten für Ängste und Krankheit, dennoch wurde die Natur beider nicht gewertet. Die Wikinger hielten Riten ab, um den Einfluss der Lichtalben zu verstärken und das Einwirken der Schwarzalben zu verschmälern.

Und heute? Eines der prägnantesten Überbleibsel der Alben ist noch vorhanden, nämlich das Wort „Albtraum". Dieses ist darauf zurückzuführen, dass ein Schwarzalbe sein Unwesen treibt und so manch feinfühliger Mensch in Midgard ihn in seinen Träumen spürt. Die Lichtalben werden meistens dort vermutet, wo viel Grün und Leben ist.

Eins ist aber gewiss: Wenn die Götterdämmerung eintrifft, kämpfen die Lichtalben Seite an Seite mit den Asen gegen die Dunkelheit.

Walhalla und die Walküren

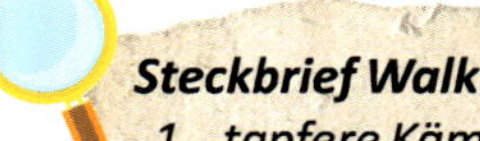

Steckbrief Walküren

1. *tapfere Kämpferinnen aus Asgard*
2. *sie standen im Dienst Odins*
3. *ihre Aufgabe war es, die Seele der verstorbenen Krieger nach Walhalla zu bringen*
4. *ritten auf Pferden durch die Lüfte*
5. *konnten den Ausgang von Schlachten beeinflussen*

Walhalla war das Kriegerparadies und die Nachwelt derjenigen, die auf dem Schlachtfeld verstorben sind. Diese Halle war auch Odins Haupthalle in Asgard und es bedeutet übersetzt „die Halle der Gefallenen".

Sie wird als prunkvoll und riesig beschrieben, mit insgesamt 540 Toren. Von dem himmelhohen Dach ragten Schilder und die Hefter von Schwertern, was der Halle einen gewaltigen Ausdruck verlieh. An den Wänden hingen alle möglichen Rüstungen und Waffen,

denn die tapferen Krieger, die in Walhalla verweilten, übten dort ihre Kampffertigkeiten jeden Tag. Auf den zahlreichen Bänken lagen abgelegte Rüstungen, verschiedene Waffen, Stiefel und Polierzeug von den Kriegern, die diese kurz abgestreift hatten.

Des Tages kämpften die Krieger gegeneinander, um sich auf die große Schlacht vorzubereiten, zu der sie Odin rufen würde. Sie kämpften entweder in Walhalla oder in Thors Palast, wenn dieser sich in Asgard befand, bis aufs Blut. Doch des Abends waren alle Krieger wieder Freunde und Verbündete und kehrten Seite an Seite zurück nach Walhalla, um dort gemeinsam mit den Göttern zum Abendmahl zu sitzen.

Des Abends wurden üppige Speisen aufgetischt, denn die Krieger waren hungrig. Auch Met floss in Hülle und Fülle. Dieses Met wurde hergestellt von der Ziege Heidrun, die auf dem Dach von Walhalla lebte und sich von den Blättern des magischen Baumes Laerad ernährte, der direkt bei Walhalla wuchs.

Anstatt Milch gab die Ziege Met und sie wurde jeden Tag gemolken, um den Durst der Krieger zu stillen. Da Walhalla die höchste Ehrung unter den Kriegern war, wünschten sich viele Kämpfer in Midgard, würdig genug zu sein, dort ihr Nachleben zu verbringen.

Sie träumten davon, dass auch ihre Vorfahren prächtige Krieger waren, die sie dort wiedersehen würden. Denn bei den Wikingern folgten die Kinder gerne dem Beispiel ihrer Vorfahren, insbesondere wenn diese eine lange Blutlinie aus Kriegern verfolgten. Grundsätzlich waren aber alle Wikinger in der Kriegskunst unterrichtet, denn dies gehörte zu der nordischen Kultur und zu der Lebensführung dazu.

Ein Krieger zu sein und im Kampf zu fallen, war jedoch kein Garant dafür, nach Walhalla zu gelangen. Die Walküren mussten den Krieger als würdig auserwählt haben, um dessen Seele nach Walhalla zu tragen. Nur die tapfersten und besten Krieger wurden als würdig gewählt, denn die Legenden besagen eine erstaunlich konkrete Anzahl an Kriegern, die in Walhalla verweilen durften.

Sobald es zu Ragnarök kommen würde, würde Odin diese Krieger um sich scharren, um gemeinsam mit ihnen in die letzte Schlacht zu ziehen. Durch jedes der 540 Tore würden jeweils 800 Krieger Walhalla verlassen. Demnach würde Odin über eine 432.000 Mann starke Armee verfügen, die an der Seite der Götter kämpfen dürfte.

so es genau diese Zahlen waren, ist nicht überliefert. So manch einer munkelt, die Zahl 8 sieht der Rune Othala sehr ähnlich. Diese Rune bedeutet „Trennung von der Vergangenheit". Vielleicht sollten die 800 Krieger, die durch jeweils ein Tor gehen, die Trennung zwischen der bekannten Welt symbolisieren.

Walhalla war nicht nur die Halle der Krieger, sondern auch die Halle der Walküren. Diese wurden in früheren Sagen als Totendämoninnen gefürchtet und galten als Unglücksbringer. In den ursprünglichen Sagen war Odin auch mehr ein finsterer Totengott, dessen zwei Raben geduldig auf Beute warteten, während die Walküren als seine Dienerinnen als düstere Vorboten des Todes angesehen wurden.

Auch damals wurden sie als imposante Gestalten beschrieben. Es waren furchterregende, große Frauen, die mit schwerer Rüstung und mystisch gravierten Runen auf dem Schlachtfeld erschienen, um die Gefallenen abzuholen.

Das Wort „Walküre“ bedeutet übersetzt „die auf dem Schlachtfeld Gefallenen wählen“ und damit ist auch ihre Aufgabe deutlich. Sie wählten selbst, wen sie als würdig erachten, nach Walhalla zu ziehen, oder sie erhielten einen Befehl von Odin.

In späteren Sagen wurden aus den düsteren Totendämoninnen mehr ruhmvolle Kriegerinnen. Insbesondere nachdem die Legende von Walhalla immer mehr Form angenommen hatte, verloren die Walküren den finsteren Beigeschmack des Todes und wurden mehr als schöne und talentierte Kämpferinnen gesehen.

Eine berühmte Persönlichkeit, die in manchen Sagen auch als Walküre bezeichnet wird, war die Brünhild (Brynhild). In der Nibelungensage war sie eine mächtige Kriegerin, wobei sie in einigen Abwandlungen eine Königstochter war. Sie weigerte sich, einen Mann zu ehelichen, der schwächer war als sie, und so bissen sich Scharen an Interessenten die Zähne an ihr aus.

In der ursprünglichen Überlieferung war sie jedoch eine Walküre, die von Odin nach Midgard verbannt wurde. Ihre Geschichte werden wir noch kennenlernen.

Die Walküren holten nicht nur die Seelen der Verstorbenen, sondern griffen aktiv in Schlachten ein. Manchmal machten sie dies aus Eigeninteresse, manchmal erhielten sie von Odin Befehl dazu, wenn dieser einen bestimmten Ausgang einer Schlacht erhalten wollte.

Die Walküren kämpften dann Seite an Seite mit großen Kriegern und Helden und sie erfüllten ihre Aufgabe stets.

Es werden auch einige Liebeshymnen auf die schönen Walküren gesungen, die sich auch in Helden verlieben. So beschützten sie dann ihren geliebten Krieger in manchen Schlachten, bis seine Zeit kam, mit ihnen zu gehen. Auf ihren fliegenden Pferden ritten die Walküren durch den Himmel und waren auf dem Schlachtfeld für die einen ein Segen, für die anderen ein Fluch, je nachdem, welche Seite gewinnen sollte.

Wie wir bereits gelernt haben, wusste Odin, seine Schützlinge in Midgard auf den Thron zu bringen. Mithilfe der Walküren konnte er so Schlachten und ganze Kriege bestimmen.

Kein Wunder also, dass die Walküren, insbesondere in früheren Sagen, als niedere Göttinnen betrachtet wurden. Auch wurde das Wort „Walküra" als Bezeichnung für eine Respektsperson verwendet. Selbst heute noch verbinden wir mit diesem Wort Stärke, Mut und Schönheit.

In Walhalla gossen die Walküren den Kriegern Met von Heidrun in ihre Krüge. Sie feierten jeden Abend bis in die Nacht hinein gemeinsam mit den Göttern und genossen das Beisammensein in Asgard. Dort warteten sie auf das Eintreffen der Götterdämmerung, in der sie ihre letzte Schlacht kämpfen würden.

Die Nibelungen

Audiodatei 11:
Die Nibelungen

Zur Abenddämmerung erreicht Siegfried endlich sein Ziel. Er steht vor einem monumentalen Berg, an dessen Fuß stattliche Kiefernadelbäume wachsen. Zwischen den Bäumen und in der aufkeimenden Dunkelheit sieht Siegfried eine Bewegung an der Felswand.

„Heute scheint mein Glückstag zu sein ...“, denkt Siegfried und schleicht sich auf leisen Sohlen heran. Zu seiner eigenen Überraschung sieht er einen Zwerg, der grimmig einen großen Sack hinter sich herzieht und anscheinend Flüche in seinen langen, weißen Bart murmelt. Er scheint unbewaffnet zu sein und so tritt Siegfried aus dem Schatten heraus.

„Hallo Zwerg“, sagt er mit fester Stimme und der Zwerg erschrickt. „Was, wie, wo?“, stammelt der Zwerg, sichtlich überrumpelt. Er schaut Siegfried mit großen Augen an und sagt: „Zwerg nennst du mich, du langes Elend. Pah! Albrich bin ich und gar nicht zu Scherzen auferlegt.“

Siegfried muss schmunzeln und erwidert freundlich: „Ja, das sehe ich, Zwerg Albrich. Man nennt mich Siegfried. Was für schwere Last schleppst du denn, die dir den Abend derart vermiest?“

„Last?“, fragt der Zwerg misstrauisch: „Was weißt du schon von Last? Von dir gestört zu werden, das ist doch die eigentliche Beschwerlichkeit. So gehab dich wohl, neugieriger Siegfried.“

SogleichmachtderZwergaufdemAbsatzkehrtundwill,denSacknoch immerhintersichherziehend,indieAbenddämmerungverschwinden.

Doch Siegfried lässt sich nicht so leicht beirren. Denn er ist aus einem ganz bestimmten Grund hier und sein Instinkt sagt ihm, der Zwerg wird ihn genau dorthin führen, wo er hinwill. Flink zieht SiegfriedseinSchwertundmiteinemHieb durchtrennt er den Leinensack in zwei Hälften. Heraus kommen einige Goldstücke und eine Handvoll Edelsteine.

„Bringst du die zu deinem Herrn in den Hort?“, fragt Siegfried neckend.

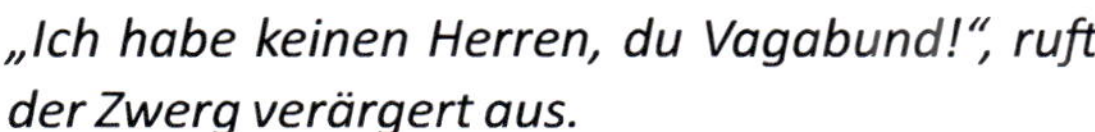

„Ich habe keinen Herren, du Vagabund!“, ruft der Zwerg verärgert aus.

Siegfried grinst.

„Die brauche ich zum Schmieden. Und nun lass mich vorbei, sonst setzt es was!", droht er Siegfried mit blitzenden Augen.

Dieser tritt einen Schritt zur Seite. Flink will der Zwerg an ihm vorbei und holt dabei in aller Hast etwas aus seiner Tasche. Er macht eine Handbewegung, als wolle er sich eine Mütze aufziehen, doch Siegfried ist schneller.

Mit einer Hand packt er den Zwerg am Kragen und reißt ihm den Gegenstand aus der Hand. Es scheint eine Art Kappe zu sein. Doch der Zwerg ist nicht wehrlos und Siegfried weiß, dass er ihn nicht unterschätzen darf.

Blitzschnell packt Siegfried den noch zappelnden Zwerg mit beiden Händen und wirft ihn mit voller Kraft in den Wald. Der Zwerg lässt noch einen wütenden Schrei erklingen, der sich immer weiter entfernt. Anscheinend wird er diesen Abend nicht mehr zurückkommen.

Siegfried nutzt das letzte Licht der Sonnenröte, um die Spuren des Zwerges zu lesen. Sobald er die Fährte aufgenommen hat, bewegt er sich in die Richtung entlang der Felswand und wird nach kurzer Zeit fündig. Ein gigantisches Loch in dem Berg wird sichtbar. Hier ist der Hort der Nibelungen.

Siegfried umgreift sein Schwert mit festem Griff und betritt es. Er weiß, welche Kreatur dort lebt und dass diese, auf der Suche nach Gold und Schätzen, ganze Siedlungen und Dörfer auf dem Gewissen hat. Mit einer Fackel gegen die Dunkelheit gewappnet, folgt Siegfried einem großen Tunnel, der in die Tiefen des Berges hineinführt.

In der Dunkelheit verliert er jegliches Zeitgefühl. Er könnte Stunden oder auch Tage unterwegs sein. Doch da sieht er plötzlich ein Licht aufflackern. Das Ende des Tunnels! Dort angekommen, erspäht Siegfried eine riesige Höhle, von deren Decken fantastisch geformte Salzkristalle hängen. In einigen Ecken der Höhle kokeln verbrannte Reste, die Licht in die dunkle Höhle bringen. Das Licht wird funkelnd reflektiert.

Siegfried kneift die Augen zusammen und erkennt viele kleine und große Haufen an Gold und Edelsteinen. Er lächelt, denn er weiß ge-

nau, welche Kreatur diese Schätze sammelt. Es ist nicht der Zwerg Albrich, der mit der Tarnkappe ebenfalls Schätze sammelt und diesen Hort hütet, sondern etwas viel Größeres und Mächtigeres.

Plötzlich weht ein gewaltiger Wind durch die Höhle und Siegfried hört ein lautes Flügelschlagen. Er geht in Deckung und wartet. Er hört, wie große Klauen auf dem Felsboden aufsetzen und etwas Riesiges sich über den Boden bewegt.

Siegfried wagt einen Blick aus seinem Versteck heraus und sieht einen gewaltigen Drachen von schwarz-grüner Farbe mit smaragdgrünen Reptilienaugen und riesigen Lederflügeln, der gerade gelandet ist und die neusten Schätze seiner Sammlung hinzufügt.

Es ist der Drache Fafnir, der solchen Geschmack an funkelndem Gold und Juwelen gefunden hat, dass er die ganze Region erkundet und jeden Schatz an sich reißt, egal, wem dieser gehört.

Siegfried packt sein Schwert und schleicht sich hinter dem Drachen heran. Doch dieser hat ihn längst bemerkt und schlägt mit seinem langen, mit Schuppen besetzten Schwanz nach ihm. Siegfried entgeht der Attacke mit einem Hechtsprung und anstatt sich zu verstecken oder eine List anzuwenden, setzt er zu einer Frontalattacke ein. Denn Siegfried kennt keine Furcht und ist ein viel gefeierter Held, dessen Tapferkeit beneidet und gefürchtet wird.

So blickt Siegfried dem riesigen Drachen von Angesicht zu Angesicht in die smaragdgrünen Augen und nimmt Anlauf. Der Drache atmet tief ein, bereit, dem Eindringling mit Feuer ein Ende zu bereiten. Doch Siegfried ist erstaunlich schnell.

Während die Kehle des Drachen sich glutrot färbt, springt Siegfried mit erhobenem Schwert an einem der Goldhaufen hoch und er-

wischt den Drachen an der Kehle. Sein Schwert erhitzt sich und verbrennt ihm beinahe die Hände, doch Siegfried hält beharrlich fest. Mit einem donnernden Aufschlag kommt der Drache Fafnir neben seinen Schätzen zum Erliegen und wird nie wieder für Furcht und Schrecken sorgen.

Um noch stärker und unbezwingbar zu werden, badet Siegfried im Blut des Drachen. Dann nimmt er seine Schätze mit und macht sich, um einen Sieg reicher, auf den Heimweg.

Siegfried, müde von dem Kampf und der Reise, beschließt, am Hof zu Worms Halt zu machen. Dort wird er vom König fürstlich empfangen und zu seinen Ehren wird ein Fest abgehalten. Siegfried, der gefeierte Held und Drachentöter, macht sich nicht viel aus Feiern, kann die Höflichkeit jedoch nicht ausschlagen. Er sitzt an der Tafel des Königs und begeistert den Adel mit seinen Heldengeschichten, als eine wunderschöne Frau den Saal betritt. Ihre Eleganz und ihre Anmut werden nur noch von ihren edlen Gesichtszügen übertroffen.

„Siegfried, darf ich dir meine Tochter vorstellen? Kriemhild", sagt der König, der wohlwollend Siegfrieds Blick bemerkte. Auch Kriemhild zeigt Gefallen an dem sagenumwobenen Helden. So ist kurz nach der Feier schnell abgemacht: Eine Hochzeit soll den Bund der Liebe besiegeln.

Nie hätte Siegfried sich zu träumen gewagt, dass er auf Drachenjagd auskehrt und verheiratet zurückkommt. Doch das Bündnis mit Kriemhild macht ihn glücklich und so freut er sich auf die bevorstehende Hochzeit. Zum Zeitvertreib bringt er Kriemhilds Bruder das Kämpfen mit dem Breitschwert bei.

„Gunnar, jetzt lernst du anständiges Kämpfen aus der echten Welt und nicht die Tanzschritte hier bei Hofe", verspottet ihn Siegfried lachend. Zwischen ihnen entwickelt sich eine echte Freundschaft und so freut sich Siegfried auch auf seinen künftigen Schwager.

Am Tag der Hochzeit ist der Festsaal atemberaubend geschmückt. Kriemhild wurde als schönste Braut im ganzen Land gefeiert und selbst Siegfried fand Gefallen an der ausschweifenden Hochzeitsfeier. Allein Gunnar machte zwischendurch ein trauriges Gesicht. „Er ist traurig, da er nun wirklich allein ist", flüstert die frisch angetraute Kriemhild ihrem Siegfried zu.

„Dem können wir doch abhelfen", sagt Siegfried: „Unser nächstes Abenteuer soll uns eine Frau für Gunnar einbringen."

Kurz nach der Hochzeit machen sich Siegfried und Gunnar reisebereit. Der abenteuerlustige Siegfried verbrachte gerne Zeit bei Hof und seiner Angetrauten, doch ihm stand doch wieder die Lust nach Abenteuern. So verließen er und sein Schwager den Hof zu Worms und versprachen der traurigen Kriemhild baldige Wiederkehr.

Siegfried wusste bereits, wohin sie die Reise führen soll. Bei seinen vielen Abenteuern hatte er Gerüchte gehört von einer wunderschönen und tapferen Walküre, die von Odin nach Midgard geschickt worden war. Sie soll seine Anweisungen missachtet und eigene Krieger nach Walhalla gebracht haben. Daraufhin hat Odin sie in einen ewigen Schlaf versetzt.

Wer es schafft, die Walküre zu wecken und zu besiegen, soll ihr Ehegatte werden. So suchen Siegfried und Gunnar viele Tage und Nächte nach der sagenumwobenen Schönheit, bis sie eines Tages an einem Baum ankommen und dort ein Eichhörnchen entdecken, das sich offenbar mit einem Raben unterhält.

„Das ist Ratatösk", flüstert Siegfried: „Wenn es ein Lebewesen gibt, das uns zur Walküre bringen kann, dann Ratatösk."

Der schlaue Siegfried bietet dem Eichhörnchen einige Nüsse in der flachen Hand an. Das Eichhörnchen beäugt ihn kurz, nimmt dann aber die angebotenen Leckereien.

„Ratatösk, kannst du uns zur schlafenden Walküre bringen, die ins Exil verbannt wurde?", fragt Siegfried freundlich. Sofort dreht das Eichhörnchen sich um und springt auf den nächstgelegenen Baum. Sie sollen ihm folgen. Es geht immer tiefer in einen Wald hinein, dessen Bäume immer höher und dichter werden. Doch vor ihnen lichtet sich die Vegetation. Ratatösk hat sie zu einer Lichtung geführt.

Kaum, dass Siegfried und Gunnar die Lichtung betreten, verschwindet das Eichhörnchen, um seine eigenen Geschäfte zu erledigen.

In der Mitte der Lichtung, auf einem großen Felsen, liegt eine Frau. Sie ist von außergewöhnlicher Schönheit und scheint tief und fest zu schlafen.

Als Kleidung trägt sie eine schwere, goldene Rüstung. Neben ihr ruhen Speer und Schild.

Siegfried und Gunnar treten näher. Gunnar, von dem Anblick der Walküre überwältigt, will sie wecken, in der Hoffnung, dass auch für ihn bald eine Hochzeit ansteht. Doch egal, was er versucht, die Walküre bleibt gefangen in dem von Odin auferlegten Zauberschlaf.

„Versuch du es, Siegfried", bittet ihn Gunnar.

Siegfried zögert. Er könnte Gunnars Aussehen annehmen, denn er hat die Zauberkappe des Zwergs dabei. Doch eine Walküre zu täuschen ist gefährlich. Und doch verspürt Siegfried wieder das abenteuerlustige Kribbeln und will auch seinem Schwager zu Glück verhelfen.

Er legt die Tarnkappe an, die ihm Gunnars Aussehen verleiht, während der echte Gunnar sich zwischen den Bäumen versteckt. Dann holt er mit seinem gewaltigen Schwert aus und schlägt auf den Felsen, so dass selbst der Boden erzittert.

Die Walküre schlägt erschrocken die Augen auf. Siegfried frohlockt, er hat es geschafft, sie zu wecken! Doch seine Freude hält nicht lange an, denn kaum hat sie ihn erblickt, verengen sich ihre schönen Augen und sie setzt ohne Umschweife zum Kampf an.

Es ist Siegfrieds größte Herausforderung, denn die Walküre ist stark, geschickt, kampferprobt und vor allem will sie nicht heiraten. Denn sie weiß, es ist ihr Schicksal, den Mann zu ehelichen, der sie im Kampf besiegt.

Doch ihre Furcht vor einer möglichen Niederlage lässt sie zu sehr verbissen um den Sieg kämpfen. Siegfried hingegen ist leicht wie ein Vogel und so schafft er es, die Walküre zu entwaffnen, und entscheidet den Kampf damit für sich. Wütend blickt ihn die Walküre an.

„Noch nie hat mich ein Mann im Zweikampf geschlagen, mich, Brünhild, die Seite an Seite mit Odin so viele Schlachten gewonnen hat. Wer bist du, Krieger?", fragt die Walküre.

„Mein Name ist Gunnar", lügt Siegfried, der noch immer die Tarnkappe trägt: „Du wirst nun mitkommen und meine Frau werden. Warte hier, ich hole meinen Schwager Siegfried, der sich in den Bäumen versteckt."

Im Schutz der Bäume legt Siegfried die Tarnkappe ab und holt Gunnar, der außer sich vor Freude über die Eroberung der schönen Walküre ist. Gemeinsam kehren sie Heim, wo sie von Kriemhild herzlich empfangen werden. So sehr sie sich über die Heimkehr ihres Gatten und ihres Bruders freut, mit Brünhild kann sich Kriemhild nicht anfreunden.

Die Frauen hegen eine tiefe Antipathie gegeneinander, denn Brünhild spürt, dass irgendetwas mit ihrer Erweckung nicht stimmt. Selbst am Tag ihrer Hochzeit beäugt sie Gunnar misstrauisch, denn sie sieht in ihm nicht den Kämpfer, der sie besiegt hat.

In der Hochzeitsnacht will Brünhild Gunnar erneut testen. Sie sagt ihm, er darf nur ins Bett zu ihr kommen, wenn er sie vorher niederringt. Erneut bittet Gunnar Siegfried um Hilfe, denn er weiß, nimmer er der starken Walküre gewachsen. Siegfried möchte die Walküre nicht erneut täuschen und lehnt ab.

Doch Gunnar bittet und bettelt und vertraut sich seiner Schwester Kriemhild an, die ihrem Bruder beisteht. Siegfried kann Kriemhild keinen Wunsch abschlagen. So legt er erneut die Tarnkappe an und tritt der misstrauischen Walküre gegenüber.

Kaum hat Siegfried als Gunnar verkleidet das Ehezimmer betreten, beginnt der Ringkampf. Die Walküre kämpft verbissen, doch auch hier ist Siegfried überlegen. Er ringt sie zu Boden und Brünhild muss sich erneut geschlagen geben.

Siegfried heißt sie zu warten und geht hinaus, während kurze Zeit später der echte Gunnar den Raum betritt und sie als Ehegatten in einem Bett schlafen.

So vergeht die Zeit, doch Brünhild ist nicht glücklich auf dem Hof. Ihr fehlen die Kämpfe und das Abenteuer. Auch versteht sie sich nicht mit Kriemhild und hält ihren Ehegatten Gunnar für einen schwachen Kämpfer, der es nur durch Tricks geschafft hat, sie zu ehelichen.

Nach einem besonders furchtbaren Streit mit Kriemhild kann diese ihre Tränen nicht mehr zurückhalten und gesteht der Walküre, dass sie getäuscht worden ist. Kriemhild hofft, dass Brünhild daraufhin den Hof verlässt und sie mit Siegfried und Gunnar in Frieden leben kann.

Doch sie hat die Wut und den Durst nach Rache unterschätzt, denn Brünhild würde erst abreisen, wenn sie Gerechtigkeit erfahren hat. Sie sucht nach Siegfried und eröffnet ihm ohne Umschweife, dass sie ihn als Erstes töten und nach Walhalla bringen wird. So kämpfen sie ein drittes und letztes Mal. Doch voller Erstaunen muss Brünhild feststellen, dass Siegfrieds Haut undurchdringbar ist.

Das Drachenblut, in dem er gebadet hat, hat ihn unverletzbar gemacht. Voller Wut über diese erneute List greift Brünhild zum Dolch und ersticht Siegfried zwischen den Schulterblättern. Dort befindet sich seine einzige Schwachstelle, denn bei dem Baden hat sich ein

Lindenblatt genau dorthin gelegt und ihn dort verwundbar gemacht.

Siegfried bricht zusammen und die Walküre hat Gerechtigkeit erfahren. Ihr Platz ist nun nicht mehr in Midgard, denn mit einem so starken Krieger wie Siegfried an ihrer Seite ist ihr der Einlass in Walhalla sicher.

So verlassen Brünhild und Siegfried Midgard, denn Siegfried ist tapfer im Kampf gefallen und wurde von einer Walküre auserwählt. Sie kehren nach Walhalla ein, wo sie auf den Ruf der großen Schlacht warten.

Ragnarök – Das Ende und der Anfang aller Dinge

Der Ursprung des Wortes Ragnarök ist altnordisch und zusammengesetzt aus zwei Worten:

Ragna – Gott

Rök – Ursache, Sinn des Ursprungs

In vielen bereits bekannten Sagen dreht sich viel um die legendäre Endschlacht, die Ragnarök heißt und auch als Götterdämmerung bezeichnet wird. Dabei geht der Begriff „Götterdämmerung" auf einen Übersetzungsfehler zurück. Die genaue Bedeutung des Wortes „Ragnarök" ist eigentlich „Schicksal der Götter".

Snorri ist in seiner Edda jedoch davon ausgegangen, dass das Wort eine Ableitung von „Ragnarökr" ist, wobei „Rökr" „Dunkelheit" bzw. „Dämmerung" bedeutet. So kam die Fehlübersetzung zustande und heute wird unter Ragnarök eher noch Götterdämmerung verstanden als die eigentliche Wortbedeutung „Schicksal der Götter“.

Doch wieso bedeutete die erschütternde Endschlacht „Schicksal“? Wie wir wissen, waren die Wikinger naturverbunden und hatten starke Glaubenssätze. Einer davon war, dass alles im Leben und auch im Tode ein Kreislauf ist. Auch die Götter haben sich schlecht benommen und gegenseitig ausgetrickst, sich und anderen geschadet und damit Schuld auf sich geladen.

Wie wir aus einigen ihrer Sagen wissen, steckte in ihnen Wundervolles, doch auch oftmals Verderbliches. So luden auch die Götter Schuld auf sich und mussten ihr Schicksal ertragen, welches mit der Endschlacht besiegelt werden würde.

Odin wusste das, denn sein Lebtag versuchte er, alles Wissen über Ragnarök zu sammeln, um entweder die Schlacht zu vermeiden oder für sich zu gewinnen. Dadurch versuchte Odin jedoch, seinem Schicksal zu entkommen.

Auch er, der als mächtigster aller Götter galt, der alles Wissen über Ragnarök sammelt, konnte seinem Schicksal jedoch weder mit Weisheit noch mit Magie entkommen. Denn die Wikinger glaubten, das Schicksal ist die größte Macht, die existiert, sogar noch größer als die des gefürchteten Göttervaters Odin.

Ragnarök wird in der alten Edda bereits mit einem Lied beschrieben. Das Lied heißt: „Völuspá, Weissagungen der Seherin“. Dort wird erzählt, dass Ragnarök verschiedene Vorzeichen hat, die alle vor der letzten Schlacht eintreffen. Beginnend mit dem Tod Baldrs, wusste insbesondere Odin, dass die Vorzeichen nicht mehr lange auf sich warten lassen würden.

Ragnarök war insgesamt in fünf Abschnitte eingeteilt:

Das erste Vorzeichen …

… war der Fimbulwinter. Es bedeutet übersetzt „Riesenwinter“ oder „verheerender Winter“. Es hieß, die Sonne würde sich verdunkeln, sodass kein warmes Sonnenlicht mehr auf die Erde strahle. Es brachen klirrende Kälte und Frost ein. Die Landschaft wurde grau und karg.

Drei Jahre lang herrschte der Fimbulwinter und brachte Chaos, Angst und Spaltung über die Menschen. Diese begannen, sich gegenseitig zu bekämpfen, und versuchten, ihr eigenes Überleben zu sichern.

Das zweite Vorzeichen …

… war das Brechen aller Bande. Dies galt für die Menschen in Midgard, da sie nun keine Familienbande oder Freundschaften mehr kannten. Jeder war auf sich allein gestellt und die Kämpfe wurden fortgeführt.

Auch magische Bande brachen und so waren Loki, der nach Baldrs Tod gefesselt wurde, und sein Sohn, der Wolf Fenrir, wieder frei. Fenrir schluckte daraufhin Sonne und Mond, so dass die letzte Hoffnung auf das Ende des Fimbulwinters starb.

Loki sammelte alles Unheilvolle um sich: die Riesen und jedwede Monstrosität. Er rief auch seine anderen Kinder und seine Tochter Hel entließ alle Seelen aus der Unterwelt, doch nur die bösartigen wollten auch an Ragnarök teilnehmen.

Die Midgardschlange Jörmungandr stieg aus dem Ur-Ozean hinaus und löste so eine gigantische Flutwelle aus. Heimdall blies in das Gjallarhorn, um Ragnarök anzukündigen.

Der dritte Abschnitt …

… wurde eingeläutet von den Feuerriesen. Es handelte sich um den Weltenbrand, der die Welten erfasste und zerstörte. Surtr, der mächtige Feuerriese, würde Muspelheim verlassen und den Kampf der Götter mit Feuer für sich entscheiden.

Im vierten Abschnitt …

… versank die Welt im Ur-Meer. Diese löschte die Feuer und die Brände.

Im fünften und letzten Abschnitt ...

... erhob sich die Welt wieder aus dem Meer mit einem Neubeginn.

Die Götter hatten sich ihrem Schicksal ergeben und die meisten waren mit der alten Welt untergegangen. Zusammen mit ihnen war aber auch ihre Schuld von der Welt getilgt, was Raum für Neues und Schöneres schaffte. Dies ist der Kreislauf, an den die Wikinger glaubten und der sich in ihren Sagen widerspiegelt. Schauen wir dabei insbesondere auf die zentralen Figuren von Ragnarök, Fenrir, Jörmungandr und Hel, wird klar, dass diese drei Bedeutungen haben:

Fenrir steht für die Dimension der Zeit. Er schluckt Sonne und Mond, die den Menschen das Zeitgefühl von Tag und Nacht geben.

Jörmungandr umschließt die Welt mit seinem Körper, er steht für die Länder-Abgrenzung und die Bedeutung von Territorium. Da er sich in den Schwanz beißt, hält er so die Welt zusammen.

Hel markiert das Leben nach dem Tod und verkörpert mit ihren zwei Gesichtern die Nähe zwischen Leben und dem Leben nach dem Tod. Sie ist eine weitere Dimension, die wir nicht erfassen können. Insbesondere durch die Geschichte von Ragnarök bemerken wir, dass diese Sagen für die Wikinger viel mehr bedeuteten als nur Unterhaltung.

Mit ihnen zeigten sie einen Teil ihrer Lebensphilosophie und wie sie die Welt um sich herum verstanden. Die Art und Weise, wie sie diese verpackten, waren Lieder und Gedichte. Die Spannung erhielten sie aufrecht, indem sie komplexe Figuren und Charaktere formten. Doch die Botschaften dienten dazu, zu informieren und zu lehren.

Würden wir heute an einem Lagerfeuer sitzen, über uns die funkelnden Sterne und um uns herum satte und grüne Natur, und der Geschichte von Ragnarök aus dem Munde eines Wikingers lauschen, wie würde diese wohl klingen?

Das Schicksal der Götter

Audiodatei 12:
Das Schicksal der Götter

Ganz Asgard trauert um den schönen Baldr. Sein Ableben stimmt die Götter traurig und Odin scheint keinen friedlichen Tag mehr zu haben. Zu sehr sorgt er sich um das, was wohl kommen mag. Und wann ...

Immerhin sind sie eine Last los: den listigen Loki, der gefesselt an Yggdrasil hängt und den Göttern das Leben nicht mehr erschweren kann. Doch auch Lokis Abwesenheit markiert eine bevorstehende Wandlung.

Zu Abend versammeln sich die Götter erneut in Walhalla, wo sie gemeinsam mit den Kriegern und den Walküren ein rauschendes Fest feiern. Die Stimmung ist geprägt von Traurigkeit um Baldr, jedoch auch von Freude über Lokis Fesselung.

Met wird großzügig getrunken und auf dem Dach sorgt die Ziege Heidrun für reichlich Nachschub. Die Krieger führen ihre Kampfkunst vor und werben um die schöne Freya, die amüsiert ihre Liebesavancen beobachtet.

Selbst ihr Bruder Freyr ist anwesend, begleitet durch seine Schützlinge aus Alfheim, die Alben, denn diese haben heute Rat mit Odin abgehalten. Der Göttervater beobachtet das Treiben aus seinem blauen Auge. Seine Raben Huginn und Muninn sitzen treu auf seinen Schultern. Es ist ein schönes Abendmahl. Es soll das letzte sein.

Nach einer langen und ungewöhnlich windigen Nacht wacht das Leben langsam in den neun Welten auf. Doch etwas ist merkwürdig. Alle Lebewesen wachen auf, die Nacht ist um, doch ist die Sonne nirgends im Osten zu sehen. Diese geht nicht mehr auf und Kälte legt sich über die Welten.

Der Fimbulwinter ist eingetreten und die Gewässer fangen an, zu frosten. Die Temperaturen sinken und die grünen Blätter der Bäume und Felder beginnen, grau zu werden und abzusterben. In Midgard legt sich Chaos über die Welt. Die Kälte umfasst nicht nur die Länder, sondern auch die Herzen der Menschen. Diese beginnen, Feindschaften gegeneinander zu hegen.

Was früher mal Freund und Familie war, ist nun ein Gegner und es werden viele Schlachten geschlagen. Die Walküren kommen nicht mehr nach Midgard, um tapfere Kämpfer nach Walhalla zu bringen, denn diese ist bereits voll. Der Fimbulwinter bringt Chaos, Hunger und Angst. Er soll drei Jahre lang andauern.

Ein gewaltiges Erdbeben erschüttert die neun Welten. Yggdrasil zittert und so sprengt Loki die Fessel, die ihn an den Weltenbaum banden. Er ist wieder frei und sein Herz ist voll Wut und Rache gegenüber den Göttern. Er reist in die neun Welten und beginnt die Riesen und alle möglichen Ungeheuer wie Trolle und Riesenwölfe um sich zu scharren.

Sein Sohn Fenrir befreit sich ebenfalls nach langer Gefangenschaft aus den Fesseln, die ihn quälten. Er verschluckt Tyrs Hand, die ihm neuen Appetit gibt. Mit einem gewaltigen Satz springt Fenrir in den Himmel und

verschlingt Mond und Sonne, um seinen riesigen Hunger zu stillen. Aus den Welten weicht jegliches Licht. Vollkommene Finsternis breitet sich aus.

Loki ruft auch nach seinen beiden anderen Kindern, die seinem Ruf folgen. So steigt Hel aus ihrem Reich Helheim hervor und öffnet dessen Tore. Die friedlichen Seelen, die dort schlummern, sind nicht daran interessiert, mit ihr zu gehen.

Doch die Seelen, die in Helheim aufgrund ihrer Sünden Qualen litten, freuen sich über die Befreiung. Sie steigen mit Hel von den Wurzeln Yggdrasils herauf, heraus aus Helheim, und sind bereit, an der Seite von Loki gegen die Götter zu kämpfen.

Aus den Tiefen des Ur-Ozeans erwacht die Midgardschlange durch die Rufe ihres Vaters. Sie lässt ihren eigenen Schwanz los und steigt aus dem Grund des Ur-Ozeans hervor. Ihr gewaltiger Körper löst eine Flutwelle aus, die viel Verderben über die neun Welten bringt. So schließt Jörmungandr sich Loki und seiner Armee des Unheils an, bereit, es mit Thor endlich aufzunehmen.

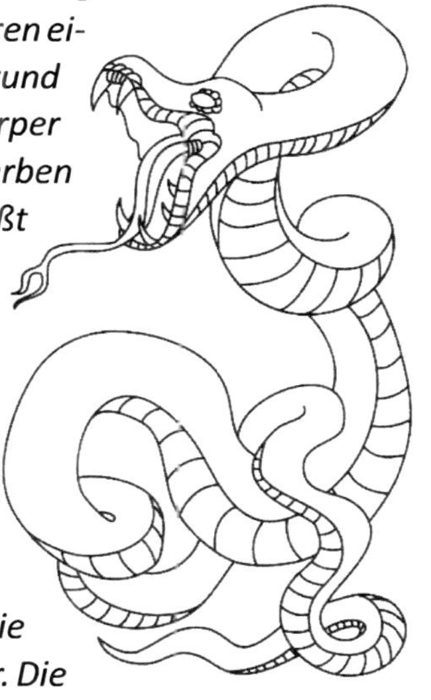

In Asgard herrscht wildes Treiben. Die Krieger rüsten sich in Walhalla gegen den bevorstehenden Kampf. Sie sind in freudiger Stimmung, denn endlich treten sie ihrem Schicksal entgegen. Auch die Götter und die Walküren bereiten sich vor. Die letzten Vorbereitungen werden getroffen und langsam wird es still. Sie warten auf das Zeichen.

Am Ende der Regenbogenbrücke steht Heimdall, der seinen goldenen Blick in die Ferne richtet. In der einen Hand hält er ein gigantisches Schwert aus Gold, in der anderen das Gjallarhorn. Er sieht eine große, schwarze Wolke am Horizont auftauchen. Es ist Loki mit seiner Armee. Heimdall legt das Gjallarhorn an die Lippen und bläst.

Ein gewaltiger Ruf ertönt über alle neun Welten und lässt Yggdrasil erneut erzittern.

Ragnarök beginnt.

In Walhalla stürmen die Krieger aus den 540 Toren. Allen voran Odin auf seinem achtbeinigen Pferd Sleipnir, dessen Augen rot funkeln. Dampf tritt aus seinen Nüstern und der Boden bebt unter seinen acht Hufen.

Neben Odin reitet Thor in seinem Streitwagen, gezogen von zwei großen Ziegenböcken, die streitlustig die Hörner vorzeigen.

Dicht hinter Odin und Thor reiten die Walküren auf ihren fliegenden Pferden, bereit, es mit den Feinden aufzunehmen.

Der einarmige Kriegsgott Tyr befehligt als größter und weisester Kriegsherr die Armee.

Freya und Freyr, die schönen Zwillinge, reiten Seite an Seite den Feinden entgegen, begleitet von den Alben, die den Göttern die Treue halten. Ihre Schönheit schimmert zwischen den prunkvollen Rüstungen und gewaltigen Waffen.

Als sie Heimdall erreichen, nimmt dieser seinen Platz an Odins Seite ein. Er entflammt sein mächtiges Schwert und mit funkelnden, goldenen Augen stürzt er sich in den Kampf.

Als die Armeen aufeinandertreffen, gibt es einen gewaltigen Aufprall. Es fliegen Funken, während Metall und Eisen aufeinanderkrachen, denn die Gegner sind gleich stark und von ungeheurer Kraft erfüllt. Unter dem schwarzen Himmel, an dem lediglich ein paar Sterne funkeln, gibt es Kampfgeschrei.

Thor erhebt sich mit seinem Streitwagen und lässt gewaltige Blitze und Donner auf seine Feinde herabprasseln. Odin reitet mit seinem treuen Sleipnir durch die Reihen und versucht, den Wolf Fenrir zu finden. Er weiß, dass Fenrir sein für ihn bestimmter Gegner ist. Plötzlich ertönt ein Knurren hinter ihm. Fenrir landet leichtfüßig, mit aufgestelltem Nacken und aufgerissenem Rachen, hinter Odin und greift sofort an.

Bevor Odin zum Gegenangriff ansetzen kann, wirft sich Sleipnir in den Weg, um Odin zu schützen. Der riesige Wolf verschlingt ihn mit einem Bissen. Voller Wut um den Verlust seines treuen Gefährten wirft Odin seinen Speer und trifft Fenrir am Kopf. Dieser schafft es noch, einen gewaltigen Satz in Odins Richtung zu machen.

Bevor Odins Speer zurück in seine Hand kehren kann, reißt Fenrir sein Maul erneut auf und mit einem Sprung verschlingt er Odin, bevor er selbst zusammenbricht. So finden beide ihr Ende und Odins Speer kehrt nicht mehr zurück.

Wie die Hoffnung leuchtet Heimdalls Schwert hell im dunklen Nachthimmel. Er erschlägt Monster und düstere Kreaturen, während er sich seinen Weg zu Loki bahnt. Dieser versucht, Heimdall zu täuschen, indem er ihm mehrere Illusionen seiner selbst schickt. Er hofft, Heimdall würde den echten Loki zwischen seinen Doppelgängern nicht erkennen.

Doch Heimdalls goldenem Blick entgeht nichts. Ohne mit der Wimper zu zucken, setzt er zum Angriff an, gegen den echten Loki. Die-

ser weiß, dass er im Schwertkampf unterlegen ist, und flink versucht er, Heimdall auszuweichen. Als Heimdall sein flammendes Schwert hebt, zieht Loki einen vergifteten Dolch aus seinem Stiefel und schleudert ihn Heimdall entgegen.

Der Dolch trifft ihn in einer kleinen Aussparung seiner Rüstung unter dem Arm und Loki frohlockt. Doch Heimdall ist zäh und kennt seine Bestimmung, Loki ein Ende zu machen. Bevor das Gift wirken kann, lässt Heimdall sein flammendes Schwert auf Loki herabfallen und tilgt den Gott der List vom Antlitz der Welt. Sodann bricht er selbst zusammen und das Feuer seines Schwertes erlischt ein für alle Mal.

Seite an Seite kämpfen Tyr, Freya und Freyr. Mit einer Hand führt Tyr das Schwert und befehligt zeitgleich die Armee der Krieger Walhallas. Er scheint überall zeitgleich zu sein und voller Tapferkeit stellt er sich jedem Gegner. Plötzlich spürt er einen Windhauch, der eiskalt ist, und die Dunkelheit um ihn scheint noch etwas schwärzer zu werden.

Vor ihm steht eine junge Frau. Zumindest die eine Körperhälfte ist jung und schön, die andere ist alt und blau: Es ist Hel, die Göttin der Unterwelt. Tyr, der Gott des Himmels, hebt sein Schwert und macht sich zum Angriff bereit. Beide werden umzingelt von einer Armee der Seelen aus der Unterwelt, die gespannt zuschauen.

Hel fürchtet sich nicht und hebt die Hand der blauen Körperseite, in der sie eine große, schwarze Peitsche festhält. Sie schwingt diese und wickelt *sie um Tyrs Hals, während sein Schwert auf sie herabsaust. So finden beide ihr Ende, die Göttin der Unterwelt und der Gott des Himmels, einander durch die Peitsche auf ewig verbunden.*

Geschickt lässt Freya Seiðr-Zauber wirken, um sich und ihren Bruder zu schützen und auch Verletzte zu heilen. Anmutig reitet sie auf ihrem Streitwagen, gezogen von zwei fauchenden Wildkatzen, durch die Lüfte und ist genauso furchterregend, wie sie schön ist.

Die Geisterwesen Alben erleuchten die dunkle Nacht mit ihrem schönen Antlitz. Sie kämpfen mutig und erfahren gegen die Ungeheuer und Riesen und stehen insbesondere Freya und Freyr bei. Am Horizont erspäht Freyr ein helles Licht. Ungewöhnlich hell. Er ruft seiner Schwester einen traurigen Abschied zu, macht kehrt und reitet dem Licht entgegen.

Thor gleitet mit seinem Streitwagen durch die Wolken und erhellt mit seinen Blitzen den Himmel. Plötzlich teilt sich die Wolkendecke direkt vor ihm auf. Zwei gelbe, funkelnde Augen starren ihn angriffslustig an.

Die Wolken lichten sich und ein riesiger Schlangenkopf kommt zum Vorschein: Es ist Jörmungandr. Sie zischt Thor mit gespaltener Zunge an. Ihr gewaltiger Körper nimmt einen großen Teil des Himmels ein und Thor macht sich bereit zum Angriff.

Doch Jörmungandr ist schlau und flink. Geschickt weicht sie den Angriffen des Donnergottes aus. Kein Blitz und kein Hammerwurf treffen sie. Andererseits ist auch der kampferprobte Thor nicht leicht zu fassen. Er weicht jedem Biss der Riesenschlange lachend aus und gleitet weiterhin durch die Lüfte.

Thor will den Kampf ein für alle Mal für sich entscheiden und so springt er mit einem Satz aus seinem Streitwagen. Mjölnir hoch über sich erhoben, der alle Kräfte des Sturmes in sich bündelt, will er zum letzten Endkampf ansetzen.

Darauf hat Jörmungandr nur gewartet, denn sie nutzt den Augenblick, den Thor in der Luft schwebt, um ihre schädlichste Waffe einzusetzen. Sie reißt ihr Maul weit auf und speit Gift in den Himmel, über die Welt und über Thor.

Doch es ist zu spät. Thor saust mit Mjölnir herab und erschlägt die Riesenschlange mit einem gewaltigen Hammerschlag, der kraftvolle Blitze freilässt, so dass die Dunkelheit kurz taghell wird.

Thor landet neben dem leblosen Körper der Schlange und macht genau neun Schritte, bevor er selbst zusammenbricht. Das Gift der Schlange war sein Schicksal, dem er nicht entkommen konnte.

Trotz vieler Opfer ist die Schlacht noch nicht entschieden. Freyr kommt dem hellen Licht immer näher und eine ungewöhnlich drückende Hitze schlägt ihm entgegen. Er reitet über Bifröst, um der Sache auf den Grund zu gehen.

Die Hitze nimmt immer mehr zu und plötzlich erstarrt Freyr, denn er begreift, was die ungewöhnliche Erscheinung ist. Er erblickt Surtr, den Anführer der Feuerriesen, der sie aus Muspelheim herausgeführt hat, um gegen die Götter zu kämpfen.

Die furchterregende Macht, die von diesen Flammenwesen ausgeht, ist spürbar, denn die Luft flimmert und scheint die Realität selbst zu beugen. Surtr, der gewaltige Feuerriese mit einem gigantischen Flammenschwert, geht allen voran. Alles, was er berührt und überhaupt in seiner Nähe ist, geht in Flammen auf und verkommt zu Asche.

Kaum, dass Surtr und die Feuerriesen Bifröst betreten, zeigt die Regenbogenbrücke Risse und Splitter. Doch Freyr hat keine Angst. Mutig blickt er seinen Feinden entgegen und in vollem Galopp reitet er seinem Ende entgegen.

Kaum, dass die Feuerriesen Bifröst überqueren, bricht diese ein. Sie entzünden alle Dinge, die in ihrer Nähe sind. Auch Yggdrasil, die Weltenesche, ist nicht sicher vor dieser Macht und so beginnt der Weltenbaum, zu brennen. Und mit ihm brennen alle Welten.

Himmel und Sterne stürzen ein, als Yggdrasil den Flammen nicht mehr Stand hält und einbricht. Die Welten stürzen ein und versinken in dem Ur-Ozean. Es ist das Ende aller Dinge und auch die Reinigung

allen Übels. Die Götter haben sich ihrem Schicksal ergeben und ihre Schuld ist durch Feuer und Wasser von den Welten reingewaschen.

Doch es ist nicht das Ende. Denn Ragnarök ist ein Kreislauf und bedeutet auch ein Anfang.

Aus dem Ur-Ozean erhebt sich eine neue Welt. Diese ist frei von der Schuld der alten. Sie ist grüner, prachtvoller und schöner als die alte Welt. Es haben auch einige Ragnarök überlebt. Zwei Menschen wandeln auf der neuen Erde. Ihre Namen sind Lif und Leifþrasir, was „Leben" und „nach Leben streben" bedeutet.

Diese Menschen sind frei von der Schuld ihres alten Geschlechtes, sie treffen ihre Entscheidungen nach ihrem freien Willen und nicht nach dem Willen der Götter. Sie übernehmen mehr Verantwortung für ihre eigenen Handlungen und suchen nach Wissen und Wahrheit, im Einklang mit der Natur.

Auch einige der Götter haben überlebt: zum Beispiel der schöne und reine Gott Baldr. Dieser ist aus Helheim emporgestiegen, hat jedoch nicht an den Kämpfen teilgenommen. Auch weitere seiner Brüder haben überlebt.

Sein blinder Bruder Hödr, der den Speer nach ihm geworfen hat, ist ebenfalls Teil der neuen Welt. Vidar und Vali, zwei Halbbrüder und Söhne Odins, schließen sich Baldr und Hödr an. Thor hatte ebenfalls zwei Söhne, Magnis und Modi, die Mjölnir in den Trümmern der Schlacht gefunden haben.

Der Hammer soll jedoch nicht mehr zu Kriegszwecken dienen, sondern ein Instrument der Weihe und Symbol der Fruchtbarkeit sein. So wollen diese Götter den Krieg, die List und das Gegeneinander als Schande der alten Welt hinter sich lassen und lieber gute und schaffende Götter sein, die Schönheit und Fruchtbarkeit in die neue Welt bringen.

Es haben aber nicht nur schöne Kreaturen überlebt. Auch die Drachenschlange Nidhöggr, die an Yggdrasils Wurzeln gekaut hat, ist Teil der neuen Welt. Doch sie hat nun eine andere Aufgabe. Nidhöggr fliegt über die Welt und sucht nach Überresten der Schlacht. Findet sie sie, umspannt sie sie mit ihren gewaltigen Flügeln und schafft sie hinfort, so dass diese kein Teil mehr der neuen Welt sind. So findet selbst eine dunkle Kreatur wie Nidhöggr seinen Platz in der neuen Welt und schafft Sinnvolles und Gutes.

Baldr ruft die neuen alten Götter zusammen. Sie treffen sich auf einer grünen Lichtung, in einem Wald, fernab der Augen der Menschen. Diese Lichtung ist von Leben erfüllt, auf ihr wachsen wunderschöne bunte Blumen und Schmetterlinge in allen Farben flattern fröhlich um sie herum.

Es ist dieselbe Lichtung, auf der sein Vater Odin seine erste Ratssitzung mit den alten Göttern abgehalten hat. Hier wollen die neuen Götter auch ihre erste Ratssitzung abhalten. Jedoch haben sie aus den Fehlern ihrer Vorfahren gelernt.

So beschließen sie, dass ihre Rolle in der neuen Welt unsichtbar sein wird. Sie wollen weise und gute Götter sein, die jedoch nicht in Erscheinung treten und mit den Menschen interagieren. Sie wählen die Lichtung als ihre Heimat und von dort an nimmt die Welt erneut ihren Lauf ...

Bonus: Die Lebenswelt der Wikinger

Wenn wir an Wikinger denken, stellen wir uns oft furchterregende Seefahrer vor, tapfere Krieger, die in dicken Fellen gekleidet gewaltige Waffen tragen und schreiend in den Kampf ziehen. Dies mag auch durchaus stimmen, doch wie lebten und handelten die Wikinger abseits der Kampfrufe? Wollen wir nun die Lebenswelt der Wikinger als Bevölkerung kennenlernen und erfahren, was an ihnen so besonders war.

EIN TAG IM WIKINGERDORF

Steckbrief Wikinger

1. *waren Seefahrer, Handwerker und Bauern*
2. *ihre Zeit war 500–1000 nach Christus*
3. *lebten im heutigen Dänemark, Schweden und Norwegen*
4. *waren sehr gute Krieger, bei denen Frauen und Männer kämpften*
5. *galten als groß und muskulös*

Wie wir bereits in einem früheren Kapitel gelernt haben, lebten die Wikinger im heutigen Skandinavien um die Zeit 500–1000 n. Chr. Manche waren Seefahrer und auch Seeräuber, doch dies war nicht ihr ganzer Lebensinhalt.

Die Wikinger lebten in Dörfern von unterschiedlicher Größe und waren geschickte Bauern und Handwerker. Da sie sehr auf ihren Körper achteten, wussten sie selbst in der kalten Umgebung, wie sie Landwirtschaft betreiben, und selbstverständlich auch, wie man hervorragend fischt.

Würden wir ein Wikingerdorf besuchen, so fänden wir nicht nur Krieger vor, sondern auch ihre Frauen und Kinder. Da es keine Bilder oder Aufzeichnungen von Wikingern gibt, sondern nur Erzählungen, die sich viele Jahrhunderte gehalten haben, ist das die Quelle der Information, die uns auch das Aussehen der Wikinger beschreibt.

Es heißt, diese waren groß, stark und trainiert. Sie hatten oft helles Haar und helle Haut, da sie in der nördlichen Sphäre nicht viel im Sonnenlicht bräunen konnten. Sie hatten braune und blaue oder grüne Augen und sahen den heutigen Skandinaviern recht ähnlich. Doch was genau bedeutet groß?

Wir dürfen nicht vergessen, die Menschen, die sie damals beobachtet haben und ihre Geschichten erzählten, haben sie im Vergleich zu sich selbst wahrgenommen. Da die Bevölkerung damals jedoch bei Weitem kleiner war als heute, galt als „sehr groß“ bereits 1,75 Meter, denn die anderen Völker waren im Durchschnitt um die 10 Zentimeter kleiner, vermutlich noch mehr. Für heutige Verhältnisse waren die Wikinger also nicht sonderlich groß, sondern eher durchschnittlich. Für damalige Verhältnisse jedoch war es sehr beeindruckend, wenn eine ganze Bevölkerung bei Weitem größer war als die eigene.

Auch die hellen Haare waren nicht unbedingt natürlichen Ursprungs. Wie in jeder Kultur gab es Schönheitsmerkmale, die sie gerne erfüllen wollten. So bleichten einige der Wikinger, insbesondere die Frauen, ihre Haare, damit sie heller wurden. Damit diese besonders schön aussahen, wurden sie geschmückt mit Perlen und aufwendigen Flechtfrisuren, die meistens entlang der Kopfhaut geflochten wurden.

Ein besonderes Merkmal für Männer und Frauen war Gesichtsbemalung und Make-up. So schminkten sie sich mit schwarzem Kajal um die Augen, damit sie jünger und schöner aussahen.

Die Männer trugen gerne lange und volle Bärte, die sie zum Teil auch mit Perlen schmückten und geflochten trugen. Lange Haare und volle Bärte waren jedoch nicht nur aus Gründen der Schönheit beliebt, sondern sie hielten auch warm. Denn wir dürfen nicht vergessen, insbesondere in den Wintern war die Lebensumgebung der Wikinger sehr kalt.

Um sich vor der Kälte zu schützen, bauten sie ihre Häuser aus Holz und in den noch nördlicheren Gebieten aus Stein. Mit Torf und Stroh dämmten sie die robusten Bauten, die meistens lang und rechteckig waren.

Daher wurden sie auch „Langhäuser" genannt. Die ganze Familie wohnte gemeinsam: wohlhabendere Familien in größeren Häusern mit mehreren Zimmern, weniger wohlhabende Familien in nur einem Raum. Sobald der Winter eintraf, brachten sie nachts auch oft die Tiere mit ins Haus, damit diese geschützt waren.

Die Wikinger kleideten sich daher oft warm, mit Leder und Fellen, jedoch auch mit Textilien und teilweise sehr bedacht. Denn wir dürfen nicht vergessen, oftmals kamen sie heim von Beutezügen und brachten feine Stoffe und Schmuck mit.

Gewöhnlich trugen sie Leinen- oder Wollhosen, Hemden und darüber eine Tunika im Sommer. Im Winter legten sie noch weitere Schichten aus Leder und Fellen an.

Ihr Schmuck war handgefertigt und meistens in Form eines Hammers, Pfeiles oder Ovals. Darauf graviert sind verschiedene Runen, die wir später etwas ausführlicher kennenlernen.

Woher wissen wir eigentlich so genau, was die Wikinger getragen haben? Anders als Schmuck, der aus verschiedenen Gesteinen gefertigt war und demnach viele Jahrhunderte überstanden hat, zersetzen sich Textilien nach einiger Zeit. Daher sind auch hier die Quellen Erzählungen, die von Generation zu Generation weitergetragen und irgendwann niedergeschrieben wurden. Auch fanden Forscher Textilfragmente in manchen alten Wikingersiedlungen, die in einigen Museen ausgestellt sind.

Von großer Bedeutung war bei den Wikingern auch die Körperpflege. Auch wenn sie durch ihre Raubzüge als Barbaren galten, hatten sie neben Waffen und Rüstungen immer Ausrüstung zur Körperpflege dabei. In ihrer Kultur wurde Vernachlässigung des Körpers als schlechtes Benehmen angesehen und als unattraktiv.

Daher badeten sie täglich und achteten sorgsam auf Körperhygiene und ein gepflegtes Äußeres. Der Samstag galt bei ihnen als Tag der Körperpflege, denn im Altnordischen wurde er „Laugardagur" genannt, was übersetzt „Waschtag" bedeutet.

Wie sah also ein Tag im Wikingerdorf aus?

Die Wikinger waren sehr fleißige und harte Arbeiter. Sie standen mit der Sonne auf und versorgten ihre Tiere und Äcker. Diese Aufgaben übernahmen in der Regel die Frauen, Kinder und Älteren in den Siedlungen, insbesondere wenn die Männer und Krieger auf Beutezug waren.

Sodann wurde das Kämpfen geübt. Kinder und auch Frauen lernten, sich zu verteidigen und auch mit verschiedenen Waffen zu kämpfen. Insbesondere die Frauen waren gute Kämpferinnen und wurden „Schildmaid" genannt, wenn sie sich hervortaten. Denn sie waren diejenigen, die das Dorf verteidigen mussten, sollten sie selbst angegriffen werden, während die Männer auf Seereisen waren.

Hier sehen wir, dass es eine große Überschneidung gibt zu den tapferen Walküren, die als Vorbilder gelten. Kämpfende Frauen waren nicht nur gesellschaftlich akzeptiert, sondern wurden auch in der Siedlung dringend gebraucht und hoch angesehen. So wussten die Wikinger immer, dass ihr Zuhause nicht ohne Schutz ist, während sie nicht vor Ort sind.

Nach dem Training wurde sich gewaschen und gemeinsam gekocht. Abends saßen dann die Familien zum gemeinsamen Essen und erzählten sich Geschichten von Odin, Thor und Loki. Manchmal tauschten sie sich auch über Runen aus und lehrten sich gegenseitig Handwerkliches. Waren die Männer da, wurde viel gefeiert, die Kriegsbeute begutachtet und über die Zukunft der Siedlung gesprochen. Wir sehen also, die Wikinger hatten abseits der Heldengeschichten einen Alltag, der unserem gar nicht so unähnlich ist.

DER RHYTHMUS DES LEBENS – WIKINGERFESTE

Bereits durch Ragnarök haben wir erfahren, dass die Wikinger an den Kreislauf des Lebens glaubten. Alles Ende hat auch einen Anfang und markiert einen neuen Zyklus. Dieser Rhythmus ist ihnen derart wichtig, dass sie bestimmte Daten und Feste jährlich stets zur selben Zeit gefeiert haben. Wollen wir uns anschauen, welche Feste das waren und wie diese zelebriert wurden.

Januar

Fastnacht

Der erste Vollmond im Januar wurde besonders gefeiert. Hier ging es darum, das Ende des Eises zu zelebrieren. Des Nachts gingen also Groß und Klein durch die Siedlung und trugen dabei traditionell Tiermasken, die sie selbst herstellten. Besonders Wölfe waren dabei sehr beliebt, denn diese wurden oft mit dem Himmel und dem Mond in Verbindung gebracht. Dies lag insbesondere daran, dass nachts bei Vollmond die Wölfe oft gehört wurden.

Mittwinteropferfest

Es heißt, dass zu dieser Zeit Thor mit den Eisriesen kämpft, damit diese sich wieder nach Jötunheim zurückziehen und die Kälte und den Frost mit sich nehmen. Um Thor dabei zu unterstützen, wurden ihm zu Ehren Opfer dargeboten. Diese waren Lämmer oder Ziegen, die in einem Ritual für Thor geschlachtet wurden.

Februar

Disenopfertag

In der ersten Februarwoche wurde zu Ehren Freyjas, der Göttin der Liebe und Schönheit, ein Fest veranstaltet. Hier wird sie, wie auch die anderen Naturgötter, die Wanen, geehrt. Bei diesem Fest geht es insbesondere um die Verbundenheit zur Natur und die schöpferische Kraft, die angebetet wird.

Thing

Manchmal gab es auch im Februar eine Thing-Versammlung. Oftmals fand diese eher im Sommer statt, denn sie wurde ja unter freiem Himmel abgehalten zu Ehren des Himmelgottes Tyr. Doch je nach Größe der Siedlung fand schon mal noch eine Thing statt und dann bevorzugt am Anfang des Jahres, im Februar. Hier konnten noch rechtzeitig für das kommende Jahr Entscheidungen getroffen und Dinge gelenkt werden, die den Sommer betrafen, wie zum Beispiel das Planen von Raubzügen.

März

Frühlingsbeginn

Am Anfang des Märzes verkleideten sich die Wikinger und bemalten sich, ähnlich unserem Karneval, um bei den Göttern um fruchtbare Ernte zu bitten. Insbesondere zum Frühlingsbeginn war dies besonders wichtig, wenn die Saat langsam gesät wird.

Feier der Jugend

In der dritten Märzwoche wurde eine besondere Göttin angebetet, die wir bislang noch nicht kennen: die Göttin Iduna. Diese war die Tochter eines Zwerges und eines Asen und lebte ebenfalls in Asgard. Sie war die Göttin der Jugend und der Unsterblichkeit. Sie war Hüterin der goldenen Äpfel, die den Göttern ihre Unsterblichkeit verlieh.

April

Begrüßung des Sommers

In der ersten Aprilhälfte, wenn das Leben wiedererwacht und die Tage wieder länger werden, huldigten die Wikinger dem Gott Freyr und den Alben. Da Freyr der Gott der Fruchtbarkeit ist und Herr über Alfheim, ist er es, ebenso die Naturgeister, für den hier ein Fest gefeiert wurde.

Walpurgisnacht

Ende April, am 30.04., um genau zu sein, feierten die Wikinger die Walpurgisnacht und die Erneuerung. Hier ging es insbesondere darum, das Alte hinter sich zu lassen, sich Neuem zu widmen, besonders fruchtbar zu sein und den kargen Winter endgültig hinter sich zu lassen. Dazu wurden alle Reste an altem Holz des Winters verbrannt und laut Lieder in Chören gesungen.

Juni

Sommersonnenwende

Zum Mittsommer am 21.06. wurden die Götter Baldr, Tyr und Freyr geehrt. Das Besondere an diesem Tag ist, dass Tag und Nacht gleich lang sind und ab hier die Tage länger sein werden.

Der schöne Baldr, der für das Helle und Harmonische steht, der Himmelsgott Tyr, der Gerechte, und der Fruchtbarkeitsgott Freyr haben also hier ihren besonderen Tag. Bis zum 26.06. wird „midsommardagen“ gefeiert. Das bedeutet, die Wikinger schmückten ihre Dörfer mit Zweigen und Blumen. An den Masten befestigten sie lange Bänder und die Frauen flochten bunte Blumenkränze für ihr Haar. Es wurde viel gelacht und gesungen, insbesondere am 21.06.

Da hier auch die Fruchtbarkeit gefeiert wird, haben Wikingerfrauen einen Brauch gehabt: Unverheiratete Frauen pflückten sieben verschiedene Blumensorten und legten sich diese in der Nacht der Sommersonnenwende unter ihr Kopfkissen. Dann sollten sie von ihrem zukünftigen Ehemann träumen. Dies könnte durchaus als Seiðr-Zauber verstanden werden, wenn es denn funktionierte ...

Juli

Getreidefeste

Zu Ehren Freys, Thors und seiner Ehefrau Sif wurden Ende Juli Feste an den Abenden zur Getreideernte ausgelegt. Wenn alle, die auf den Feldern tagsüber schufteten, heimkamen, wurde die reiche Ernte zu Ehren dieser drei Götter gefeiert. Diese Festlichkeiten gingen bis in den August hinein, denn es wurde mehrere Tage lang geerntet. Dies galt auch als ein „gut gemacht“ für die Bauern, die hart auf den Ackern geschuftet haben und sich demnach mit den Festen belohnten.

September

Erntedankfest

Auch das Erntedankfest ist dem Getreidefeste sehr ähnlich, denn es ist der gleiche Anlass und es werden die gleichen Götter verehrt: Freyr, Thor und Sif. Hier jedoch ist die Ernte beendet und es wird sich bereits auf den Winter vorbereitet.

Herbstopferfest (Tagundnachtgleiche)

Wie zur Sommersonnenwende wurde hier auch wieder die Tagundnachtgleiche gefeiert, denn auch hier sind Tag und Nacht wieder gleich lang. Jedoch wird nach diesem Fest die Nacht wieder länger sein als der Tag, da der Winter kommt.

Dieses Fest galt insbesondere der Jagd und es wurde die Göttin Skaði verehrt, die Göttin der Berge und der Jagd. Besonders im Herbst wurde viel gejagt, denn nachts war es nicht zu kalt für die Jäger und das Wild ist insbesondere nachts sehr regsam.

Oktober

Zweites Disenopferfest

14. bis 15. Oktober. Zu diesem Herbstfest werden erneut der Gott Freyr und die Alben als Naturwesen geehrt. Die Wikinger opferten hier auch verschiedene Nutztiere zugunsten der Kinderwüsche und eines friedlichen Jahres. Der 14.10. galt besonders den eigenen Ahnen, die über sie wachen sollten.

Auch die Wanen wurden hier verehrt, denn diese galten als sehr friedliebend und die Siedlungen wünschten sich für ihre eigene Bevölkerung bestenfalls keinen Überfall.

Samhain / Halloween

Samhain findet in der Nacht vom 31. Oktober auf den ersten November statt. Es heißt, hier öffnet Hel die Tore zu Helheim und lässt die dort lebenden Seelen ihre Verwandten besuchen. Damit diese auch den Weg finden, stellten die Wikinger Lichter in den Fenstern auf und ihr Lieblingsessen bereit, denn sie wollten ja nur Besuch von ihren eigenen Familien erhalten. Bei diesem Totenfest ehrten die Wikinger also ihre Ahnen und huldigten auch der Göttin Hel.

Dezember

Julfest / Wintersonnenwende

Zum Julfest, welches Ende Dezember bis in den Januar hinein gefeiert wurde, werden auch wieder die Verstorbenen geehrt. Hier geht es auch wieder um Erneuerung und den Blick nach hinten.

Insbesondere der Göttervater Odin und seine Frau Frigg werden hier geehrt, denn sie gelten als das Gedächtnis unter den Göttern. Vor allem Odin als mächtigster Gott und auch als Totengott steht hierbei im Mittelpunkt. Zur Feierlichkeit werden Geschenke überreicht, die auch einen ernsten Hintergrund haben. Eidbruderschaften und Bündnisse jeder Art werden hier erneuert, damit sie auch ins nächste Jahr übernommen werden.

... und welchen Zweck hatten die Feiern ebenfalls inne?

Wir sehen also, dass die Wikinger gerne und viel gefeiert haben. Die Feste dienten zur Unterhaltung, denn alle freuten sich, wenn sie mal den Alltag vergessen konnten, der durchaus schwer sein konnte. Doch die Feiern hatten auch den Nutzen, dass dort Verbündete gesucht wurden.

Dies geschah nicht nur, indem man sich die Hand reichte, sondern auch, indem geschickt Hochzeiten besprochen und sogar geplant wurden. Denn wenn die Verbündeten durch eine Heirat zur eigenen Familie wurden, so war das Vertrauen noch stärker.

Und wenn diese dann noch gemeinsame Kinder hatten, war die Treue zueinander gesichert. Wir sehen also, dass die Götter, die angebetet wurden, nicht zufällig bestimmte Eigenschaften haben, sondern das verkörpern, was den Wikingern damals wichtig war und sogar ihr Überleben sicherten: Ackerbau, Frieden, Verbündete und Fruchtbarkeit.

HOCHZEITEN - EIN BUND FÜR ALLE

Wie wir gesehen haben, feierten die Wikinger gerne und am liebsten oft und lange. Welcher Anlass wäre dazu besser geeignet als eine Hochzeit?

Während der Thing-Versammlung oder bei einem der vielen Feste wurde oft über Hochzeiten und die Vermischung von Familien gesprochen. Die Einzigen, die leider kein Mitspracherecht hatten, waren Braut und Bräutigam selbst. Da Hochzeiten mehr als politisches Mittel angesehen wurden, konnten die Familien nicht darauf warten, dass die Liebe genau dorthin fällt, wo es gewünscht war.

Dennoch wurde versucht, darauf zu achten, dass Sympathien zwischen den künftigen Ehegatten bestanden, denn da auch die Frauen das Kämpfen erlernten, sollte das frisch vermählte Ehepaar lieber ein harmonisches Leben führen als ein streitendes.

Hier kamen verschiedene Kriterien ins Spiel, auf die bei geplanten Hochzeiten geachtet wurde:

Der Status

Eines der wichtigsten Kriterien war der Status. Ein Wikinger des Adels oder der Elite würde kaum eine Ehe eingehen mit jemandem aus der Arbeiterschicht, denn das hätte ihm und seiner Familie keinen Vorteil gebracht. Wenn jedoch eine Hochzeit Verbündete gebracht hätte, mit denen gemeinsam Raubzüge möglich gewesen wären oder auch Handel zwischen den Siedlungen, so wäre dies ein großer Pluspunkt.

Das Erbe

Auch sollte das Erbe innerhalb der Familie gesichert werden und daher wurde streng darauf geachtet, dass auch beide Familien etwas zum Erbe beitragen. Diese Erwägungen wurden gezogen, wenn zum Beispiel bei der Thing beide Familienoberhäupter über mögliche Eheschließungen sprachen.

Man stellte sich dabei Fragen wie:

1. Wer brachte was mit?
2. Welchen gesellschaftlichen Status hatte wer?
3. Wie groß ist die Wahrscheinlichkeit, dass genug gesunde Kinder zur Welt kommen?

Wir sehen, viel Platz für Romantik war da nicht. Dennoch wurde auch darüber gesprochen, wie gut sich das Paar wohl verstehen würde, denn unter den Wikingern wurde nicht nur geheiratet, sondern auch geschieden. Doch das schauen wir uns erst später an.

Hatten beide Familien eine Übereinkunft gefunden, verabschiedeten sie sich erst einmal. Dann traf sich zunächst die Familie des Bräutigams, um sich darüber zu einigen, was seine Eltern als Ehegeschenk geben könnten.

Dieses Geschenk wurde „mundr" genannt und sollte den frisch Vermählten einen guten Start ins Eheleben ermöglichen. Auch überlegten sie sich bei diesem Treffen, welche Mitgift sie von der Familie der künftigen Braut erwarteten.

Dieses besondere Geschenk wurde Mitgift genannt, da die Frau traditionell aus ihrem Elternhaus zu ihrem neuen Gatten zog und Teil seiner Familie wurde. Sie würde also seiner Familie näher sein als ihrer eigenen. Bestenfalls würden beide Geschenke von der Wertigkeit her ungefähr gleich sein, so dass nicht viele Nachverhandlungen notwendig waren.

Dies stellte sich dann heraus, als der künftige Bräutigam gemeinsam mit seinem Vater und anderen wichtigen Männern in der Familie die Eltern der Braut aufsuchten, um mit ihnen dann über die Geschenke zu verhandeln. Das geschah für gewöhnlich bei dem nächsten großen Fest, welches glücklicherweise fast jeden Monat stattfand. So wurde dann so lange verhandelt, bis eine Übereinkunft entstand.

War jedoch eine der Parteien mit ihrem Angebot zu weit entfernt als die andere, konnte es durchaus zum Streit kommen und die mögliche Ehe war damit vom Tisch.

Wie genau solche Geschenke aussahen, kam immer auf den Status und das Vermögen der Familien an. Es gab also keinen Durchschnitt, an dem man sich hätte orientieren können. Auch hieran konnte abgeglichen werden, ob die Eheschließung sinnvoll war oder nicht, denn wenn eine Partei weit weniger anbieten konnte als die andere, waren sie vom Status her wohl doch zu weit voneinander entfernt.

Fand eine Einigung statt, so wurden fix Termine gesucht. Traditionell wurde an einem Freitag geheiratet, denn das war der Tag der Göttin Frigg, Odins Ehefrau und Schutzheilige der Bräute. Normalerweise gingen die Hochzeiten mehrere Tage, insbesondere die der Elite. Je prunkvoller die Hochzeit, desto höher der Status.

Ein weiterer Grund für die mehrtägige Feier war auch, dass die Siedlungen meistens so weit auseinanderlagen, dass es kaum möglich war, dort nur einen Abend zu verbringen, sodass anreisende Gäste gezwungenermaßen mehrere Tage vor Ort Hochzeit feierten.

Eine große Hochzeit zu planen, die auch dazu genutzt wurde, sich erneut auszutauschen, kostete viel Zeit und Vorbereitung. So war es nicht ungewöhnlich, dass erst ein Jahr nach Verlobung geheiratet wurde. Bei dem Fest selbst wurde reichlich gegessen und vor allem getrunken.

Met schmeckte den Wikingern dabei noch am besten und dieser floss bei Hochzeiten ohne Bescheidenheit. Doch musste auch Met in großen Mengen zunächst hergestellt werden. Dieser besteht hauptsächlich aus Honig, Wasser und Hefe und wird mit zunehmender Reife besser. Daher brauchte es mehrere Monate, bis qualitativ guter Met für eine Hochzeit serviert werden konnte.

Vor der Hochzeit wurden beide Ehepartner ausreichend vorbereitet. Insbesondere für die künftige Braut war das ein emotionales Geschehen, denn sie würde ihre Familie und ihr Zuhause verlassen. Es wurden – ähnlich wie heute – Junggesellenabschiede gefeiert, die jedoch unterschiedlicher nicht aussehen könnten.

Während der Bräutigam mit anderen Männern Met trank und Unfug trieb, gab es für die Braut eher Schönheitsrituale. Tätigkeiten, die vom Baden bis hin zum Flechten von aufwändigen Frisuren reichten, sorgten dafür, dass die Braut strahlend ins Eheleben ging.

Es wurde nicht zwingend Weiß getragen, denn diese Tradition ist eher auf das Christentum zurückzuführen. Dennoch wurde die Braut so pompös gekleidet, wie es möglich war. Ihr Haar wurde mit Blumen und Blättern geschmückt und ihr Make-up mit schwarzem Kajal um die Augen sorgfältig aufgetragen.

Sofern es Familienerbstücke gab, wurden auch diese bei der Hochzeit getragen. Bei den Frauen war es üblicherweise ein Schmuckstück und bei den Männern ein Schwert, wenn sie denn eins besaßen.

Bei der Hochzeit selbst gab es keinen Altar, wie wir ihn heute kennen, denn es gab auch keine Kirchen. Geheiratet wurde im Haus der Braut oder unter freiem Himmel, sofern es das Wetter zuließ.

Zu Anfang der Zeremonie wurden erst die Hochzeitsgeschenke unter Zeugen ausgetauscht, denn dies gehörte zum Geschäftlichen. Die Geschenke wurden gehütet und sicher aufbewahrt, denn diese würde das Ehepaar später mit in ihr neues Heim nehmen. Als Amtsträger, der die Zeremonie leitet, wurde oft ein Ältester der Gemeinde auserkoren.

Nachdem die Geschenke ausgetauscht wurden, bat der Älteste die Götter um Segnung der Ehe. Diese Götter waren Thor, Freya und Freyr. Je nach Größe des Festes und finanziellen Möglichkeiten wurde für Thor eine Ziege geopfert, für Freya eine Sau und für Freyr ein Wildschwein oder ein Pferd. Nach diesem Ritual wurde diese Opfergabe von der Hochzeitsgesellschaft verspeist.

Auch das Brautpaar tauschte Andenken aus, die nicht unbedingt Ringe sein mussten. So wie auch heute sprachen sie sich gegenseitig das Ehegelübde und gaben sich ein kleines Geschenk. Dies sollte das erste Symbol der gegenseitigen Zuneigung sein. Die Ehe wurde oft mit einem Hammer geweiht, der als Repräsentant von Mjölnir diente. Hier zeigt sich, dass der mächtige Hammer Thors eben nicht nur eine Kriegswaffe war, sondern als Symbol des Glückes und der Weihe bei jeder Hochzeit eingesetzt wurde.

Nach der förmlichen Zeremonie begann das Fest. Hier traf zum ersten Mal die komplette Familie aufeinander, denn bis dato wurde nur von den wichtigsten Familienmitgliedern geplant und vorbereitet. Auch Braut und Bräutigam kamen sich hier zum ersten Mal näher, denn es konnte durchaus passieren, dass sie sich vorher völlig fremd waren.

Harmlose Wettbewerbe zwischen den Familien bei den Festlichkeiten waren durchaus üblich. So zum Beispiel konnten die Brüder der frisch Vermählten um die Wette rennen und der Verlierer musste dem Gewinner eine Nacht lang Getränke ausschenken.

Diese Spiele dienten zur Unterhaltung, aber auch dazu, dass sich die Familien etwas besser kennenlernten. Insbesondere für die Familie der Braut war dies wichtig, denn diese würde nach dem Fest mit ihrem frisch angetrauten Ehemann und seiner Familie mitgehen. Sie würde ihre eigene Siedlung nur noch als Gast besuchen, wenn alles gut ginge.

Und wenn nicht?

Scheidungen waren unter den Wikingern möglich, wenn auch eher unüblich. Denn diese schwächten den sozialen Status der Ehepartner und auch den deren Familien. Eine Scheidung wurde leicht durchgeführt, denn es musste nur einer der Ehegatten Zeugen vorladen und sich selbst als geschieden erklären.

Dies sollte jedoch gut überlegt sein, denn für die Frau bedeutete das die Rückkehr in ihr Elternhaus. Ohne die Unterstützung der Familie war eine Scheidung schwierig umzusetzen. Starb hingegen ein Ehepartner, so war es dem Witwer oder der Witwe freigestellt, erneut zu heiraten. Ob dies jedoch wieder mit einem tagelangen Fest gefeiert wurde, wissen nur die Wikinger.

Die Schrift der Wikinger: Sind Runen magisch?

Runen sind uns bereits öfter begegnet, sei es, dass sie Schmuck verzierten oder in Waffen eingraviert wurden. Doch was genau sind diese mystischen Runen und wofür wurden sie verwendet?

Rune bedeutet übersetzt „Schriftzeichen", geht jedoch auf das altnordische Wort rún zurück, welches „Zauber" heißt. Im Althochdeutschen bedeutet runa oder runo „geheime Beratung, Geheimnis, Geflüster".

Zunächst einmal müssen wir wissen, dass das Alphabet der Runen als Futhark bezeichnet wird. Dies setzt sich schlicht zusammen aus den ersten sechs Runen der damaligen Runenfolge. Das ältere Futhark hat 24 Zeichen und wurde etwa bis zum Jahr 750 verwendet. Danach wurden nur noch 16 Zeichen verwendet, die man als jüngere Futhark bezeichnet. Es ist also eine verkürzte Runenreihe, die von den Wikingern verwendet wurde.

Die genaue Herkunft der Runen ist nicht ganz klar. In den Sagen heißt es, dass Odin durch sein Opfer die Runen eingeritzt im Weltenbaum Yggdrasil erkannt hat. Auf der Suche nach Weisheit eignete er sich die Kenntnisse über Runen an und brachte sie zu den Göttern.

Und wer brachte sie zu den Menschen?

Es gibt verschiedene Theorien darüber, welcher kulturelle Einfluss die Runen zu den Wikingern brachte, aber die wahrscheinlichste ist, dass diese aus dem lateinischen Alphabet stammen.

Nordische Krieger aus dem Ostseebereich haben vermutlich lateinische Schriften bei ihren Beutezügen entdeckt und diese mit nach Hause genommen. Sie verstanden nicht, was die Zeichen bedeuteten, doch übernahmen deren Formeln und begannen damit, ihnen eigene Bedeutungen zu geben. So sind vermutlich aus den lateinischen Wörtern, wie wir sie heute kennen, die damaligen Runen entstanden.

Betrachten wir diese genauer, so sind sie – ganz ähnlich unseren heutigen Buchstaben – linear und aufrecht aufgebaut. Diesen Aufbau nennt man: Stab, Äste, Haken und Zweige. Jede Rune ist nach diesem Muster aufgebaut. Laut vorgelesen, ergibt sie einen Begriff oder auch einen Namen.

Da wir uns heute leider nicht mehr mit den Wikingern unterhalten können, ist die heutige Aussprache der Runen lediglich das Überbleibsel von Überlieferungen. Wir wissen aber, dass die Zeichen der

Runen nicht nur einzelne Buchstaben sind, wie unsere heute, sondern eben auch als Zeichen für Begriffe standen.

Mehrere Runen nebeneinander bildeten ganze Sätze und auch ganze Geschichten. Sie wurden von links nach rechts gelesen, so wie unsere Sätze heute auch. Damals gab es jedoch keine Regeln, wie Runen geschrieben wurden, so dass sie manchmal auch von rechts nach links geschrieben wurden oder von oben nach unten und andersherum. Der Grund dafür war oftmals ganz pragmatisch.

Heute schreiben wir hauptsächlich auf Papier, daher können wir uns ein Regelwerk leisten, das auch umsetzbar ist. Damals gab es diesen Luxus nicht und die Runen wurden auf das eingraviert, was eben da war oder was sie schmücken sollten. Manchmal waren es eben Materialien, die schwer formbar waren, wie etwa Stein. Da musste der Runenschreiber mit dem dort vorhandenen Platz auskommen und noch mit dem herausfordernden Material.

So stand die Rune eben auf dem Kopf, was man als „Wenderune" bezeichnet. Wenn sehr viele Runen auf sehr wenig Platz angebracht werden sollten, behalfen sich die Wikinger, indem sie Runen einfach zusammenbanden. Diese nannte man „Binderunen". So wurden zwei oder drei Runen übereinander geschrieben, so dass man diese aber noch sehen konnte.

Wofür genau wurden die Runen gebraucht?

Heute verbinden wir mit Runen Schamanismus, Magie und Zauber. Dies ist den Überlieferungen geschuldet, die besagen, dass Runen eine große Rolle in der Welt der Götter spielten. Es ist auch verständlich vor dem Hintergrund, dass für die Wikinger Religion und Magie ein und dasselbe waren. Beispielsweise sprachen sie bestimmte Runen dreimal hintereinander aus, um deren Kraft anzurufen. Dies war Gebet und Zauberspruch zugleich.

Erst mit dem Vermischen mit dem Christentum wurde stark darauf geachtet, dass Religion und Zauberei getrennt waren. Abseits des Mystischen waren Runen jedoch das, was heute für uns unser Alphabet ist: schlichtweg Zeichen, um sich zu verständigen.

Mithilfe der Runen wurden Briefe geschrieben, Einladungen ausgesprochen und Informationen versandt – dies zwar nicht in der Formvollendung, wie wir uns heute Nachrichten schicken, doch es reichte aus, um sich zu verständigen. Daher sind Runen, auch wenn wir sie heute fast ausschließlich mit Magischem assoziieren, trotzdem nicht nur als Zeichen für Zaubersprüche zu sehen.

Interessant ist bei der Betrachtung der Runen, dass diese auch Namen der Götter beinhalten. Die Rune „Tiwaz", die aussieht wie ein Pfeil, steht für T, aber auch für den Gott Tyr, für den Gegenstand „Speerspitze" sowie den Begriff „Gerechtigkeit" und noch vieles mehr, was wir gleich näher beleuchten.

Anhand dieses Beispiels sehen wir jedoch, dass die Runen nicht so eindeutig sind wie unsere einzelnen Wörter heute, sondern vielmehr verschiedene Bedeutungen haben konnten, die jedoch miteinander artverwandt sind. Daher waren Sätze nie durch einzelne Wörter zu verstehen, sondern in ihrer Gesamtheit und in dem Kontext, in dem sie geschrieben wurden.

Wo wurden Runen verwendet?

Wir wissen, dass insbesondere Schmuckstücke und Waffen gerne mit Runen verziert wurden, damit diese Wünsche oder Schutz mit sich tragen. Doch als reine Informationsquellen finden sich Runen oft auf Steinen oder Monumenten.

Traditionell wurden Grabsteine mit Runen verziert, die den Tod der verstorbenen Person beschreiben. Diese sind wie eine Geschichte zu lesen und auch da finden sich oft Wenderunen, je nachdem, wie viel Platz vorhanden war.

Es wurden auch Gegenstände wie Holzscheite gefunden, auf denen Runen eingraviert wurden. Diese dienten lediglich als Informationsträger, die jemand dort für eine andere Person eingeritzt hatte. Glücklicherweise für die Nachwelt, wurden Runen in so viele nachhaltige Materialien graviert, dass diese die Jahrhunderte unbeschadet überstanden haben und wir uns diese im Original in Museen anschauen können.

Was genau die Personen, die diese eingeritzt haben, damit sagen wollten, können wir nur erahnen. Dieses Stück der Vergangenheit wird wohl auch künftige Generationen weiter begeistern und faszinieren, ob man nun an die magische Kraft von Runen glaubt oder nicht.

Die Runen sind mit positiven und auch negativen Eigenschaften versehen. Denn beide sind Teil des Ganzen, so glaubten es zumindest die Wikinger. Ohne Dunkelheit kann es kein Licht geben. Deswegen hat jede Rune zwei Bedeutungen, eine positive und eine negative.

Schauen wir uns die Runen nun einmal genauer an!

Die 16 Runen und ihre Bedeutungen im Überblick:

Nr.	Rune	Wert	Name	Bedeutung
1.	ᚠ	F	Fehu (Vieh)	**Positiv:** Vieh, Hoffnung, Reichtum, Glück, Geld, Überfluss, sozialer Erfolg **Negativ:** Verlust von Eigentum und Ansehen, Zwietracht, Feigheit, Gier, Zwang, Gleichgültigkeit
2.	ᚢ	U	Uruz (Auerochse)	**Positiv:** Kraft, Gesundheit, Durchhaltevermögen, Mut, Tatkraft, Selbstbestimmung, Weisheit, Verwurzelung **Negativ:** Krankheit, Ignoranz, Unbesonnenheit, Gewalt
3.	ᚦ	TH	Thurisaz (Riese)	**Positiv:** Kraft, Konfliktbereitschaft, Vitalität, Hammer, Dorn, Überwindung von Hindernissen, zielgerichtete zerstörende Macht **Negativ:** Gefahr, Dummheit, Bosheit
4.	ᚬ	A/O	Ansuz (Ase, Gott)	**Positiv.** Vertrauen in das große Ganze und in höhere Mächte, Kommunikation, Inspiration, Macht des Geistes über die Materie, Zauberkraft, Magie, Weisheit, **Negativ** Missverständnisse, Täuschung, Eitelkeit

Nr.	Rune	Wert	Name	Bedeutung
5.	ᚱ	R	Raido (Reise)	**Positiv:** Neuanfang, neue Perspektive, Versöhnung, Kommunikation, Bewegung, Rad, Tanz, Zyklus, Ende und Neuanfang **Negativ:** Ungerechtigkeit, Irrationalität, Krise
6.	ᚲ	K	Kenaz (Fackel)	**Positiv:** Feuer, Licht, Leidenschaft, Regeneration, Lebensenergie, Kreativität, Offenbarung, Visionen, Inspiration **Negativ:** Krankheit, Desillusionierung, falsche Hoffnung
7.	ᚼ	H	Hagalaz (Hagel)	**Positiv:** Gleichgewicht der Kräfte, Vervollkommnung innerer Harmonie, Offenbarung **Negativ:** plötzlicher Verlust, Zerstörung, Energieverlust, zerstörerische und unberechenbare Kräfte, kontrolliertes Chaos
8.	ᚾ	N	Naudiz (Not)	**Positiv:** Große Kraft, Erfindungsgabe, Leidensfähigkeit, fester Wille, Überwindung von Neid, der Furcht ins Auge blicken **Negativ:** Zwang, Verlust, Armut

Nr.	Rune	Wert	Name	Bedeutung
9.	ᛁ	I	Isa (Eis)	**Positiv:** Herausforderung, Entwicklung von Willenskraft, Stille, Innehalten, Konzentration, Abwarten, Klarheit finden **Negativ:** psychische und körperliche Blockaden, Blindheit, Verschwendung, Komplott
10.	ᚷ	G	Gebo (Geschenk)	**Positiv:** Gabe, Großzügigkeit, Harmonie, Partnerschaft und Treue, Austausch, Vereinigung von Mann und Frau **Negativ:** Gier, Einsamkeit und Abhängigkeit
11.	ᛋ	S	Sowilo (Sonne)	**Positiv:** Sieg, Gesundheit, elementare Kraft, Hoffnung, Ehre, Erfolg, Wissenszuwachs, Bewegung, Wille, Tatkraft **Negativ:** Ziellosigkeit, falscher Rat, falsche Ziele
12.	ᛏ	T	Tiwaz (Týr)	**Positiv:** Speerspitze, Treue, Gerechtigkeit und Sieg, göttlicher Richter, positive Selbstaufopferung, gerechter Kampf, Autorität, Erfolg **Negativ:** Energieblockade, Kommunikationsstörung und Ausgrenzung

Nr.	Rune	Wert	Name	Bedeutung
13.	ᛒ	B	Berkano (Birke)	**Positiv:** Mutterschaft, Frieden, Geborgenheit, Zuhause, Sorglosigkeit, Fruchtbarkeit, Erholung, Frühlingserwachen, Erneuerung und neue Herausforderungen **Negativ:** Familienprobleme, Sorge
14.	ᛗ	M	Mannaz (Mensch)	**Positiv:** Menschlichkeit, soziale Ordnung, Intelligenz, Selbsterkenntnis, Einweihung, Toleranz, Menschenkenntnis, geistige Kraft **Negativ:** Depression, Selbsttäuschung, Hinterlist und Berechnung
15.	ᛚ	L	Laguz (Wasser)	**Positiv:** Lebenskraft, Ursprung, Prüfung, Vitalität, Fruchtbarkeitsspender, Heilung und Erneuerung, Träume, Fantasie, das Unbekannte, das Verborgene **Negativ:** schlechte Urteilsfähigkeit, falsche Entscheidungen, Verwirrung
16	ᛉ	Z, R	Algiz (Schutz)	**Positiv:** Hörner des Elchs, schützt vor Feinden und Bösem, Glück und Lebenskraft, Instinkten folgen, glückliches Gelingen, Erhabenheit, Verbindung zu den Göttern **Negativ:** Zurückweisung, Geheimnisse, Gefahr

Wir wissen nun, dass die Menschen und die Götter gerne Runen benutzten, und von den Göttern kennen wir nun einige Geschichten. Doch sie waren nicht die Einzigen, die fantastische Abenteuer erlebten. Es gab auch viele Helden, die in Liedern besungen wurden und die ebenfalls ein *Teil der Wikingerwelt* waren.

Nachdem wir nun einiges aus der Welt der Wikinger kennengelernt haben, wollen wir nun eine letzte Geschichte erkunden. Viel Spaß!

Die Heldensaga von Beowulf

Audiodatei 13:
Die Heldensaga von Beowulf

Es ist eine finstere und kalte Nacht, als Beowulf und seine 14 Gefolgsmänner endlich am Hofe des Königs Hrothgar in Dänemark eintreffen. Lange sind sie gereist und noch länger bereits von zuhause fort, aus Gautland.

Als tapfere Kämpfer bestreiten sie viele Abenteuer und werden dorthin gerufen, wo sie gebraucht werden. So auch dieses Mal. Beowulf betritt als Erster die große Halle des Königs Hrothgar. Die Halle wird Heorot genannt und ist dafür bekannt, dass hier die ausschweifendsten Feste gefeiert werden. So auch in dieser Nacht.

„Beowulf!", ruft Hrothgar von seinem Thron aus und steht auf, um seinen Ehrengast zu begrüßen. Um Hrothgar herum befinden sich Musikanten und viele fein gekleidete Menschen, die bereits seit einiger Zeit zu feiern scheinen. In der Luft liegt der Geruch von gebratenem Essen und Met.

„König Hrothgar", verneigt sich Beowulf respektvoll. „So nehmt ihnen die Mäntel ab und gebt ihnen ihre Plätze an meiner Tafel", weist Hrothgar seine Dienerschaft an. Er deutet auf einen Platz in seiner

direkten Nähe für Beowulf, der die Ehre mit einem Kopfnicken annimmt. Neben Hrothgar sitzt eine bildschöne Frau, mit langen blonden Haaren und klaren, blauen Augen.

„Königin Wealhteow", verneigt Beowulf sich erneut und schaut diskret weg. Er weiß, sich am Hof zu benehmen und dass insbesondere das Anstarren schöner Königinnen so manch einen Lüstling den Kopf gekostet hat.

Die Königin lächelt freundlich und begrüßt ihn mit ruhiger Stimme: „Der berühmte Held Beowulf. Vielen Dank für die Anreise. Ihr müsst einen beschwerlichen Weg hinter Euch haben. So wärmt Euch erst einmal auf und feiert mit uns."

Beowulf nimmt Platz und lässt seinen Blick schweifen. Seine Gefolgsmänner sitzen in unmittelbarer Nähe, wie es sich für treue Begleiter gehört. Die Musikanten sind sehr gut, doch auch außergewöhnlich laut. Ihm wären die Ruhe und Bequemlichkeit eines Bettes lieber als diese Feier, die allem Anschein nach bereits mehrere Tage andauert. Offenbar ist er als Ehrengast bei einer Hochzeit zugegen, wenn er den Pegel der Gäste und den traurigen Blick einiger Frauen richtig deutet.

„Eines unserer Fräulein wurde mit dem Jarl abseits der Bucht vermählt", bestätigt Hrothgar seinen Eindruck: „Dieses Bündnis wird uns guten Handel einbringen und endlich diese Raubzüge an unseren Küsten beenden." Beowulf nickt bedächtig und trinkt den ihm angebotenen Met.

„Es ist bereits die dritte Hochzeit dieses Jahr", führt Hrothgar fort. „Unsere Äcker sind gut gediehen, in allen Lebensbereichen. Ein fruchtbares Jahr, durchaus. Allerdings auch ein Schreckliches", Hrothgar schüttelt den Kopf. Beowulf blickt ihn an und wird hellhörig.

„Dieses Ungetüm greift meine Männer regelmäßig an. Meistens nach einer Feier wie dieser. Deswegen habe ich nach dir rufen lassen, Beowulf", sagt Hrothgar.

„Was ist es, ein Troll?“, fragt Beowulf.

„Das wissen wir nicht. Eine Monstrosität, die dreimal so groß ist wie ein normaler Mann. Es greift nachts an und überrascht meine Männer im Schlaf. Diejenigen, die überleben, berichten, dass es blitzschnell ist und jedem Schwerthieb ausweicht. Es hält sich die Ohren zu, wenn es zum Angriff übergeht“, berichtet Hrothgar.

„Interessant ...“, murmelt Beowulf. Als erfahrener Kämpfer stand er bereits verschiedenen Gegnern gegenüber. Doch ein Riese, der sich die Ohren zuhält, ist ihm noch nicht untergekommen. Beowulf bleibt so lange bei dem Fest, wie es die Höflichkeit verlangt, und verabschiedet sich dann.

Sein Gefolge macht es ihm nach, denn sie wissen: Sie sind hier, um zu kämpfen, nicht, um zu feiern. In dieser Nacht ruhen sie sich von der Reise aus und sammeln Kräfte. Sie werden sie brauchen ...

Am nächsten Tag trifft Beowulf König Hrothgar in der Halle Heorot. Die Spuren des Festes sind noch zu sehen und die Stimmung ist gedrückt.

„Beowulf, es hat wieder zugeschlagen“, sagt Hrothgar ohne Umschweife. „Gestern, nach der Feier, als alle geschlafen haben, hat es wieder angegriffen. Dieses Mal die Musikanten und dabei hat es all ihre Instrumente zerstört. Das Brautpaar ist bereits abgereist. Es wird kein weiteres Fest mehr geben“, Hrothgar blickt Beowulf offen an.

„Doch“, sagt Beowulf, „ein letztes noch. Und dieses Mal halten wir uns nicht zurück.“ Der gerissene Beowulf hat in der Nacht einen Plan geschmiedet, wie er gedenkt, die Kreatur zu fangen. Hrothgar hört sich den Vorschlag ruhig an und stimmt dann zu.

Er dreht sich zu seinen Dienern um: „Sagt der Königin, sie soll sich abreisebereit machen. Und lasst nach neuen Instrumenten suchen. Heute Nacht gibt es ein weiteres Mal Musik.“

Nachdem die Königin und der restliche Hof abgereist sind, ist die Halle vollgestellt mit zahlreichen Instrumenten. Hrothgar, seine

Waffen, Beowulf und sein Gefolge stehen in der Mitte der Halle und machen sich bereit.

Kaum, dass die Sonne untergegangen ist, greifen sie nach den Instrumenten und spielen so laut sie können. Die Töne, die dabei rauskommen, sind keine schön klingende Melodie, sondern vielmehr Lärm, der in den Ohren wehtut. So spielen sie mehrere Stunden lang, bis sie draußen ein lautes Jaulen hören.

Beowulf grinst. Er führt eine Handbewegung aus, die besagt, dass alle die Instrumente ablegen können. Stille legt sich über die Halle. Beowulf schreitet zur Mitte hin. Sein Blick ist auf die Tür gerichtet, die langsam aufgeht. Hindurch tritt ein Riese, mit tränenden Augen und grotesken Körperproportionen. Seine Hände hat er schützend um die Ohren gelegt, die – wie Beowulf sieht – übergroß sind.

„Seid endlich leise!", ruft die Kreatur und will auf Beowulf zurennen. Mit einem Satz springt dieser aus dem Weg und packt den Riesen am Rücken. Ein fürchterlicher Schrei dröhnt aus der Kehle der gewaltigen Kreatur, die verzweifelt versucht, Beowulf abzuschütteln.

Da der Riese keine Waffen trägt, ist auch Beowulf unbewaffnet. Er will die Kreatur mit bloßen Händen erlegen. Der Held umschlingt den Hals des Riesen und versucht, ihn niederzuringen. Obwohl Beowulf kleiner ist, verfügt er über ungeheure Kraft und seine Tapferkeit verleiht ihm einen übermenschlichen Willen.

Voller Angst will der Riese Beowulf abschütteln. Aber egal, was er versucht und wie sehr er zappelt, Beowulf hält hartnäckig fest und drückt zu. Plötzlich rennt der Riese gegen eine der gemauerten Wände der Halle. Durch den Auf-

prall verliert Beowulf seinen Griff und fällt ab. Doch auch der Riese hat sich verletzt. Seine Schulter weist eine große Wunde auf. Kaum, dass er wieder frei ist, rennt der Riese durch das offene Tor voller Angst und Schmerz in die dunkle Nacht hinaus.

Kaum, dass die Sonne aufgeht, sind Beowulf und seine Männer bereits auf. König Hrothgar steht ebenfalls neben ihnen, bereit, die Kreatur zu jagen. „Folgen wir den Blutspuren“, sagt Beowulf, „sie werden uns direkt zu seinem Versteck führen.“

So macht sich die tapfere Gruppe auf und verfolgt den verletzten Riesen. Sie überqueren Felder und Wiesen, bis sie endlich am Waldrand ankommen. Offensichtlich ist der Riese durch diesen Wald gewandert. „Der Wald soll verflucht sein“, sagt einer von Hrothgars Männern: „Hier soll eine mächtige Zauberin leben, die keinen Mann lebendig herauslässt.“

Doch Hrothgar lacht verächtlich und sagt: „Diese Zauberin wird mein Schwert kennenlernen.“ Beowulf hingegen wird hellhörig. Er weist die Truppe an, zu warten, und holt einen schmalen Dolch heraus. Mit ihm ritzt er in seinen Gürtel, seine Manschetten und seine Stiefel verschiedene Runen ein.

Hrothgar verstummt und blickt ihn verwundert an. „Nur ein Narr tritt einer Zauberin schutzlos gegenüber“, sagt Beowulf und reicht den Dolch weiter. Bald haben alle Krieger verschiedene Schutzrunen eingraviert und setzen die Wanderung fort. Der Trupp wandert tief in den Wald hinein, der kaum Sonnenlicht zulässt und gespenstig leise ist.

Sie erreichen eine Felswand und entdecken einen Spalt. Dieser ist groß genug, dass ein Riese durchpassen würde. Beowulf geht voran. Kaum, dass er den Spalt durchquert, merkt er, dass sich die Atmosphäre verändert. Die Luft scheint zu kribbeln und er hat das Gefühl, als würde er Sonnenstrahlen vor seinen Augen sehen. Oder sind es Glühwürmchen?

Er blickt auf eine der Runen, die er eingraviert hat. Es ist die Rune Kenaz, die Fackel bedeutet. Kaum, dass er die Rune beobachtet, hören die Illusionen auf. Beowulf geht weiter, tiefer in den Felsen hinein. Hinter sich hört er keinen Laut. Er konzentriert sich vielmehr auf das, was vor ihm liegt, denn er weiß: Der Riese ist nicht allein.

Er kommt zu einer Art Lichtung, die mitten im Felsen existiert. Verschiedene Felle liegen auf dem Boden und Essensreste. Neben einem großen Felsen steht eine große Truhe, deren Inhalt gewaltig funkelt. Eine Goldtruhe! Hier lebt der Riese also.

Beowulf spürt eine Präsenz, die sich unsichtbar in seiner Nähe aufhält. „Wer hat meinem Sohn, meinem lieben Grendel weh getan? Warst du es etwa?", fragt eine samtene Frauenstimme, die von überallher zu kommen scheint.

„Zeig dich, Zauberin", sagt Beowulf laut. Als Antwort hört er nur ein Lachen, das langsam in ein Echo übergeht.

„Du bist hier in meinem Reich, Krieger. Hier kann mir nichts etwas anhaben", sagt die Frauenstimme triumphierend.

„Dann zeig dich doch, wenn du nichts zu befürchten hast", versucht Beowulf, sie hervorzulocken.

Und tatsächlich, an einem Felsen, der selbst zu schimmern scheint, bündelt sich Licht und formt eine Silhouette. Es scheint eine Frau zu sein, doch besteht sie aus dem Licht von Glühwürmchen. Ihr Antlitz ist atemberaubend schön und furchterregend zugleich, denn Beowulf sieht, dass sie kein Mensch ist. Sie scheint Magie selbst zu sein, welche in Frauengestalt auf ihn zukommt.

Ihr Lächeln ist siegessicher und sie streckt ihre langen Arme nach ihm aus. Mit einem Sprung schafft Beowulf Abstand zwischen sich und ihr.

Blitzschnell wirft er einen Dolch, der sie mitten in der Brust getroffen hätte. Doch der Dolch geht durch sie hindurch, wie durch Wasser oder Licht. Sie lacht, während der Dolch nutzlos zu Boden fällt. Mit ihren goldenen Augen schaut sie Beowulf an.

Er bewundert ihre Schönheit und je länger er sie anschaut, desto mehr scheint er in ihren Blick zu versinken. Langsam verliert er die Fähigkeit und das Interesse daran, sich zu bewegen, so gebannt ist er von diesen schönen, goldenen Augen, die langsam auf ihn zukommen. Sie scheinen ihm die Ewigkeit zu versprechen und lösen tiefe Gefühle der Glückseligkeit aus.

Plötzlich spürt Beowulf einen tiefen Schmerz an seine aus seinem Bann reißt. Er blickt runter und sieht: A manschetten leuchtet die Schutzrune Algiz. Sie hat i Bösem bewahrt und seine Lähmung fällt von ihm ab, den Augenkontakt unterbricht. Plötzlich bemerkt er, w Zauberin gekommen ist, und mit einem Hechtsprung b Sicherheit.

„Du kannst nicht ewig Katz und Maus mit mir spielen, Krieger", sagt die schöne Zauberin lächelnd.

Dieser Gedanke geht auch Beowulf durch den Kopf, doch weiß er noch nicht, welche Waffe diesem Lichtwesen etwas anhaben könnte. Ihre Macht ist spürbar und er weiß, dass die Runen ihn nicht lange werden schützen können.

Seine Nackenhaare stellen sich auf, als er sich in Kampfposition begibt. Plötzlich spürt er etwas Hartes an seinem Fuß. Er blickt sich um und sieht, dass er an der Schutztruhe angelangt ist. Aus dem Augenwinkel erspäht er neben Gold und Juwelen noch etwas anderes, das viel Nützlicher für ihn sein könnte.

Erneut kommt die Zauberin näher und ist fast bei ihm angelangt. Sie streckt die Arme nach ihm aus und lächelt. Bevor sie ihn jedoch berühren kann, greift Beowulf nach dem glänzenden Gegenstand und zieht ihn aus der Truhe.

Es ist ein goldenes Schwert, das nun schwer und warm in seiner Hand liegt. Mit einem Hieb trifft er die Zauberin, die sich voller Schreck in Luft auflöst. Sofort merkt Beowulf, dass ihr

Zauber erloschen ist, die Höhle verliert jeden Glanz. Hinter einem Felsen hört er ein lautes Wimmern und er blickt sich um.

Der Riese, Grendel hatte die Zauberin ihn genannt, steht dort und blickt Beowulf wütend an. Doch bevor der Riese auch nur einen Finger rührt, schmeißt Beowulf das Schwert zur Seite und springt dem Riesen vor die Brust. Grendel taumelt und verliert das Gleichgewicht. Erschrocken blickt er sich um und versucht, sich festzuhalten, doch es ist zu spät. Er fällt in die Tiefen einer Schlucht und ward nie wieder gesehen.

Die Schatztruhe hinter sich herziehend, klettert Beowulf aus dem Felsen hervor. Draußen angekommen, blicken ihn verschiedene Augenpaare verwundert an. „Beowulf!", ruft Hrothgar erleichtert auf: „Dank den Göttern, du lebst! Kaum, dass du den Felsspalt betreten hast, hat sich dieser hinter dir geschlossen und wir konnten dir nicht mehr folgen."

Beowulf lächelt ihn an und sagt: „Ich habe den Riesen und die Zauberin erlegt. Sie werden euch keinen Ärger mehr machen. Außerdem habe ich noch etwas mitgebracht ..." Er nickt noch immer lächelnd Richtung Truhe.

So kehren Beowulf, König Hrothgar und ihre Männer gemeinsam in die Halle Heorot zurück und feiern einen weiteren Sieg des berühmten Helden.

Und... Ende?

Nachdem wir nun Asgard, Midgard und selbst die Halle Heorot besucht haben, können wir uns ein besseres Bild über die Wikinger und ihre Sagen machen.

Damals, wie auch heute, erzählten sich die Menschen gerne fantastische Geschichten über außergewöhnliche Persönlichkeiten, übermenschliche Götter und Heldentaten, um sich gegenseitig zu unterhalten und auch zu inspirieren. Über Sagen und Legenden haben damals die Wikinger ihre Lebenswelt erfasst und von Mund zu Mund weitergetragen, bis in unsere heutige Zeit.

Auch heute noch, obwohl wir wissen, wie Blitz und Donner entstehen, träumen wir davon, wie Thor mit Mjölnir durch die Lüfte reitet, Loki den Göttern und den Menschen Streiche spielt und Odin weiterhin nach Weisheiten sucht.

Auch wenn die Zeit der Wikinger um ist, wird ein Teil von ihnen immer in diesen Geschichten weiterleben. Vielleicht sind diese auch noch nicht auserzählt ...

Panini BOOKS

AUSSERDEM BEI PANINI ERHÄLTLICH

***Star Wars:* Die Hohe Republik – Die Bewährungsprobe**
Justina Ireland – ISBN 978-3-8332-3944-1

***Star Wars:* Die Hohe Republik – In die Dunkelheit**
Claudia Gray – ISBN 978-3-8332-3943-4

***Star Wars:* Der Funke des Widerstands**
Justina Ireland – ISBN 978-3-8332-3825-3

***Star Wars:* Leia, Prinzessin von Alderaan**
Claudia Gray – ISBN 978-3-8332-3569-6

***Star Wars:* Blutlinie**
Claudia Gray – ISBN 978-3-8332-3354-8

***Star Wars:* Poe Dameron – Freier Fall**
Alex Segura – ISBN 978-3-8332-3942-7

***Star Wars:* Bürde der Königin**
E. K. Johnston – ISBN 978-3-8332-3941-0

***Star Wars:* Schatten der Königin**
E. K. Johnston – ISBN 978-3-8332-3636-5

***Star Wars:* Ahsoka**
E. K. Johnston – ISBN 978-3-8332-3450-7

***Star Wars:* Meistgesucht**
Rae Carson – ISBN 978-3-8332-3637-2

***Star Wars:* Journey to Star Wars: Der Aufstieg Skywalkers – Der Sammler**
Kevin Shinick – ISBN 978-3-8332-3831-4

***Star Wars:* Galaxy's Edge – Schicksalsschlag**
Zoraida Córdova – ISBN 978-3-8332-3830-7

Nähere Infos und weitere Bände unter:
www.paninibooks.de

DIE BEWÄHRUNGSPROBE

ROMAN

Von Justina Ireland

Mit Illustrationen von Petur Antonsson

Ins Deutsche übertragen
von Andreas Kasprzak

Bibliografische Information der Deutschen Nationalbibliothek
Die Deutsche Nationalbibliothek verzeichnet diese Publikation in der Deutschen Nationalbibliografie; detaillierte bibliografische Daten sind im Internet über http://dnb.d-nb.de abrufbar.

Titel der amerikanischen Originalausgabe:
„*Star Wars*: The High Republic – A Test of Courage"
by Justina Ireland, published by Lucasfilm Press,
an imprint of Buena Vista Books Inc., January 2021.

Design by Soyoung Kim and Scott Piehl

Geschäftsführer: Hermann Paul
Head of Editorial: Jo Löffler
Head of Marketing: Holger Wiest (E-Mail: marketing@panini.de)
Presse & PR: Steffen Volkmer

Übersetzung: Tobias Toneguzzo, Andreas Kasprzak
Lektorat: Marc Winter
Umschlaggestaltung: tab indivisuell, Stuttgart
Satz: Greiner & Reichel, Köln
Druck: GGP Media GmbH, Pößneck
Printed in Germany

YDSWHRJ001

1. Auflage, März 2021, ISBN 978-3-8332-3944-1

Auch als E-Book erhältlich: ISBN 978-3-7367-9885-4

Findet uns im Netz:
www.starwars.com
www.paninibooks.de

PaniniComicsDE

In der Galaxis herrscht Frieden
unter der Regierung der glorreichen REPUBLIK und
dem Schutz der edlen und weisen JEDI-RITTER.

Als Zeichen alles Guten entsendet die Republik
die STARLIGHT-STATION in die Ferne des Äußeren Rands.
Diese neue Raumstation soll allen als weithin sichtbarer
Hoffnungsstrahl dienen.

Doch gerade als die Republik eine glanzvolle Zeit
der Renaissance erlebt, erhebt sich ein Furcht einflößender
neuer Feind. Nun müssen sich die Hüter von Frieden und
Gerechtigkeit einer Gefahr stellen, die sie, die Galaxis und
die Macht selbst bedroht …

STAR WARS TIMELINE

DIE HOHE REPUBLIK

NIEDERGANG DER JEDI

DIE DUNKLE BEDROHUNG

ANGRIFF DER KLONKRIEGER

THE CLONE WARS

DIE RACHE DER SITH

AUFSTIEG DES GALAKTISCHEN IMPERIUMS

THE BAD BATCH

SOLO: A STAR WARS STORY

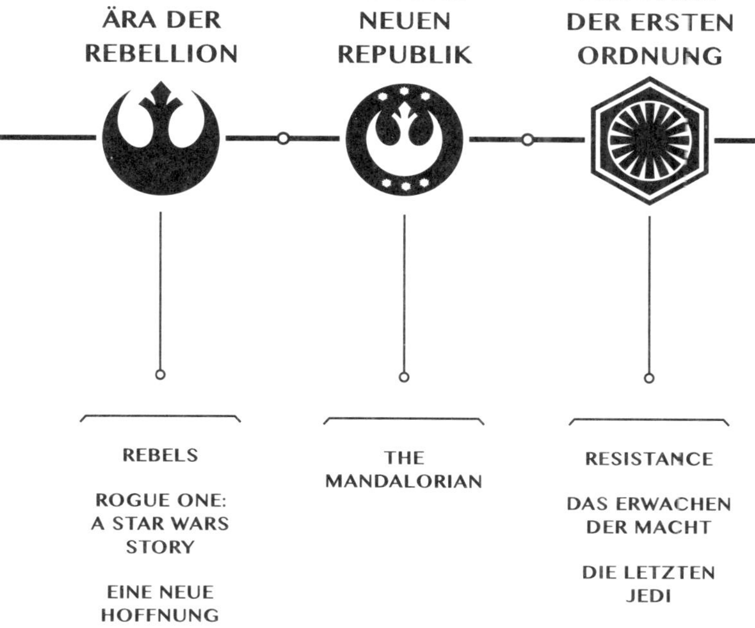

ÄRA DER REBELLION
ÄRA DER NEUEN REPUBLIK
AUFSTIEG DER ERSTEN ORDNUNG
REBELS
ROGUE ONE: A STAR WARS STORY
EINE NEUE HOFFNUNG
DAS IMPERIUM SCHLÄGT ZURÜCK
DIE RÜCKKEHR DER JEDI-RITTER
THE MANDALORIAN
RESISTANCE
DAS ERWACHEN DER MACHT
DIE LETZTEN JEDI
DER AUFSTIEG SKYWALKERS

PROLOG

Klinith Da landete den gestohlenen Frachtschlepper behutsam am Rande des Docks, während ihr Partner Gwishi die Ablagefächer hektisch nach dem Ladeverzeichnis des Schiffs durchforstete. Den Schwachen und Hilflosen etwas wegzunehmen, um selbst davon zu profitieren, war zwar eine lohnende Art, sich durchs Leben zu schlagen, doch hin und wieder brachte einem das auch gewisse Scherereien ein, beispielsweise wenn einem dämliche Behördenmitarbeiter Schwierigkeiten bereiteten. Normalerweise machte Klinith sich wegen solcher Dinge keine Sorgen – obwohl sie eine Menschenfrau in einer Galaxis voller körperlich wesentlich stärkerer Spezies war, konnte sie gut auf sich selbst aufpassen. Doch sie sollten möglichst kein Aufsehen erregen, und das bedeutete leider, dass es gegenwärtig nicht infrage kam, allzu nervige Leute einfach wegzupusten.

„Was, wenn die irgendwelche offiziellen Dokumente von uns sehen wollen?", fragte Klinith, während sie sich eine Strähne ihres knallrosa Haars aus dem Gesicht strich. „Die Frachtliste oder so was?"

Klinith' Blick fiel auf ihr Spiegelbild, das von einem Seitenpaneel reflektiert wurde. Sie sah überhaupt nicht so aus wie sonst. Sie hatte all ihre Piercings herausgenommen, und der Overall, den sie trug, verdeckte ihre Brisen-Male – ihre Tätowierungen, die anderen Nihil alles über ihre Crew und ihre

Piratenlaufbahn verrieten, was sie wissen mussten. Doch sie hatte nicht vor, außerdem noch etwas an ihrem Haar zu verändern. Immerhin war sie trotz allem eine Nihil, auch wenn sie vorgab, etwas anderes zu sein.

Nach einem Moment griff Klinith in ihre Tasche, schob den Silberdraht in das erste Loch in ihrer Unterlippe und fädelte ihn geübt durch die übrigen. Das war schon ein wenig besser – nun kam sie sich nicht mehr ganz so merkwürdig vor.

„So weit draußen kümmert die so was nicht", meinte der Aqualishaner. Da seine Aussprache mehr schlecht als recht war, wenn er Basic sprach, klangen die Worte mehr wie ein Knurren. „Die Republik hat in diesem Teil der Galaxis nichts zu melden – *noch* nicht."

Genau wie Klinith trug auch Gwishi einen einfachen Overall, der seine Brisen-Male verbarg – jedenfalls abgesehen von der hässlichen Narbe auf der rechten Wange, wo ihn ein Blasterschuss mitten in eins seiner Augen getroffen hatte. Sie erstrahlte immer noch blau, eine gezackte Linie, die sein unteres rechtes Auge teilte und bei seinem Hauer endete. Man hatte die noch nicht vollends verheilte Wunde tätowiert, um zu zeigen, dass Gwishi zwar eine grässliche Verletzung erlitten hatte, dass derjenige, der sie ihm zugefügt hatte, jedoch nicht mehr unter den Lebenden weilte und somit keine Möglichkeit hatte, seinen Fehler zu wiederholen. Die Nihil waren dafür berüchtigt, alles Übel, das ihnen widerfuhr, dreifach zu vergelten.

Klinith schnappte sich sowohl ihren Blaster als auch ihre Messer, da Messer in Situationen, in denen es besser war, verdeckt zu operieren, manchmal die geeignetere Option waren. Sie legte die Waffen in ihren Werkzeugkasten. Gwishi nahm seinen Blaster, seine Gesichtsmaske und einen Kanister mit Ovaxgas, den er zusammen mit dem Rest seiner Ausrüstung in seinem Werkzeugkasten verstaute. Das Gas brauchten sie, um die Mechaniker an Bord der *Steady Wing* außer Gefecht zu setzen, eines Luxusliners, dem sie bis nach Port Haileap gefolgt waren, einem abgelegenen Außenposten am Rande des Dalna-Sektors.

Der Plan war simpel: Man hatte sie beauftragt, sich irgendwie auf die *Steady Wing* zu schmuggeln und das Schiff so zu sabotieren, dass niemand an Bord am Leben blieb. Den Reiseunterlagen zufolge sollte auf Haileap jemand zusteigen, der für die Republik einigen Wert besaß, und die Nihil mussten der Republik unmissverständlich klarmachen, dass sie in diesem Teil der Galaxis nicht willkommen war. Nicht jetzt, nicht irgendwann, niemals. Die Republik war schlecht fürs Geschäft.

Bevor sie von Bord gingen, machte Klinith noch einmal kehrt und schnappte sich einen weiteren Blaster, der so klein war, dass er oben in ihren Stiefelschaft passte. Manchmal gingen Dinge schief, und Leute wurden verletzt. Das war der Teil bei alldem, den Klinith am liebsten mochte.

Sie mussten ein kurzes Stück durch dichten Urwald mit mächtigen Marmorholzbäumen marschieren, die mit blauem Moos bewachsen waren, bevor die Andockstation in Sicht kam, bei der rege Betriebsamkeit herrschte. Klinith hatte absichtlich einen Landeplatz gewählt, der ein wenig abseits lag, damit sie und Gwishi sich unbemerkt Zutritt zur Anlage verschaffen konnten. Das Letzte, was sie brauchten, war, dass zu viele Leute ihretwegen Fragen stellten. Frachtliste hin oder her, je weniger Aufmerksamkeit sie erregten, desto besser.

„Da ist es, gleich dort drüben", sagte Gwishi und deutete auf ein riesiges Raumschiff, das den Großteil des Landefelds einnahm.

Das Ding war mindestens zehnmal so groß wie der Frachtschlepper, den sie eigens für diesen Job gestohlen hatten, und Klinith spürte, wie sie bei diesem Anblick ein Gefühl der Angst überkam. „Wie, bei den sieben Monden von Genetia, sollen wir dieses Ungetüm zerstören?“, fragte sie.

Gwishi seufzte. „Na, von *innen*. Du bist doch eine Nihil. Verhalte dich gefälligst auch so und hör auf, dir Sorgen zu machen!“

„Ich mach mir keine Sorgen“, widersprach Klinith. Sie hatte kein Problem mit dieser Mission an sich. Es war nur so, dass sich das Ganze irgendwie *bedeutender* anfühlte als ihre bisherigen Jobs, wichtiger, so als wäre sie befördert worden. Und wenn sie diesen Auftrag erfolgreich erledigten, würde das mit Sicherheit auch passieren. Sie würde in den Reihen der Nihil aufsteigen, vielleicht sogar so weit, dass sie künftig Kassav persönlich unterstand.

Die beiden waren inzwischen ganz in der Nähe des Schiffs, und die Vorfreude ließ Klinith grinsen. Alle würden über die Zerstörung der *Steady Wing* reden! „Ich bin ganz aufgeregt. Das wird spektakulär! Bloß schade, dass wir nichts zerschmettern sollen.“

Gwishi musterte sie mit starrem Blick. „Los, lass uns gehen!“

Im Raumhafen wimmelte es nur so von Leuten aus vielen verschiedenen Systemen. Port Haileap war der letzte Zwischenstopp vor einigen der gefährlichsten unkartografierten Regionen der Galaxis und galt – wie andere Häfen am Rande dieser Gebiete auch – als „zivilisiert“. Hier konnten Raumschiffe auftanken, während sich die Passagiere mit Neuigkeiten aus ihrer Heimat versorgten und sich noch ein bisschen entspannten, bevor sie für Stunden oder Tage an

Bord eines beengten, mit Leuten vollgestopften Schiffs gingen.

Die große Landezone war voller Gepäck und Vorräte und umgeben von einem Ring von Geschäften, genau wie die meisten der Außenposten, die Klinith kannte. Der einzige Unterschied waren die gewaltigen Marmorholzbäume, deren grüne Wipfel in der Ferne in den violetten Himmel aufragten. Menschen, Trandoshaner, Pantoraner und Angehörige noch vieler anderer Spezies drängten sich im Gewühl der Menge aneinander vorbei, um sich ihren Weg zu den verschiedenen Läden zu bahnen, die den äußeren Rand der Landezone säumten. Klinith entdeckte ein Schild, das verkündete, dass am Ende eines Gangs Glücksspiel angeboten wurde, und unwillkürlich kribbelten ihre Hände. Es war schon eine ganze Weile her, seit sie das letzte Mal Gelegenheit gehabt hatte, eine Partie Rykestra zu zocken, ein beliebtes Würfelspiel. Allerdings galt es gerade, etwas zu erledigen, das wichtiger war.

Klinith und Gwishi gingen die Einstiegsrampe der *Steady Wing* hoch. Die republikanischen Wachen, die am oberen Ende standen, lachten über irgendetwas und würdigten die Piraten keines Blickes, als sie an ihnen vorbeigingen. Kein Wunder, unter den anderen Mechanikern, die auf dem Luxusliner ein und aus gingen, fielen sie überhaupt nicht auf.

Sobald sie an Bord des Raumschiffs waren, klopfte Gwishi Klinith auf den Rücken. „Das reinste Kinderspiel“, sagte er. Und damit hatte er recht.

Sie folgten dem Korridor, und Klinith spürte, wie sich tief in ihrem Innern ein wohlvertrauter Zorn regte. Die *Steady Wing* war wirklich ein prachtvolles Schiff, mit wunderschönen goldenen Böden und silbernen Wänden, die Bildschirme mit Blumenmustern zierten, die sich alle paar Sekunden veränderten.

Sie versuchte, sich auszumalen, wie es wohl wäre, mit einem so edlen Raumschiff unterwegs zu sein. Doch dazu fehlten ihr die Fantasie und die Erfahrung, und das machte sie nur noch wütender. Sie konnte es kaum erwarten, die *Steady Wing* zu zerstören und zuzusehen, wie all diese Pracht und Schönheit in der Leere des Alls in Millionen Trümmer zerbrach.

Klinith folgte Gwishi und blieb stehen, als dieser schließlich auf eine Schautafel an der Wand des Gangs deutete. Das Schiff war so groß, dass alle paar Meter Karten angebracht waren, die zeigten, wie man in die einzelnen Bereiche des Luxusliners gelangte.

„Da muss ich hin." Gwishi wies auf eine leere Stelle, ehe er den Werkzeugkasten tätschelte, den er bei sich trug. „Ich werde dort für jemanden ein paar Überraschungen hinterlassen. Kümmere du dich um die Rettungskapseln. Das Letzte, was wir wollen, sind Überlebende. Das Ganze soll eine Katastrophe werden, gegen die die Vernichtung der *Legacy Run* wie ein Kindergeburtstag wirkt."

Bevor Klinith darauf irgendetwas erwidern konnte, drehte Gwishi sich um und ging weiter den Korridor entlang, um es ihr zu überlassen herauszufinden, wo genau sich die Rettungskapseln befanden. Nachdem sie einige Sekunden lang ein wenig ratlos die Karte studiert hatte – sie konnte nicht sonderlich gut lesen, und das Schaubild schien absichtlich besonders verwirrend gestaltet worden zu sein –, stellte sie fest, dass die Kapseln auf einem anderen Deck untergebracht waren.

Als Klinith schließlich dort eintraf, wo sich die Rettungskapseln befanden, musste sie erkennen, dass noch jemand hier war. Ein Wartungsdroide brauste in der Startbucht umher. Als sie eintrat, hielt er ruckartig inne.

„Sind Sie hier, um den sachgemäßen Zustand der Kapseln zu überprüfen?“, fragte der Droide. Er war klein, kastenförmig und hatte mehrere dünne Manipulatorarme, die in allen möglichen Winkeln aus seinem Metallrumpf ragten.

„Ja, aber vorher müssen wir sie erst noch etwas nachrüsten. Deaktiviere dazu die Kommunikations- und Navigationssysteme!“

Der Droide rollte vor und zurück, während er sich ihre Worte durch den Speicher gehen ließ. „Mir liegen keine entsprechenden Instruktionen vor. Ich muss meine Daten aktualisieren, um etwaige neue Arbeitsanweisungen zu empfangen.“

An der Wand hing ein großer Hydroschraubenschlüssel. Klinith wog ihn in den Händen, um zu testen, wie schwer er war. „Spar dir die Mühe! Ich habe deine Updates gleich hier …“ Mit diesen Worten ließ sie das wuchtige Werkzeug auf den Wartungsdroiden herabsausen, wieder und wieder, bis von ihm nicht viel mehr übrig war als ein Gewirr von Metallschrott. Der Anblick zauberte Klinith ein Lächeln auf die Lippen. Nun hatte sie auf dieser Mission *doch* noch etwas zerschmettern können!

1. KAPITEL

Vernestra Rwoh musterte das glänzende Schiff in der Andockbucht und dachte mit einer Mischung aus Grausen und Aufregung an die vor ihr liegende Aufgabe. Dies war ihre erste Mission für den Jedi-Rat und ihre erste Aufgabe als Jedi-Ritterin. Sie hatte von diesem Tag geträumt, seit sie eine Padawanschülerin geworden war. Inzwischen war sie eine richtige Ritterin, wenn auch erst seit Kurzem, doch noch immer kam ihr das Ganze zu großartig vor, um tatsächlich wahr zu sein – selbst wenn es bei diesem Auftrag nur darum ging, auf die Tochter einer Senatorin aufzupassen. Babysitten schien ihr irgendwie unter der Würde einer Jedi-Ritterin zu sein. Doch Vernestra hatte trotzdem nicht vor, sich davon die Laune vermiesen zu lassen.

Die Kanzlerin höchstpersönlich hatte den Luxusliner entsandt, der sich nun in der Landezone befand. Entsprechend prachtvoll und beeindruckend war das Raumschiff, das über den anderen Schiffen in Port Haileap aufragte. Die Außenhülle blitzte wie ein an den Strand gespülter Mahlfisch, silbrig und mit schnittigen, geschwungenen Linien. Die *Steady Wing* verfügte über sechzehn Decks, drei Ziergärten, ein ganzes Spieldeck und sogar über einen prunkvollen Speisesaal mit tausend Plätzen. Das Schiff war luxuriöser als jedes andere, das Vernestra je gesehen hatte, und das, obwohl mit Galaxy Tours, ThrillSpace Travels und Chandrila Sternenreisen regelmäßig einige der besten Kreuzfahrtlinien der Galaxis in Port Haileap andockten. Hinzu kamen die Vergnügungsjachten, mit denen vornehmlich Botschafter unterwegs waren, die abgelegenere Planeten besuchten, oder Abenteurer, die in den unkartografierten Regionen neue Welten entdecken wollten.

Die *Steady Wing* war da von einem ganz anderen Kaliber. Dieses Schiff war einer Delegation bedeutender Würdenträger angemessen.

Vernestra rückte ihren Waffenrock zurecht – die strahlend goldenen Schnörkel am unteren Saum wiesen sie als Ritterin des Tempels auf Hynestia aus. Sie fühlte sich unbehaglich in der für sie unvertrauten Kleidung, die so ungleich feiner war als das, was sie normalerweise trug. Port Haileap war ein vergleichsweise schlichter, nicht sonderlich kultivierter Ort, an dem Vernestra für gewöhnlich mit ihrer Alltagskleidung zurechtkam: eine goldene Tunika und eine elfenbeinfarbene Hose, darüber ein einfacher Waffenrock, der dieselben goldenen Verzierungen ihres Tempels trug wie diese elegantere Version. In Außenposten wie Port Haileap gab es keine Notwendigkeit für Glanz und Gloria. Das kleine bisschen Zivilisation, das sich auf dem Areal ausbreitete, das in dem riesigen Marmorholzwald eigens dafür gerodet worden war, diente ausschließlich dazu, Langstreckenschlepper wieder aufzutanken und mit frischen Vorräten zu versorgen, und die Garderobe einer jungen Jedi-Ritterin war so ziemlich das Letzte, auf das die Leute hier achteten. Dieses Schiff jedoch, die *Steady Wing*, war auf dem Weg zur Einweihungsfeier der Starlight-Station, der großartigsten Errungenschaft der glorreichen Republik, und sollte nach diesem wichtigen Ereignis eine Gesandtschaft vom nahe gelegenen Planeten Dalna zurück nach Coruscant bringen. Da konnte sie hier nicht einfach in schlichten elfenbeinfarbenen, bestickten Kleidern auftauchen. Daher hatte sie sich extra „herausgeputzt“, auch wenn ihr in diesem feinen Gewand nicht ganz wohl zumute war.

Gleichwohl, allein der Gedanke an die Starlight-Station genügte bereits, um Vernestras Gedanken von der Mission und ihrem Vorsatz abzulenken, ihre Aufgabe so gut wie möglich zu erfüllen, um die Jedi stolz zu machen. Die Starlight-Station war eine gigantische Raumstation, teils Tempel und teils Zwischenstopp für die Republik. Die Bauarbeiten an der Station hatten eine halbe Ewigkeit gedauert – oder jedenfalls so lange, wie Vernestra zurückdenken konnte. Als Jüngling hatte sie die Älteren häufig darüber reden hören, wie die Starlight – das Sternenfeuer –, wie die Station oft einfach nur genannt wurde, die Galaxis bereichern würde, insbesondere die Planeten weitab des Kerns. Bessere Kommunikation, mehr Unterstützung durch die Republik ... Die Starlight-Station würde alles verändern. Die Raumstation der Republik in den Weiten des Äußeren Rands würde als sicherer Hafen in der „Wildnis“ des Alls fungieren, als Licht in der Finsternis. Die Station würde die Galaxis für alle zu einem besseren Ort machen.

Vernestra konnte sich glücklich schätzen, dass sie die Chance hatte, dieses Wunderwerk der Technik mit eigenen Augen zu sehen. Sie war stolz darauf, eine Jedi zu sein, und froh, dass die Macht ihr die Gelegenheit dazu gegeben hatte. Trotzdem versuchte sie, sich diesen Stolz nicht zu Kopf steigen zu lassen, auch wenn sie wusste, dass nicht allein die Macht für ihr Glück verantwortlich war, sondern genauso ihre eigene harte Arbeit. Doch während sie so dastand, die *Steady Wing* musterte und an die nächsten Wochen dachte, ertappte sie sich dabei, dass es ihr schwerfallen würde, sich ewig in dieser Art von Bescheidenheit zu üben.

Zu ihrer Verteidigung musste man sagen, dass ein sehr bewegtes Jahr hinter ihr lag. Vernestra hatte ihre Jedi-Prüfungen auf die Empfehlung ihres Meister hin früher abgelegt als die meisten anderen Padawane, und nicht wenige waren überrascht, als sie sie bestand. „Wer ist sie schon? Sie ist doch nichts Besonderes", hatten einige der anderen Padawanschüler gemurmelt, und damit hatten sie vollkommen recht. Vernestra war bloß ein mirialanisches Mädchen, das mit der Gabe der Macht gesegnet war, und es gab Hunderte andere Padawane und Jünglinge, die genauso waren wie sie.

Doch soweit Vernestra wusste, war sie die einzige Jedi überhaupt, der es bislang gelungen war, die Prüfungen im Alter von gerade einmal fünfzehn Jahren gleich beim ersten Anlauf zu meistern, in einem Alter, in dem die meisten Padawane noch in der Anfangsphase ihrer Ausbildung steckten. Und meistens verspürte Vernestra angesichts des Umstands, ein solches Ausnahmetalent zu sein, weder Überheblichkeit noch Hochmut, sondern vor allem die Bürde der Verantwortung, der Galaxis auf jede nur erdenkliche Weise zu helfen, auf die Art und Weise, die die Macht und der Jedi-Rat dafür am geeignetsten hielten.

Aber war es trotz allem so falsch, sich für einen Moment dem guten Gefühl hinzugeben, etwas *geleistet* zu haben? Sie schloss die Augen und spürte, wie die Macht alles durchströmte, während sie über ihre Gefühle und die Verpflichtungen nachsann, die vor ihr lagen. Selbst in diesem Moment, mit mittlerweile sechzehn Jahren, kam es ihr noch immer wie eine große Sache vor, eine echte Jedi-Ritterin zu sein. Sie würde ihr Bestes geben, um sich als würdig zu erweisen, solange man ihr die Möglichkeit dazu gab. Sie gelangte zu dem Schluss, dass es in Ordnung war, sich über diese erste

Mission zu freuen, selbst wenn das Ganze letzten Endes bloß ein Babysitter-Job war.

„Hey, haltet sie auf!"

Schlagartig verflog das Gefühl von Ruhe und Gelassenheit, das sie erfüllte. Als Vernestra die Augen öffnete, entdeckte sie einen Wartungsdroiden, der hinter einem kleinen, dunkelhäutigen Menschenmädchen herjagte, das auf einem Scoot-Speeder dahinschoss, der offenkundig aus allen möglichen Schrottbauteilen zusammengebastelt worden war. Das Haar umrahmte das Gesicht des Mädchens in einem Ring widerspenstiger Locken, und sie hielt einen hell strahlenden Energiekristall in einer ihrer behandschuhten Hände. Den Ausdruck freudigen Triumphes kannte Vernestra selbst nur allzu gut. Einmal mehr führte Avon Starros, die Tochter von Senatorin Ghirra Starros, nichts Gutes im Schilde!

Avon hatte Vernestra noch nicht gesehen, was diese zu ihrem Vorteil nutzte. Die Jedi hob ihre Hände, die Handflächen flach in Avons Richtung ausgestreckt, und stieß mit der Macht zu. Das Mädchen segelte rücklings von ihrem selbst gebauten Flitzer, doch anstatt sie auf den harten Boden krachen zu lassen, sorgte Vernestra dafür, dass Avon in der Luft schwebte, während ihr Gefährt wie festgefroren mitten in der Andockbucht stehen blieb. „Avon", sagte Vernestra zuckersüß. „Was geht hier vor?"

Avon drehte sich mitten in der Luft hängend zu ihr um, und als sie Vernestra erblickte, verdunkelte sich ihre glückliche Miene schlagartig. „Ach, *du*. Ich dachte, du seist längst an Bord des Schiffs."

„Nein, ich wollte vor dem Start noch ein letztes Mal durch den Außenposten streifen – und offenbar bin ich da nicht die Einzige ... Was hast du jetzt wieder angestellt?"

„Nichts! Ich habe nicht das Geringste gemacht! Keine Ahnung, warum du immer denkst, alles sei irgendwie meine Schuld, Vern."

Der grässliche Spitzname ließ Vernestra unwillkürlich mit den Zähnen knirschen. Meister Douglas Sunvale nannte sie so. Doch während sie nicht die Absicht hatte, einen Jedi-Meister deswegen zu tadeln, hatte sie kein Problem damit, diesbezüglich ein Mädchen in die Schranken zu weisen, das jünger war als sie selbst. „Bitte nenn mich nicht so!" Sie löste ihren Machtgriff und ließ Avon auf den Boden fallen, der jedoch nicht allzu weit unter ihr war. Der Flitzer, den Avon zweifellos aus Material zusammengebastelt hatte, das achtlos auf dem Raumhafen herumgelegen hatte, krachte ein Stück weiter in einen Stapel Frachtkisten.

„Du bist echt ein Miststück", ächzte Avon und streckte auf dem Boden theatralisch die Glieder von sich.

„So hoch war das nicht", entgegnete Vernestra, obschon sie zugeben musste, dass es etwas fies von ihr gewesen war, das Mädchen einfach fallen zu lassen.

„Den nehme ich", sagte der Wartungsdroide und pflückte Avon den Kristall aus der Hand, bevor er in die Richtung zurückstapfte, aus der er gekommen war. Vernestra ging zu Avon hinüber und hielt ihr die Hand hin, um ihr aufzuhelfen, aber das jüngere Mädchen starrte sie einfach nur böse an und kam von selbst wieder auf die Füße.

„Eines Tages, wenn ich die bedeutendste Erfinderin der Galaxis bin, werde ich ein Gerät entwickeln, das die Macht abblockt", erklärte Avon. „Und dann schauen wir mal, wie dir das gefällt."

Vernestra lachte. „Wir haben das doch schon besprochen, Avon. Die Macht ist nicht nur in uns, sondern auch überall um uns herum. Das ist nicht so wie bei deinen Energiekristallen. Es ist *unmöglich*, die Macht zu unterdrücken oder abzublocken. Und warum hast du überhaupt den Energiekristall von diesem Droiden genommen?"

Avon schnaubte. „Den habe ich für ein Experiment gebraucht, aber darüber werde ich dir mit Sicherheit nichts erzählen, Jedi. Denn ich weiß genau, dass du dir dann irgendwas einfallen lässt, um alles zu ruinieren! Abgesehen davon: Warum liest du nicht einfach meine Gedanken?" Das Mädchen verschränkte die Arme vor der Brust.

Vernestra seufzte. Sie und Avon stritten sich ständig. Doch das lag nicht daran, dass Vernestra das junge Mädchen nicht mochte. Ganz im Gegenteil! Sie fand Avons zahlreiche Erfindungen und Theorien unfassbar faszinierend. Doch Avon konnte es nicht leiden, wenn man ihr irgendetwas abschlug oder untersagte – was letztlich auch der Grund war, warum sie hier in Port Haileap gelandet war. Ihre Mutter, Senatorin Ghirra Starros, hatte sie hierhergeschickt, in der Hoffnung, dass Avon das angenehme Leben auf Coruscant ein wenig mehr zu schätzen wüsste, nachdem sie einige Zeit am Rande des Weltraums zugebracht hatte. Stattdessen jedoch hatte diese „Disziplinarmaßnahme" bloß dazu geführt, dass Avon noch mehr darauf erpicht war, ihr eigenes Ding zu machen – und für gewöhnlich bedeutete dies, dass sie aus irgendwelchen absurden Bauteilen Maschinen und Gerätschaften bastelte.

Eigentlich gab es keinen vernünftigen Grund dafür, warum Avon die Gesandtschaft erst zur Starlight-Station und dann nach Coruscant begleiten sollte. Ihre Mutter hatte nicht nach ihr geschickt, und sie hatte bei dieser Reise keine offizielle Funktion, aber Meister Douglas, der Marshal des Außenpostens, hatte eigens darum gebeten, dass Avon mitkam, weil der Sohn des Botschafters von Dalna auch zwölf Jahre alt war. Er hoffte, dass die beiden sich anfreunden würden, um so indirekt die Dalnaner in ihrer Meinung über die Republik ein wenig positiver zu stimmen. Das war letztlich auch Vernestras Hoffnung – wenn auch hauptsächlich, weil Avon dringend einen Freund brauchte.

„Miss Avon! Ihr seid spät dran! Sofern Ihr Euch nicht unverzüglich an Bord des Schiffes begebt, werde ich bei Eurem Flitzer die Verbindungsschläuche lösen. Wir werden sehen, wie gut er dann noch läuft!"

Ein roségoldener Droide, der so groß war wie Vernestra, kam zu ihnen herübermarschiert. J-6, Avons persönlicher Protokolldroide, war halb Aufseherin, halb Kindermädchen und nahm ihren Auftrag äußerst ernst. Zudem hatte sie ihre ganz eigene Art. Sie sprach anders als jeder andere Protokolldroide, der Vernestra je untergekommen war, und sie nahm an, dass Avon daran nicht ganz unschuldig war.

Avon seufzte schwer und strich sich ihr unzähmbares Haar aus dem Gesicht, bevor sie zu ihrem Flitzer hinüberging und ihn aufrichtete, um aufzusteigen. „Tja, scheint, als wäre das Spiel gelaufen. Ich hab's kapiert, Jott-Sechs, keine Sabotage notwendig. Kommst du, Vern? Das Schiff startet gleich, und du willst doch garantiert nicht hierbleiben, oder?"

Vernestra nickte lächelnd. Sie konnte es kaum erwarten, die Starlight-Station mit eigenen Augen zu sehen, selbst wenn das bedeutete, dass sie sich alle Mühe geben musste, dafür zu sorgen, dass Avon nicht ständig in Schwierigkeiten geriet. „Gehen wir."

Als sie auf die Einstiegsrampe der *Steady Wing* zugingen, blieb Vernestra plötzlich stehen und rang nach Luft. Avon warf ihr einen neugierigen Seitenblick zu. „Ist alles in Ordnung?"

Vernestra legte sich eine Hand auf die Brust und schaute zu der Stelle hinüber, wo sich ein Aqualishaner unweit der Rampe an einer Schalttafel zu schaffen machte.

Der Mechaniker erwiderte Vernestras Blick mit drei starren Augen. Sein unteres rechtes Auge fehlte – wo es einst gesessen hatte, befand sich blau tätowiertes Narbengewebe. Abgesehen davon hatte er nichts Besonderes an sich. Er trug denselben orangefarbenen Overall wie alle Wartungsmitarbeiter der Andockstation.

„Alles bestens", antwortete Vernestra schließlich auf Avons Frage. Vernestra schenkte dem Aqualishaner ein knappes Lächeln, doch er wandte sich ab, ohne weiter darauf zu reagieren, und kümmerte sich wieder um seine wie auch immer geartete Arbeit. Irgendetwas an dem Mann weckte in Vernestra Misstrauen, ein sonderbares Unbehagen, das sie sich nicht recht erklären konnte. Vermutlich war sie einfach nur nervös und aufgeregt wegen der Reise zur Starlight, schließlich handelte es sich hierbei um ihre erste richtige Jedi-Mission, und die wollte sie auf keinen Fall vermasseln. Deshalb erregten selbst irgendwelche Mechaniker, die bloß ihren Job machten, ihre Aufmerksamkeit – zumindest redete sie sich das ein, obwohl sie insgeheim ahnte, dass das vielleicht doch nicht alles war.

Vernestra verdrängte das merkwürdige Gefühl, begleitete Avon und J-6 an Bord der *Steady Wing* und versuchte, sich darauf zu konzentrieren sicherzustellen, dass das junge Mädchen vor dem Start nicht noch einmal entwischte. Damit hatte Vernestra bereits genug zu tun, auch ohne in jedem Winkel der Macht übel gesinnte Geister und Phantome zu sehen.

2. KAPITEL

Avon ging an Bord des Schiffs, links und rechts flankiert von J-6 und Vernestra. Sie konnte nicht anders, als das Lichtschwert anzustarren, das an Vernestras Hüfte hing. Die Waffe wurde von einem Kyberkristall gespeist. Sie hatte erstaunliche Dinge über diese Kristalle gehört, und bei dem bislang einzigen Mal, als sie gesehen hatte, wie die Jedi ihr Lichtschwert eingesetzt hatte, schimmerte die Klinge violett vor purer Energie. Avon hatte versucht, Vernestra dazu zu überreden, die Waffe näher in Augenschein nehmen zu dürfen, doch das ältere Mädchen hatte ihr diese Bitte höflich, aber bestimmt abgeschlagen.

„Eine Jedi und ihr Kyberkristall sind durch die Macht miteinander verbunden“, hatte Vernestra ihr erklärt. „Der Kristall singt für mich, und mein Geist antwortet diesem Ruf. Das ist nicht bloß irgendein Energiekristall, Avon. Tut mir leid, aber nein.“

Avon war schon vor einer ganzen Weile zu dem Schluss gelangt, dass das Schlimmste an Vernestra ihre ermüdende Freundlichkeit war. Stets entschuldigte sie sich bei Avon, wenn sie ihr irgendetwas verbieten musste. Das war fast genauso nervig wie das ständige Gemecker von J-6 wegen der Kleidung, die sie trug.

„Miss Avon, wir müssen uns jetzt in die Kabine begeben, die man Euch zugewiesen hat, damit Ihr Euch für das Abendessen zurechtmachen könnt. Zudem habe ich ein Kleid für Euch, das Eure Mutter geschickt hat – es ist perfekt für die Einweihungsfeier der Starlight-Station geeignet, muss jedoch hier und da noch ein wenig angepasst werden, bevor wir unser Ziel erreichen", erklärte das wandelnde roségoldene Ärgernis von Droide.

„Das ist eine gute Idee", sagte Vernestra. „Allerdings dürftest du zum Ändern des Kleids mehr als genug Zeit haben. Meister Douglas meinte, dass wir aufgrund der vermehrten Hyperraumunfälle in den letzten Wochen einen längeren Teil der Reise mit Unterlichtgeschwindigkeit fliegen werden, bis wir in der Mitte des Systems einen sicheren Sprungpunkt erreichen, um den Flug dann mit Lichtgeschwindigkeit fortzusetzen. Deshalb wäre es vermutlich nicht verkehrt, es sich bequem zu machen, denn wir werden eine ganze Weile an Bord sein."

„Oh, das freut mich zu hören", sagte J-6, und ihre mechanische Stimme überschlug sich schier vor Begeisterung. „Dieses Schiff ist hochmodern und unvergleichlich luxuriös. Ich kann es kaum erwarten, mich einzustöpseln und meine Programmierung zu aktualisieren. Außerdem ist es schon sehr lange her, dass meine Gelenke das letzte Mal geölt wurden." Der Droide warf Avon einen vielsagenden Blick zu.

Das Mädchen schnaubte. „Beim letzten Mal, als ich dir ein Upgrade verpassen wollte, bist du total ausgeflippt!"

„Aber nur, weil Ihr meinen Wortschatz um ein ganzes Verzeichnis aqualishanischer Schimpfwörter und Flüche erweitert habt! Ihr seid ein grässliches Kind, undankbar und gemein!"

Avon grinste, denn ungeachtet der Wortwahl zeugten die Äußerungen des weiblich programmierten Droiden nicht von echter Verärgerung. „Ja, aber erinnerst du dich, wie cool das war, als diese Weintransporter hier durchgekommen sind und du den Captain von denen begrüßen wolltest? Bis dahin wusste ich nicht mal, dass Aqualishaner *überhaupt* Sinn für Humor haben, aber diese Crew hat sich vor lauter Lachen ja gar nicht mehr wieder eingekriegt!"

Vernestras blassgrüne Haut wurde ein paar Schattierungen dunkler, und ihre Augenbrauen schossen so weit nach oben, dass sie fast den Haaransatz berührten. „Also deshalb musste Meister Douglas in die Andockbucht kommen und diesen Streit zwischen den Aqualishanern schlichten! Die haben nämlich nicht *gelacht*, Avon! Diese Pfiffe – das waren aqualishanische Herausforderungslaute. Weißt du, eines Tages wird dich der Unfug, den du ständig treibst, in ernste Schwierigkeiten bringen!"

Avon zuckte bloß mit den Schultern und tat Vernestras Ermahnung mit einem lässigen Winken ab. „Wie du meinst, Vern. Bist du immer noch dafür verantwortlich, dafür zu sorgen, dass ich auf dieser Reise tue, was ich tun soll?" Eigentlich hatte Avon vorgehabt, in Port Haileap zu bleiben. Sobald die Jedi unterwegs nach Coruscant und damit aus dem Weg gewesen wäre (denn die Macht schien Vernestra immer schon lange vor irgendwelchen Sensoren oder Wachdroiden zu verraten, dass ihr Schützling etwas im Schilde führte, was echt nervig war), wollte Avon letzte Hand an ihre neueste Erfindung legen: Antigrav-Schuheinlagen. Doch dann hatte J-6 angefangen, in ihrem Zimmer die Sachen zusammenzupacken, und gemeint, sie würden mit der Diplomatengesandtschaft von Dalna zur Starlight-Station reisen. Das einzig Gute dabei war, dass man Vernestra den Auftrag erteilt hatte, auf sie achtzugeben. Das bedeutete, dass Avon unterwegs vielleicht Gelegenheit haben würde, sich das Lichtschwert der Jedi doch noch in Ruhe ansehen zu können.

„Avon, du bist alt genug, um allein zum Abendessen zu gehen", sagte Vernestra mit einem freundlichen Lächeln. Die Art, wie sie die Augen zusammenkniff, sorgte dafür, dass sich die Tätowierungen links und rechts der Augen dichter aneinanderdrängten. Wie die meisten Mirialaner zierten auch Vernestra die Male ihrer Familie: sechs winzige schwarze Rauten, die sich jeweils in zwei Dreierreihen neben ihren Augen befanden. „Ich bin hier, um dafür zu sorgen, dass dir und dem Sohn des Botschafters nichts geschieht – ich bin *nicht* deine Privatsekretärin, und es ist auch nicht meine Aufgabe, dir nach dem Essen den Mund abzuwischen. Als ich in deinem Alter war, war ich bereits eine Padawanschülerin und habe zusammen mit meinem Meister die Galaxis bereist. Da wirst du es mit Sicherheit hinbekommen, dich selbstständig fürs Abendessen umzuziehen."

Avon starrte Vernestra finster an. „Das ist doch gerade mal zwei Jahre her oder so. Hör gefälligst auf, so zu tun, als wärst du so ungeheuer erwachsen", murmelte sie, auch wenn ihr vollkommen klar war, dass sie selbst sich alles andere als erwachsen verhielt, indem sie der Jedi Widerworte gab.

Hmpf!

Nicht, dass ihr Einwand Vernestra auch nur im Mindesten zu interessieren schien. Avon winkte ihrer „Aufpasserin" flüchtig zu und marschierte dann den Korridor entlang, um ihre Kabine zu suchen. Sie wandte sich an J-6. „Ich nehme an, du weißt, wo man uns einquartiert hat?"

„Selbstverständlich, Miss Avon. Das ist schließlich meine Aufgabe, nicht wahr?"

Avon verzichtete auf einen Kommentar und folgte stattdessen J-6. Ihre schlechte Laune legte sich ein wenig. Die Antwort des Droiden war alles andere als herzlich gewesen, doch im Gegensatz zu den meisten anderen Leuten, die ein solches Verhalten bei einem Protokolldroiden vermutlich für einen Programmfehler halten würden, war Avon davon begeistert. Vor einem Monat hatte sie J-6 zusammen mit dem Verzeichnis neuer Schimpfwörter (von denen es zuvor bloß ein halbes Dutzend gab) einen langsam wirkenden Code aufgespielt, der die Werksprogrammierung nach und nach untergraben und so letztlich dafür sorgen würde, dass J-6 sich praktisch selbst neu programmierte. Avon hatte es schon immer missfallen, wie Droiden bei der Fertigung eine starre, unflexible Persönlichkeit verpasst bekamen. Irgendwie schien es ihr fairer zu sein, J-6 selbst entscheiden zu lassen, was für eine Art Droide sie sein wollte. Avon hoffte, dass J-6 so am Ende interessanter sein würde als ein normaler Protokolldroide, der viel zu viel Wert auf Etikette legte.

Sie bogen um die Ecke in einen anderen Gang. Eine Frau mit knallrosa Haar, die einen ölverschmierten Overall trug und wie ein Mensch aussah, kam auf sie zugelaufen. Sie war so damit beschäftigt, über ihre Schulter nach hinten zu schauen, dass sie Avon und J-6 überhaupt nicht bemerkte – und bevor Avon eine Warnung von sich geben konnte, stieß die Frau auch schon geradewegs mit dem Protokolldroiden zusammen. J-6 rührte sich nicht vom Fleck, aber die Frau strauchelte und taumelte rückwärts, bevor sie hinfiel und hart auf dem Hintern landete.

Eigentlich war das Ganze recht lustig, und Avon konnte nicht umhin, leise zu kichern. „Alles in Ordnung?“, fragte sie. Die Frau sprang wieder auf die Beine und vermied es, Avon in die Augen zu sehen. Ein Stück Silberdraht war kunstvoll durch ihre Unterlippe gefädelt – das Metallpiercing durchbohrte mehrfach die Haut, sodass es fast den Eindruck erweckte, als wäre ihr Gesicht damit genäht worden. Der Anblick war ziemlich merkwürdig und erinnerte Avon ein bisschen daran, wie die Mon Calamari ihre Barteln – jene komischen, wie „Schnurrhaare" wirkenden Auswüchse rings um den Mund – gern mit Perlen und anderem Schmuck verzierten. Avon war ganz fasziniert davon und wollte die Frau fragen, ob es wehgetan hatte, den Draht durch die Lippe zu ziehen.

Doch die grimmige Miene der Frau machte deutlich, dass das vielleicht keine so tolle Idee war. „Alles okay", blaffte sie. „Du solltest deinem Droiden lieber mal beibringen, dass er besser aufpasst, wo er hingeht."

„Und Sie sollten überhaupt erst einmal darauf achten, wo Sie selbst hingehen!", entgegnete J-6.

Avon frohlockte. Oh nein, das gehörte definitiv nicht zur ursprünglichen Programmierung des Protokolldroiden! Ausgezeichnet! Das würde sie sich später genauer ansehen.

Die rosahaarige Frau erwiderte nichts darauf, sondern drängte sich einfach wortlos an ihnen vorbei und eilte weiter in die Richtung, aus der Avon und J-6 gerade gekommen waren. Das Mädchen und der Droide begaben sich indessen zu ihrer Kabine, um sich für das Abendessen zurechtzumachen, und es dauerte nicht lange, bis beide den Vorfall auch schon wieder vergessen hatten.

3. KAPITEL

Honesty Weft wollte nicht im Weltraum sein. Er hatte weder Lust, sich schick anzuziehen, noch sehnte er sich nach einem Galadiner, und vor allem widerstrebte es ihm, den lieben dalnanischen Botschaftersohn zu spielen. Trotzdem war er hier, an Bord der *Steady Wing*, um all das zu tun, was er eigentlich hasste. Was *er selbst* wollte, interessierte wie üblich niemanden.

„Hast du vor, weiter grummelig in den Spiegel zu starren, oder ziehst du dich jetzt endlich fertig um?"

Honestys Vater kam in den Raum. Botschafter Weft hatte bereits die schlichte, förmliche Garderobe der dalnanischen Diplomatengesandtschaft angelegt: eine hellbraune Tunika mit hohem Kragen und eine dazu passende Hose. Sogar seine Stiefel waren eher unauffällig. Dalnaner hielten nichts von Schnickschnack oder Oberflächlichkeit – nicht einmal die für gewöhnlich gern prahlenden Pantoraner, die sich ebenfalls auf dem Planeten niedergelassen hatten, der vor allem für seine Landwirtschaft bekannt war.

„Du könntest mich ja vielleicht einfach beim Abendessen entschuldigen …", sagte Honesty hoffnungsvoll, während er an dem unbequemen Kragen herumzupfte.

„Das klingt nicht unbedingt wie die Worte eines Kämpfers", entgegnete der Botschafter. Ein Lächeln huschte über sein sonnengebräuntes Gesicht. Er half Honesty, den Kragen in die richtige Position zu bringen, wobei sein Lächeln immer mehr verblasste, bis er schließlich seine übliche, ausdruckslose Miene zur Schau stellte.

Sein Vater hatte Honesty einmal erklärt, das Schwierigste am Job eines Botschafters sei, dass man die anderen nicht wissen lassen durfte, was man dachte. Honesty hatte mehr als einmal versucht, sich mit der gleichen Aura höflichen Interesses wie sein Vater zu umgeben, doch letzten Endes kam immer die latente Grimmigkeit durch, die für *ihn* so charakteristisch war. Noch ein Grund mehr, warum er selbst niemals Botschafter werden würde. „Da ich meine Wandlung verpasse, werde ich niemals *irgendwas* sein."

Sein Vater seufzte, legte noch rasch letzte Hand an Honestys Kragen und setzte sich dann auf die Bettkante seines Sohnes. „Das schon wieder."

„Ja, das schon wieder", sagte Honesty, ohne sich Mühe zu geben, seine Frustration zu verbergen, während er sich die Tunika zurechtrückte. „Alle sind gerade dabei, sich auszuprobieren, um herauszufinden, welcher Beruf am besten zu ihren Neigungen und Interessen passt, und ich bin hier! Wenn ich wieder zurückkehre, werden alle schon erste Erfahrungen auf ihrem Gebiet gesammelt haben, und ich hocke immer noch zusammen mit den Babys in der Krippe!"

„Manchmal ist es nicht verkehrt, sich Zeit zu lassen", meinte Botschafter Weft. „Sei nicht immer so wild darauf, bei allem stets der Erste zu sein. Bisweilen ist das erste Tier einer Herde auch das, das als Erstes auf dem Grill landet."

„Ich rede hier nicht von einer dämlichen Farm – ich spreche von meinem *Leben*!", rief Honesty.

Sein Vater stand auf. „Ich werde nicht die gesamte Reise über mit dir darüber diskutieren, warum du hier bist. Deine

Mutter und ich haben eine Entscheidung getroffen, und wir erwarten von dir, dass du sie respektierst. Dalna eine Zeit lang den Rücken zu kehren und etwas anderes zu sehen, wird dir eine vollkommen neue Perspektive verschaffen, die sich für dich als hilfreich erweisen wird, ganz gleich, welchen Beruf du letzten Endes wählst. Wenn du nicht willst, dass man dich wie ein Kleinkind in der Krippe behandelt, dann hör auf, dich wie eins zu benehmen." Sein Tonfall war ruhig und gelassen, auch wenn seine Worte sich für Honesty wie ein verbaler Schlag ins Gesicht anfühlten. „Du hast die einmalige Chance, Zeuge zu sein, wie Geschichte geschrieben wird. Wenn Dalna sich der Republik anschließt, herrschen endlich auch in unserem Sektor der Galaxis Sicherheit und Ordnung. Du kannst aus erster Hand erfahren, wie Diplomatie funktioniert, und vielleicht ergibt es sich sogar, dass du die Kanzlerin höchstpersönlich triffst. Ich würde dir empfehlen, eine solche Gelegenheit lieber zu schätzen zu wissen, anstatt dich aufzuführen wie ein verzogenes Zeftgeist, das zu viel Getreide gefressen hat."

Honesty öffnete den Mund, um seinem Vater Widerworte zu geben, aber der Botschafter war bereits auf den Beinen und ging zur Tür.

„Janex und der Rest der Delegation werden jeden Augenblick hier sein. Ich erwarte, dass du sie mit einem Lächeln und Worten freudiger Erwartung willkommen heißt, ohne irgendwelches Geschmolle. Bitte enttäusch mich nicht."

Damit verließ der Botschafter den Raum und ließ Honesty mit den Tränen wütender Frustration allein, die ihm die blassen Wangen hinabliefen.

4. KAPITEL

Später, nach dem Start und einer ausgedehnten, tiefen Meditation, betrat Vernestra den Speisesaal, in dem das Galadiner stattfinden sollte. Sie war konzentriert, ruhte in sich und war gespannt auf die Reise. An Bord des Schiffs gab es sechs gastronomische Bereiche, aber der vornehmste, in dem man außerdem mehr für sich war als irgendwo anders, war extra für die dalnanische Delegation reserviert, wie ein Servierdroide Vernestra versicherte. Sie ärgerte sich über sich selbst, als sie feststellte, dass sie zu den Letzten gehörte, die sich zum Essen einfanden. Meister Douglas und sein Padawan, Imri Cantaros, saßen bereits an einem Ende des Tisches, neben einigen Männern und Frauen, die Vernestra nicht kannte. Von Avon war weit und breit nichts zu sehen, aber Vernestra war sich sicher, dass J-6 dafür sorgen würde, dass das Mädchen zu diesem offiziellen Anlass erschien. Deshalb schob sie diese Bedenken beiseite und ging mit großen, selbstbewussten Schritten auf den Tisch zu, der mit einer nahezu unvorstellbaren Menge silbernen Bestecks gedeckt war.

„Vern! Du kommst gerade noch rechtzeitig", sagte Meister Douglas grinsend.

Vernestra verzog das Gesicht. „Meister Douglas, ich hoffe, Ihr wisst, dass Avon Starros mich dank Euch mit Vorliebe *Vern* nennt. Offensichtlich färbt Ihr auf sie ab."

Douglas lachte herzhaft und sorgte dafür, dass sich selbst

die mürrisch dreinblickenden Dalnaner links und rechts von ihm ein flüchtiges Lächeln nicht verkneifen konnten. „Na, das will ich doch hoffen! Dieses Mädchen ist ein Genie. Avon gehört jetzt schon zu den größten kreativen Köpfen ihrer Generation. Es wäre mir eine Ehre, zu denen zu zählen, die sie beeinflusst haben."

Vernestra lächelte und ließ sich auf dem Platz nieder, den der Servierdroide ihr zuwies, direkt neben Imri. Als sie sich setzte, ließ Vernestra den Blick neugierig über ihre Tischnachbarn schweifen. Meister Douglas war ein großer Mensch, stämmig und auffällig. Er unterhielt sich gern und hatte ein unglaublich entspanntes Wesen – ganz anders als Vernestras Meister Stellan. Douglas' blasses Gesicht wurde von einem dunklen, dichten Zauselbart beherrscht, und man sah seinem Gewand an, dass er es noch nicht besonders oft getragen hatte. Für gewöhnlich trug er lieber die schlichte Tunika und die dazu passende Hose der Randsiedler, die man auch auf Planeten wie Dalna fand. Zwar hatte er sein Lichtschwert dabei, wie es sich für einen ordentlichen Jedi gehörte, aber das war auch schon der einzige Hinweis auf seinen Status. An diesem Abend hatte er den formellen Waffenrock eines Jedi-Meisters angelegt, und obwohl das Kleidungsstück verriet, dass es offensichtlich in aller Eile übergestreift worden war, wirkten die goldenen Schnörkel auf dem schlichten beigen Stoff eindrucksvoll.

„Ich habe den ganzen Nachmittag danach gesucht", flüsterte Imri Vernestra verschwörerisch zu. „Zum Glück hatte ich noch einen zweiten angefordert." Der Menschenjunge stammte ursprünglich von Genetia, auch wenn er die meisten Jahre als Jüngling im Großen Tempel auf Coruscant zugebracht hatte. Imri war groß gewachsen und breitschultrig, sodass er mit seiner kräftigen Statur perfekt zu seinem Meister passte. Seine Haut war weiß. Er hatte einen Schopf goldblonder Haare, freundliche braune Augen und die verblüffende Gabe, die Gefühle und Gedanken der Leute um sich herum wahrzunehmen.

„Meister Douglas hat Glück, dass er dich hat", meinte Vernestra mit einem gütigen Lächeln.

Imri lachte. „Ich habe Glück, dass ich *ihn* habe! Ich habe es noch immer nicht geschafft, mein Lichtschwert neu zusammenzubauen. Dabei war es beim ersten Mal so einfach! Aber jetzt kommt es mir jedes Mal, wenn ich es wieder zusammensetze, irgendwie falsch vor."

„So was kommt vor. Aber mach dir deswegen keine Sorgen, das wird schon. Hast du je daran gedacht, Douglas zu bitten, dich im Tempel die Empathentests absolvieren zu lassen?", fragte Vernestra. Die Emotionen anderer zu spüren, war eine ausgesprochen seltene Machtfähigkeit, doch andererseits waren dies wundervolle Zeiten voller spannender, positiver Entwicklungen. Mehr und mehr schien es, als würde es den Jedi gelingen, ihr Licht in der ganzen Galaxis zu verbreiten und so das Leben aller besser zu machen. War das nicht der Grund, warum die Republik die Starlight-Station überhaupt gebaut hatte? Wegen des Wohlwollens der Jedi?

Imri schüttelte den Kopf. „Das hat nichts mit der Macht zu tun, Vernestra – bloß damit, aufmerksam und fokussiert zu sein. Hey, denkst du, du könntest mir etwas von deinen Prüfungen erzählen?", raunte er. „Douglas findet, ich sollte allmählich anfangen, dafür zu üben, aber ich weiß nicht so recht. Ich habe nicht das Gefühl, dass ich dafür schon bereit bin."

Vernestra beugte sich lächelnd noch dichter zu Imri vor. „Lass dir damit ruhig noch ein bisschen Zeit. Ich habe meine

Prüfungen nur deshalb so frühzeitig abgelegt, weil Meister Stellan fand, ich sei so weit." Als Imris hoffnungsvolle Miene ein wenig in sich zusammenfiel, legte Vernestra ihm tröstend die Hand auf seine Schulter. „Keine Sorge, Imri! Du hast noch jede Menge Zeit. Bist du nicht gerade erst vierzehn geworden?"

„Ja, aber …" Imri hielt inne und seufzte. „Ich bin *bereit,* ein Jedi-Ritter zu werden!"

„Du bist dazu bereit, wenn die Macht dir sagt, dass du es bist", versicherte Vernestra ihm sanft.

Imri seufzte erneut. „Genau das sagt Meister Douglas im Grunde auch. Übrigens, erinnere ihn unbedingt daran, dass er dich den Dalnanern vorstellen soll. Die haben Geschichten über dich gehört und sind ganz aufgeregt, eine lokale Berühmtheit wie dich kennenzulernen."

Vernestra überkam eine Woge freudiger Verlegenheit, doch bevor sie dazu kam, etwas zu erwidern, stand Douglas bereits auf und räusperte sich – offensichtlich hatte er Imris Worte gehört.

„Ach ja, danke für den dezenten Hinweis, mein lieber Padawan." Der Jedi zeigte sich amüsiert und wies mit der Hand auf Vernestra. „Verehrte Botschafter Weft, Janex und Starstriker, bitte erlaubt mir, Euch den ganzen Stolz von Port Haileap vorzustellen, Vernestra Rwoh. Vernestra hier – wir nennen sie einfach nur Vern – ist die seit sehr langer Zeit jüngste Padawanschülerin, die die Jedi-Prüfungen bestanden hat. Wir erwarten alle Großes von ihr!"

„Was genau passiert bei diesen Jedi-Prüfungen?", fragte Botschafter Weft. „Werden dabei die Körperkraft oder der Intellekt auf die Probe gestellt?" Das Gesicht des Mannes war übersät von tiefen Falten, als hätte er ein schwieriges

Leben geführt. Sein Haar war feuerrot und seine Haut gebräunt, wenn auch nicht so dunkel wie die von Avon. Er sah aus, als würde er viel Zeit im Freien verbringen, draußen in der Wärme der beiden Sonnen von Dalna.

Botschafter Weft und sein Sohn waren die einzigen Menschen der Delegation, die übrigen Dalnaner waren Pantoraner, Trandoshaner oder Weequays. Alle trugen schlichte Gewänder und Hosen sowie kniehohe, praktische Stiefel. Und alle stellten dieselbe ernste Miene zur Schau und waren mit einem kleinen Arsenal von Blastern bewaffnet – eine Machtdemonstration, die andere republikanische Gesandte auf dem Planeten eingeschüchtert hatte. Vor rund hundert Jahren hatte es auf Dalna Krieg gegeben. Als Reaktion darauf hatte sich die dortige Bevölkerung zu einer ausgesprochen wehrhaften Kultur entwickelt, die ständig für den Kampf trainierte.

„Die Prüfungen fordern beides", sagte Vernestra lächelnd, um die Frage des Botschafters zu beantworten. „Sie sind dazu gedacht, die individuellen Stärken und Schwächen eines Jedi zu testen."

„Keine zwei Prüfungen sind gleich", erklärte Douglas und klopfte dem Botschafter auf die Schulter, als wären sie alte Freunde. „Ich habe gehört, dass Eure Wandlungsprüfungen auf Dalna ganz ähnlich sind."

„Nicht annähernd", meinte Botschafterin Janex, eine Pantoranerin, mit einem höflichen Lächeln. Sie trug die gleiche kakifarbene Kleidung wie die übrigen Angehörigen der dalnanischen Delegation, doch bei ihr sorgte der braune Stoff dafür, dass ihre blaue Haut sogar noch strahlender wirkte, als sie ohnehin schon war. „Unsere Wandlung prüft die Stärke unserer Kinder, aber nur, um sie auf die harschen Realitäten des Lebens auf unserem Planeten vorzubereiten. Es geht mehr darum, für jeden die geeignetste berufliche Tätigkeit zu finden."

„Genau", pflichtete Botschafter Weft ihr bei. Seine Stimme klang ausgeglichen und sanft. „Die Prüfungen meines Sohnes Honesty beispielsweise werden sich vornehmlich auf den Nahkampf konzentrieren, auf das Gefecht Mann gegen Mann, da er sein Interesse ausgedrückt hat, sich unserem Militär anzuschließen."

Bei der Erwähnung der Wandlung schaute Honesty hinunter auf seinen Schoß, und Vernestra fragte sich, ob er aufgeregt wegen seiner Prüfungen war – oder Angst davor hatte. Doch dann fuhr Botschafter Weft fort, und sie wandte ihre Aufmerksamkeit wieder dem älteren Mann zu.

„Man wird testen, wie gut er sich selbst verteidigen und unter unwirtlichen Bedingungen überleben kann – beides Fähigkeiten, die zwingend nötig sind, um sich im Kampf zu behaupten."

„Warum soll man sich im Kampf behaupten müssen, wenn der letzte Krieg ein volles Jahrhundert zurückliegt?"

Alle drehten sich um und sahen Avon und J-6 an, die gerade eintraten. Avons Worte hinterließen bei den Versammelten fast genauso viel Eindruck wie ihre Unpünktlichkeit. „Verzeiht, dass ich zu spät bin. Seit meiner letzten Kleideranprobe scheine ich ein paar Zentimeter gewachsen zu sein. Gestattet Ihr, dass ich mich vorstelle? Avon Starros, Tochter von Senatorin Ghirra Starros. Verehrte Botschafter, bitte lasst mich Euch die wärmsten Grüße der Republik übermitteln und Euch alle an Bord dieses wundervollen Schiffs begrüßen, das meine Mutter Euch geschickt hat."

Botschafterin Janex zog eine Augenbraue hoch. „Die Kanzlerin hat uns dieses Schiff geschickt."

Avon lächelte höflich. „Und wer, denkt Ihr, hat die Regierung davon überzeugt, die dafür nötigen Mittel bereitzustellen? Wie Ihr sicherlich wisst, ist meine Mutter fest entschlossen, dafür zu sorgen, dass die Republik noch zu ihren Lebzeiten um das Doppelte wächst. Wir sind, wie es so schön heißt, zusammen nun einmal stärker als jeder für sich allein. Wenn Dalna sich der Republik anschließt, profitieren wir alle davon. Hoffentlich werdet Ihr das auf dieser Reise erkennen."

Die dalnanische Delegation murmelte etwas, aber Avon sagte nichts mehr, sondern machte lediglich einen kurzen Knicks.

Vernestra versuchte, das junge Mädchen nicht mit offenem Mund anzustarren. Die Avon, die da vor ihnen stand, hatte Vernestra bisher noch nicht kennengelernt. Die störrischen Locken des Mädchens waren zu beiden Seiten des Kopfes nach hinten gekämmt, und sie trug so viele Rüschen an ihrem Gewand, dass sie wie eine Mischung aus einem Nadelbaum und einem Stück Konfekt aussah. Ihr Kleid bestand aus mehreren Lagen creme- und pfirsichfarbener Gnostrafasern, als Hommage an den Gnostrastrauch, eine natürliche Ressource auf Dalna, und seine schier grenzenlosen Verwendungsmöglichkeiten. Doch obwohl Avon rein äußerlich wie ein vollkommen anderes Mädchen wirkte als das, das Vernestra kannte, ließ sie sich mit gewohnter Lässigkeit auf ihrem Stuhl nieder, dem einzigen noch freien Platz am Tisch, gleich neben Honesty Weft, einem braunhaarigen Jungen mit blasser Haut und Sommersprossen. Er war das Ebenbild seines Vaters, Botschafter Weft, nur ihre Haarfarbe unterschied sie voneinander.

„Auch im Laufe des vergangenen Jahrhunderts hat es auf unserem Planeten Kämpfe gegeben", erklärte der Junge mit leiser, kaum verständlicher Stimme. „Der Frieden, für den sich die Republik so rühmt, findet sich nicht zwangsläufig auch auf all ihren Planeten."

„Oder auf ihren Hyperraumrouten", warf Botschafterin Janex ein und nahm einen großen Schluck von ihrem roten Gnostrabeerenwein, ehe sie fortfuhr: „Wie ich höre, geht man davon aus, dass die kürzliche Hyperraumkatastrophe auf einen Sabotageakt zurückzuführen ist."

„Auf Sabotage?", fragte Avon und streckte die Hand nach einem Glas desselben Weins aus.

J-6 ging jedoch rasch dazwischen und schenkte dem Mädchen stattdessen ein großes Glas rosa Gnostrabeerensaft ein. Für einen kurzen Moment geriet das Lächeln, das Avon der Diplomatendelegation auf der anderen Seite des Tisches schenkte, ins Wanken. Dann war das streitsüchtige Mädchen also doch noch da unter all diesen Rüschen. Irgendwie war Vernestra froh darüber.

„Ja", sagte Botschafterin Janex, die sich zusehends für das Thema erwärmte. Ihre blauen Wangen glänzten merklich. „Die Zerstörung der *Legacy Run* war der Auslöser einer ganzen Reihe verheerender Katastrophen, die die Leute als Emergenzen bezeichnen. Offenbar tauchen dabei Teile des Schiffswracks vollkommen unvorhergesehen und wahllos in der ganzen Galaxis auf."

„Die bemerkenswerteste Emergenz hat sich im Hetzal-System ereignet", sagte Imri. Es waren seine ersten Worte an die Versammelten, seit sie alle am Tisch Platz genommen hatten. „Meister Douglas hat geholfen, dort viele Leben zu retten."

„Imri hat recht. Als Jedi, der beauftragt wurde, sich dieser Tragödie anzunehmen, kann ich Euch versichern, dass alles getan wurde, was nur irgend getan werden *konnte*", erklärte Douglas mit seiner üblichen guten Laune. „Eine herzerweichende Katastrophe, gewiss, aber die Jedi und die Republik haben sich zusammengetan, um sich nicht bloß um das Desaster an sich, sondern auch um die Emergenzen zu kümmern, die sich daraus ergeben haben. Und jetzt gibt es nichts mehr zu befürchten."

Botschafterin Janex tippte sich gegen die Lippen. „Seid Ihr Euch da sicher? Die Nachrichtenmeldungen scheinen anzudeuten, dass die Jedi zwar schnell und effizient reagiert haben, doch der Grund dafür, dass es nach wie vor zu diesen ... Emergenzen ... kommt, nicht der ist, dass das havarierte Schiff noch immer für Störungen der Hyperraumrouten sorgt, sondern dass die Saboteure nach wie vor da draußen sind und Unheil stiften."

Meister Douglas schüttelte den Kopf. „Vertraut mir, verehrte Botschafterin. Wie ich schon sagte, es gibt nichts zu befürchten! Der Hyperraum ist so sicher wie eh und je – ja, sogar noch viel sicherer als früher, seitdem die Republik vor hundert Jahren ihr Kartografieprojekt gestartet hat."

„Dann werden wir also durch den Hyperraum reisen", sagte Avon.

Douglas nickte. „In einer Weile, ja. Ich habe vorhin mit dem Piloten gesprochen, und die meisten Eintrittspunkte zu den Hyperraumrouten in diesem System sind nach wie vor geschlossen, deshalb müssen wir vor dem Sprung einen kleinen Umweg machen. Dadurch verlängert sich unsere Reise zwar um einen Tag, aber soweit es mich betrifft, verschafft uns das lediglich einen guten Vorwand, um durch die prachtvollen hängenden Gärten im pantoranischen Stil auf Deck drei zu spazieren, anstatt zu arbeiten!"

Die Erwachsenen am Tisch lachten. Vernestra hingegen runzelte die Stirn. Es gefiel ihr nicht, dass sie durch den Hyperraum fliegen würden, aber sie vermochte nicht zu sagen, ob der Grund dafür einfach ihr eigenes Unbehagen darüber war, diese Route zu nehmen, oder ob die Nervosität der dalnanischen Delegation auf sie abfärbte. Nach der Diskussion über die Vorfälle im Hyperraum wirkten sie alle ein wenig beunruhigt. Douglas hatte ihr erklärt, dass die Dalnaner ihre Heimatwelt nur selten verließen und Weltraumreisen grundsätzlich ablehnten, also stammte das ungute Gefühl vermutlich daher.

Die Servierdroiden kamen näher und begannen, allen den ersten Gang aufzutischen. Doch das Essen stand kaum vor ihnen, als ein heftiger Ruck durch das Schiff ging – und dann noch einer.

„Ach du liebe Güte!", rief der pantoranische Botschafter aufgeregt. „Vielleicht ein Trümmerteil?"

Douglas grinste, aber sein Lächeln verschwand ein wenig zu schnell aus seinem Gesicht, um echt zu sein. „Sterne!", keuchte er. Er streckte die Hände aus ...

Vernestra hatte das Gefühl, als würde sie von einer unsichtbaren Kraft auf den Stuhl gedrückt. In diesem Moment spürte auch sie die Erschütterung in der Macht. Es fühlte sich an, als würde eine Klinge sie durchbohren, ein scharfes Schwert aus Furcht und Panik. Doch dieses Gefühl stammte nicht von einem ihrer Gefährten – sondern von jedem anderen Lebewesen an Bord des Schiffs. Lautes Getöse war zu vernehmen. Es rumste mehrmals. Dann plärrten Alarmsignale los – just als die Decke des Speisesaals weggerissen wurde, um die Sterne jenseits davon zu enthüllen.

„Festhalten!", rief Meister Douglas und setzte die Macht

ein, um dafür zu sorgen, dass alle sicher am Tisch sitzen blieben. Das Notfallschott an der Decke – eine Art Metallvorhang aus ineinandergreifenden Platten – begann sich zu schließen, kam dann aber mit einem durchdringenden Kreischen zum Stillstand, sodass es mehrere Meter weit offen blieb. Gleichzeitig krachten die Türen des Speisesaals zu, und auf einmal stand ihnen bloß noch die Luft zur Verfügung, die sich im Raum befand – und die entwich rasend schnell ins All!

„Das Schott klemmt!", rief Avon. J-6 stand hinter ihr und hielt sie fest.

Das Vakuum des Alls saugte die verfügbare Atmosphäre aus dem Schiff und erzeugte dabei einen Sog, der Vernestra das Wasser in die Augen trieb. Droiden flogen in die Schwärze hinaus, Geschirr und Tischdecken, während Vernestra sich darauf konzentrierte, ihre eigenen Kräfte einzusetzen, damit alle am Tisch sitzen blieben und nicht in die tödliche Leere hinausgezogen wurden. Doch wenn es ihnen nicht gelang, das Schott zu schließen, würden all ihre Bemühungen vergebens sein. Dann würden sie ganz schnell ersticken.

„Vern, du musst das in Ordnung bringen. Denkst du, du kriegst das hin?" Meister Douglas hatte die Augen geschlossen, und die Anstrengung, dafür zu sorgen, dass alle dort blieben, wo sie waren, trieb ihm den Schweiß auf die Stirn.

Vernestra warf einen raschen Blick nach oben, und das Herz sackte ihr bis in die Kniekehlen. Das, was der Meister von ihr verlangte, schien unmöglich zu sein. Wie sollte sie verhindern, ins All gesaugt zu werden, so wie alles andere auch? Doch sie verdrängte ihre Zweifel und sagte: „Bin schon dabei!" Vernestra löste ihren Machtgriff um die Leute am Tisch und überließ sie der Obhut von Meister Douglas. Sie stand auf, und nur die Macht verhinderte, dass sie sofort davonflog. Immer wieder segelten irgendwelche Gegenstände aus den Winkeln und Ecken des Saals vorbei.

Vernestra schaute wieder hoch zu dem Schott und erkannte, was das Problem war. In der unteren Laufschiene hatte sich ein Stuhl verklemmt, und damit sich die Notlamellen komplett schließen konnten, musste sie ihn entfernen. Vernestra holte ihr Lichtschwert hervor, atmete tief durch und löste ihren Machtgriff, sodass sie vom Vakuum in Richtung All gesaugt wurde.

Der Strom der Luft, die aus dem Speisesaal entwich, zog Vernestra nach oben. Sie war so angespannt wie selten zuvor in ihrem Leben. Ein Teller flog an ihrem Kopf vorbei, und sie lehnte sich nach hinten, um nicht davon getroffen zu werden, doch die überraschende Bewegung sorgte dafür, dass sie ins Trudeln geriet und sich plötzlich um die eigene Achse drehte. In einem Moment war ihr Kopf unten, dann wieder oben, dann wieder unten. Für einen flüchtigen Augenblick überkam sie Panik. Dann drehte Vernestra ihren Körper und korrigierte die Flugbahn – nur um gegen die Kante der Führungsschiene zu krachen. Sie suchte fieberhaft nach Halt und versuchte, sich aufzurichten. In der Theorie war Fliegen viel, viel einfacher als in der Praxis!

„Du machst das super, Vern!“, rief Avon.

Vernestra schaute zu den Leuten unter ihr hinab. Avon wirkte so klein und verängstigt, und dieser Junge, Honesty, sah nicht viel besser aus. Das verlieh Vernestra einen Schub zusätzlicher Motivation. Sie war eine Jedi, und die Jedi beschützten alles Leben. Sie würde es schaffen!

Das Vertrauen in die eigenen Fähigkeiten erfüllte Vernestra mit neuer Energie. Die Macht war mit ihr, überall um sie herum. Die Macht war in ihr und durchströmte sie, als sie mit gezücktem Lichtschwert über das Schott lief, das lavendelfarbene Licht der Klinge so unerschütterlich wie ihre Entschlossenheit. Nun verspürte sie kein einziges Fünkchen Zweifel mehr. Sie holte aus, schlug nach dem Stuhl, der die Führungsschiene blockierte – und rasierte dabei versehentlich auch ein Stück des Notschotts ab.

Doch die Metallplatten setzten sich wieder in Bewegung! Vernestra hastete weiter, über die Lamellen, und durchschnitt mit ihrem Lichtschwert eifrig auch noch alle anderen Trümmer, die das Schott daran zu hindern drohten, sich vollständig zu schließen. Dabei schwebte sie stets einige Zentimeter über dem Metall, und als das Schott schließlich zuglitt, um den Hüllenbruch zu versiegeln, und das Tosen der entweichenden Luft erstarb, vollführte sie einen Rückwärtssalto und ließ sich langsam hinuntersinken. Als ihre Stiefel einen Moment später wieder den Boden berührten, redeten alle aufgeregt durcheinander.

Meister Douglas hielt eine Hand in die Höhe, und der Tumult verstummte. „Wir müssen das Schiff evakuieren!"

„Was ist passiert?", wollte Botschafter Weft wissen. Seine Augen quollen ihm vor Panik förmlich aus den Höhlen.

„Ich glaube, die *Steady Wing* wurde von irgendetwas getroffen. Vielleicht hat es eine Emergenz gegeben", erklärte Douglas. Er streckte eine Hand nach der Saaltür aus, die sich selbstständig verriegelt hatte, als sich das Schott nicht planmäßig geschlossen hatte. Er aktivierte die Notfallentriegelung neben der Tür, aber nichts geschah. Als es so nicht funktionierte, zog er sein Lichtschwert, zerschnitt mit der Klinge die Tür und setzte die Macht ein, um die Trümmer in den Gang hinauszubefördern. „Wir müssen uns beeilen!", sagte Douglas. „Vern, du übernimmst die Führung!"

5. KAPITEL

Imri hätte schwören können, dass sein Herz kurz davor war, zu explodieren. *Alles ist so, wie die Macht es will*, dachte er, während tief einatmete und die Luft dann wieder entweichen ließ. Wenn sie diese Herausforderung überlebten, dann nur, weil die Macht es so wünschte, und diese Gewissheit erfüllte Imri mit einem Gefühl innerer Ruhe. Er vertraute auf die Macht, so wie Meister Douglas es ihn gelehrt hatte. Solange der Meister an seiner Seite war, hatte Imri allen Grund zur Zuversicht. Auch wenn er Vernestra aufgefordert hatte, die Führung zu übernehmen, und nicht seinen getreuen Padawan. Er atmete noch einmal tief durch. Dann setzte er sich in Bewegung und lief mit dem Rest der Gruppe mit.

In den vormals eindrucksvollen Korridoren wimmelte es nur so von Droiden und verängstigten, panischen Passagieren. Imri kannte all diese Leute nicht, aber er vermutete, dass es sich dabei um andere wichtige Gäste handelte, die die Kanzlerin zur Einweihung der Starlight-Station eingeladen hatte. Alle rannten den Gang entlang in Richtung der Rettungskapseln. Die Menge war so dicht, dass Imri sich mit dem Rücken an die Wand drücken musste, um sich an dem Gewühl der Leute vorbeizudrängen.

„Das ist nicht gut", sagte Meister Douglas und wandte sich der Gruppe hinter ihm zu. „Auf diesem Weg kommen wir unmöglich zu den Rettungskapseln."

„Die Kapseln sind sowieso schon alle weg“, krächzte ein elegant gekleideter Mon Calamari. „Ihr müsst weiter nach oben, hoch aufs nächste Deck. Hier unten sind keine mehr übrig!“

Botschafter Weft runzelte die Stirn. „Wie ist das möglich? An Bord dieses Schiffs sind nicht einmal halb so viele Passagiere, wie hier eigentlich Platz hätten.“

In diesem Moment hallte ein unheilvolles Knirschen durch das Raumschiff. Zugleich ertönten etwas weiter entfernt mehrere dumpfe Explosionen, die alle im Korridor dazu brachten, laut zu schreien, sich zu ducken und blindlings durcheinanderzulaufen.

Meister Douglas runzelte genau in der Sekunde ernst die Stirn, als ein halbes Dutzend Alarmsirenen losheulten. „Zurück!“, rief er.

Imri verspürte einen Stoß in der Brustmitte, wie von einer unsichtbaren Hand, und flog nach hinten – genau wie Honesty, Avon und Vernestra. Imri krachte gegen Avons Droiden und stöhnte.

„Verzeihung!?“, sagte J-6 ein wenig zu schnippisch für einen Protokolldroiden.

Imri hatte keine Gelegenheit, etwas darauf zu erwidern. Mit großen Augen verfolgte er, wie sich das Schott vor ihnen unvermittelt schloss – und sie von Meister Douglas und den Erwachsenen der dalnanischen Delegation trennte!

„Vater!“, rief Honesty, sprang auf und lief auf die Barriere zu. Er trommelte mit den Fäusten gegen das Metall.

GEHT! RETTET EUCH!, dröhnte eine Stimme in Imris Kopf.

„Warst du das?“, wollte Avon wissen und starrte Vernestra fassungslos an.

Die Mirialanerin schüttelte den Kopf. Die ruckartige Bewegung sorgte dafür, dass sich ihr Haar aus der Spange löste, mit der sie es nach hinten gesteckt hatte.

„Das war Meister Douglas", sagte Imri und rappelte sich auf. „Er hat uns nach hinten geschleudert, damit das Schott uns nicht auf der anderen Seite einsperrt, so wie ihn und die anderen. Wir müssen zurück in die Richtung, aus der wir gekommen sind!"

Honesty legte einen Moment lang die Stirn gegen das Metall der Barriere, bevor er sich aufrichtete und sich dabei Tränen aus den Augen wischte. „Dann lasst uns gehen", sagte er durch zusammengebissene Zähne. Sein brauner Haarschopf war zerzaust, und seine blassbraune Tunika entlang des hohen Halsausschnitts zerrissen, aber das waren auch schon die einzigen Hinweise darauf, was sie gerade durchgemacht hatten.

Als Imri seine Machtsinne nach ihm ausstreckte – eine Angewohnheit, die ihm dabei half zu verstehen, was andere Leute empfanden –, fühlte er nichts. Dieser Junge hatte seine Emotionen völlig unter Kontrolle. Entweder stand er noch immer total unter Schock – so wie Avon, nur dass sie sehr aufgewühlt und Verärgerung ihr vorherrschendes Gefühl war –, oder er hatte sein Entsetzen so tief in seinem Innern weggesperrt, dass Imri selbst durch die Macht nichts davon wahrnehmen konnte.

Meister Douglas hatte Imri stets gedrängt, zu lernen, besser mit Leuten zu reden, anstatt bloß mithilfe der Macht zu analysieren, was sie beschäftigte, doch Imri konnte nicht anders, vor allem dann nicht, wenn sich alles außer der Macht so chaotisch und *falsch* anfühlte. Wäre Meister Douglas doch nur hier gewesen, um Imri dabei zu helfen, mit der Verwirrung umzugehen, die er empfand! Aber der Meister war auf der anderen Seite des Schotts. Und damit hatte der Jedi ihnen die Chance gegeben, zu überleben.

Ihre bunt zusammengewürfelte Gruppe rannte den Gang entlang, mit Avon an der Spitze. Im Laufen riss sie sich das Kleid herunter, um darunter Leggings und Stiefel zu enthüllen. Imri war nicht überrascht – dieses Mädchen schien stets auf alles vorbereitet zu sein.

Vor einer schwer beschädigten Tür kam Avon schlitternd zum Stehen. Sie runzelte die Stirn. „Wie wär's mit ein bisschen Hilfe von der Macht?", fragte sie und wies auf die ramponierte Tür. Das Metall war zu einer Seite gedrückt worden und vollkommen verbogen, sodass sie sich ohne ein Schweißgerät oder einen Gravitationshammer unmöglich öffnen lassen würde.

Imri war am nächsten dran, darum zog er sein Lichtschwert und zerschnitt das Metall. Er versuchte, die restlichen Trümmer, die noch im Rahmen saßen, mit der Macht aus dem Weg zu drücken, so wie Meister Douglas es vorhin getan hatte, aber er hatte zu wenig Kontrolle. Es war schwer, die Macht zu nutzen, wenn das Einzige, woran er denken konnte, die Frage war, ob sein Meister es lebend vom Schiff schaffen würde oder nicht.

Vernestra steckte ihr Lichtschwert weg, bevor sie schweigend die Hand nach der Tür ausstreckte und sich die scharfen Kanten nach innen bogen, um genügend Platz für Avon und J-6 zu machen, die keine Zeit verloren und durch das Loch in der Tür kletterten. Honesty folgte ihnen dichtauf, doch als Imri an der Reihe war, ließ ihn eine Hand auf seiner Schulter innehalten. „Imri", sagte Vernestra. „Alles wird gut. Alles ist so, wie die Macht es will."

Imri nickte, doch ihre beruhigenden Worte konnten das

Gefühl lähmender Furcht nicht verschwinden lassen, das in seinem Herzen wuchs. Andererseits war nun ohnehin keine Zeit, sich zu sorgen – alles, worauf es ankam, war, von diesem Schiff zu entkommen!

Sie rannten den Korridor hinunter, an Holospielräumen und einem Juweliergeschäft vorbei, auf der Suche nach irgendeinem Weg nach unten oder nach oben, nach irgendetwas, das sie auf ein anderes Deck mit Rettungskapseln brachte. Dieses Deck war voller Unterhaltungsangebote für die Passagiere, aber Kapseln gab es keine, und Imri glaubte allmählich, dass sie niemals auf einen Turbolift oder eine Treppe zu einer anderen Ebene stoßen würden, als vor ihnen der Eingang zu einem Hangar auftauchte.

„Wir sollten es hier versuchen", meinte Vernestra und deutete auf das versiegelte Schott.

„Warum sind eigentlich alle Türen, durch die wir müssen, hinüber?", fragte Avon mit finsterer Miene. „Ich kriege allmählich das Gefühl, als *wollte* irgendjemand nicht, dass wir es von diesem Schiff runterschaffen."

Diesmal wartete Vernestra nicht, bis Imri probierte, die Tür zu öffnen. Stattdessen streckte sie einfach die Hand aus und knüllte das Metall wie eine riesige Serviette zusammen. Wie üblich stieg Avon als Erste durch die Öffnung, aber dieses Mal war Vernestra gleich hinter ihr. „Hör auf, einfach immer vorzustürmen, ohne erst mal nachzusehen, was dich erwartet, Avon!", ermahnte sie das Mädchen.

Imri wartete, bis Honesty und J-6 die Tür passiert hatten. Erst dann folgte er den anderen. Als er den Hangar betrat – einen beengten Bereich mit einem einzigen Wartungsshuttle –, wurden seine Augen groß. „Whoa", sagte er. Jemand hatte die Wartungsdroiden in Stücke gehackt. Die drei

Droiden waren praktisch in ihre Einzelteile zerlegt worden, überall lagen irgendwelche Elektroniktrümmer verstreut.

„Ich glaube nicht, dass das eine Emergenz war", sagte Vernestra. Sie zog ihr Lichtschwert und hielt es vor sich. „Jemand wollte sichergehen, dass niemand von diesem Schiff entkommt."

„Dann sind wir verloren", murmelte Honesty mit ausdrucksloser Stimme. „Wir hätten überhaupt nicht hier sein sollen ... Dalnaner sind nicht dafür gemacht, die Sterne zu bereisen ... Wir hätten einfach im Speisesaal auf unser Ende warten sollen ..."

Der Blick, den Avon dem Jungen zuwarf, schwankte irgendwo zwischen Unglauben und Abscheu. „Es gibt immer Hoffnung! Das Wartungsshuttle ist besser als nichts. Aber wir müssen uns beeilen. Seht!" Sie wies auf die Stelle, wo langsam die Außenhülle aufriss, um unmittelbar dahinter, jenseits der schimmernden Energiebarriere, die Schwärze des Alls zu offenbaren. Die Notfallprotokolle, die Raumschiffe in Situationen wie dieser schützten, versagten zusehends. „Diese Energiemembran ist nur dazu gedacht, so lange zu halten, bis die Passagiere in den abgeriegelten Bereichen des Schiffs in Sicherheit sind."

„Und den Schäden nach zu urteilen, die wir im Speisesaal gesehen haben, sind auch diese abgeriegelten Bereiche hinüber", stellte Vernestra klar. „Uns bleibt keine Zeit, wählerisch zu sein. Ich kann spüren, wie Meister Douglas ... schwindet."

„Ich auch", sagte Imri mit leiser Stimme. Das Gefühl war so grauenvoll, dass er seine Verbindung zur Macht am liebsten unterbrochen hätte, nur um nicht miterleben zu müssen, wie sein Mentor anderswo auf dem Schiff um sein Leben kämpfte – und dabei war, zu verlieren.

„Was soll das heißen?“, fragte Honesty.

Niemand antwortete ihm.

„Diese Raumfähre scheint größtenteils einsatzbereit zu sein“, rief J-6 ihnen zu, woraufhin Avon zu dem Droiden hinübereilte und die anderen ihr folgten.

Die *Steady Wing* mochte extrem luxuriös sein, doch das Wartungsshuttle war das genaue Gegenteil. Entlang der beiden weißen Seitenwände befanden sich graue Sitze, einer neben dem anderen, und weiter vorne die Sessel für den Piloten und den Co-Piloten. Es gab Schränke voller Werkzeug und hoffentlich auch ein paar Vorräte, genügend Essen und Wasser, dass es ausreichte, bis sie zu einer Raumstation oder etwas Ähnlichem gelangten. Sobald alle an Bord waren, wurde es ziemlich eng. Imri blieb nahe dem Heck stehen und wusste nicht recht, was er nun tun sollte. Vernestra hingegen ging nach vorne, zum Pilotensitz, aber Avon war schneller, warf sich in den Sessel und legte sofort Schalter um und drehte an Reglern.

„Weißt du, wie man fliegt?“, fragte Imri skeptisch. Als Padawan hatte er bislang noch nicht mit der Pilotenausbildung begonnen, und Avon war mindestens zwei Jahre jünger als er. Es machte ihn unsicher und auch etwas neidisch, dass das Mädchen genau wusste, was zu tun war, und das ganz ohne die Macht, die sie leitete.

„Ich war sechs, als ich das erste Mal eine Rettungskapsel gekapert habe. Ich war damals mit meiner Mom auf einer diplomatischen Reise nach Mon Cala. Glaub mir, ich *kann* fliegen.“ Avon grinste. Allerdings änderte ihr Grinsen nichts daran, dass ihre Hände zitterten und auf ihrer Stirn Schweißtropfen glänzten.

Imri konnte die Angst des Mädchens spüren, doch er bewunderte Avon dafür, dass sie sich davon nicht daran hindern ließ, zu tun, was getan werden musste. Sie hatten *alle* Angst – kein Wunder, schließlich war es alles andere als normal, mit ansehen zu müssen, wie ein Raumschiff auseinanderbrach und bloß die Sterne zurückblieben –, aber jeder von ihnen versuchte auf seine eigene Art, irgendwie mit der Situation fertigzuwerden.

„Dennoch empfehle ich jedem dringend, sich anzuschnallen", sagte J-6, während sie sich auf einen der Sitze an der Wand sinken ließ und mit einem Klicken die Sicherheitsgurte schloss.

Vernestra setzte sich neben Avon in den Co-Piloten-Sessel. Imri schnallte sich gegenüber von J-6 fest, neben ihm saß Honesty.

Imri schenkte dem kleineren Jungen ein Lächeln. „Alles wird gut", sagte er.

„*Nichts* ist gut", meinte Honesty. „Absolut rein gar nichts. Und das wird es auch nie wieder."

In diesen Worten lag so viel Überzeugung, dass Imri einfach wegschaute und auf seine Hände hinabsah.

„Alle Systeme scheinen einsatzbereit zu sein. Nur bei den Schutzschilden kriege ich eine Fehlermeldung", rief Avon aus dem Bug. „Sobald wir starten, gibt es jede Menge Trümmer", erklärte sie dann ernst. „Also haltet eure Hintern fest!"

Imri schluckte schwer. Ohne Schutzschilde genügte schon ein einziges verirrtes Trümmerteil der *Steady Wing*, um sie ins Verderben zu reißen. Sie waren noch längst nicht außer Gefahr.

„Dabei kann ich helfen", sagte Vernestra. „Also, bei den Trümmern, nicht beim Hinternfesthalten."

Avon lachte. „Ein Hoch auf die Macht!"

Ein heftiger Ruck durchfuhr das Shuttle, als es sich aus seiner Verankerung löste – und dann schossen sie in die Dunkelheit des Weltalls hinaus, fort von der *Steady Wing*, die hinter ihnen langsam auseinanderbrach.

Imri schloss die Augen und versuchte, seinem Meister durch die Macht seine Gefühle zu übermitteln, den Mann wissen zu lassen, wie viel er ihm als Lehrer bedeutet hatte. Er konzentrierte sich – die Anstrengung, seine Machtsinne auszustrecken, ließ ihn zittern. Aber der Jedi und der Rest der Delegation von Dalna waren nicht mehr da.

6. KAPITEL

Avon umklammerte den Steuerknüppel fester, als nötig gewesen wäre, als sie das Wartungsshuttle von dem viel größeren Schiff wegsteuerte. Vermutlich wäre es besser gewesen, Vernestra fliegen zu lassen. Schließlich wusste jeder, dass die Jedi meisterhafte Piloten waren, weil ihre Instinkte dank der Macht viel ausgeprägter waren als die von allen anderen. Zumindest besagten das die Geschichten über sie. Und nachdem sie in Port Haileap eine gewisse Zeit mit Vernestra verbracht hatte, war Avon zu dem Schluss gelangt, dass an dem, was über die Jedi gesagt wurde, einiges dran war. Besonders nach dieser Sache im Speisesaal. Wer außer einem Jedi käme auch nur auf den *Gedanken*, sich selbst ins Weltall hinaussaugen zu lassen, um das Notschott zu schließen? Jedenfalls niemand, den Avon kannte.

Ja, Avon hätte eigentlich lieber Vernestra fliegen lassen sollen. Aber als J-6 auf das einzige Shuttle gezeigt hatte, das im Hangar stand, war Avon, ohne zu zögern, hineingelaufen und hatte sich auf den Pilotensitz fallen lassen. So war sie zumindest mit etwas anderem beschäftigt gewesen, als über auseinanderbrechende Raumschiffe und Jedi-Meister nachdenken zu müssen, die die Macht einsetzten, um *ihr* Leben zu retten.

Der arme Douglas. Avon hatte ihn gemocht. Einmal hatte er sie für ihre „Klugheit" gelobt und ihr ein saures Beerenbonbon geschenkt, das er in der Tasche gehabt hatte. Es kam ihr unvorstellbar unfair vor, dass er auf so unsinnige, unbegreifliche Weise gestorben war. Wie groß war die Wahrscheinlichkeit, dass ein Raumschiff im normalen Weltraum zerbrach? Hyperraumrouten konnten gefährlich sein, vor allem die, die sich näher am Äußeren Rand befanden. Aber solange sich alle an die Regeln hielten, waren sie trotzdem im Wesentlichen relativ sicher. Es gab für das alles keine logische Erklärung, und das hasste Avon an der ganzen Sache am allermeisten.

Neben ihr zuckte Vernestra unvermittelt zusammen, und hinten im Heck stieß Imri ein gequältes Stöhnen aus. Avon drehte sich in ihrem Sitz, um den Padawan anzusehen, ehe sie sich an die Jedi wandte, die neben ihr saß. „Was ist los? Was ist passiert?"

„Das Schiff", sagte Vernestra. „Es ist … fort."

Avon fragte sich, was sie damit meinte, doch in diesem Moment schlugen die Annäherungssensoren an. Draußen vor dem Sichtfenster sausten Trümmer und Wrackteile vorbei, und Avon kam für ein solches Phänomen bloß eine einzige Erklärung in den Sinn: Die *Steady Wing* war explodiert. Bei dem Gedanken, dass Meister Douglas für alle Zeiten fort war, krampfte sich Avons Herz zusammen. Es war einfach ungerecht. Wenn die Macht tatsächlich für alles verantwortlich war und alles in der Galaxis nach ihrem Willen leitete, wie war es dann möglich, dass gute Leute wie Meister Douglas auf so dumme Weise starben?

„Bist du okay?", fragte Vernestra, und das jüngere Mädchen erschrak. Sie sah Avon mit aufrichtiger Besorgnis an, während diese sich die Tränen aus dem Gesicht wischte, die es trotz ihrer Bemühungen, sie im Zaum zu halten, irgendwie geschafft hatten, über ihre Wangen zu laufen.

„Mir geht's bestens. Die Frage ist vielmehr: Bist *du* bereit?" Als Vernestra eine Augenbraue hob, atmete Avon ungeduldig aus. „Vern, du hast gesagt, du würdest die Macht einsetzen, um dafür zu sorgen, dass wir in Sicherheit sind. Die Schutzschilde dieser Kiste sind nicht besonders stark, und wir müssen irgendwie durch dieses Trümmerfeld kommen, das mit jeder Sekunde dichter zu werden scheint."

Durch das Sichtfenster sahen sie, dass das Gebiet vor ihnen von Wrackteilen des explodierten Schiffs und noch von allem möglichen anderen Zeug übersät war.

Avon zwang sich, die Trümmer nicht zu eingehend in Augenschein zu nehmen. Sie hatte Angst, in dem Chaos die Überreste von Leuten oder bekannten Dingen auszumachen. Schnell verdrängte sie diesen Gedanken. *Konzentriere dich auf das Hier und Jetzt. Kontrolliere deine Impulse, Avon.* Die Stimme in ihrem Kopf war die ihrer Mutter. Senatorin Ghirra Starros war noch nie mit einem Problem konfrontiert worden, das sie nicht lösen konnte, und auch wenn Avon sich alle erdenkliche Mühe gab, *nicht* wie ihre Mutter zu sein, war das trotzdem eine nützliche Charaktereigenschaft. „Immer schön einen Fuß vor den anderen", murmelte sie.

Der Annäherungsalarm plärrte weiter, und das Geräusch lenkte Avon von ihren irrlichternden Gedanken ab. Für einen einzigen Tag hatte sie heute wirklich genug Alarmsignale gehört! Das Shuttle vibrierte, und alle an Bord zuckten erschrocken zusammen. Hinter Avon rutschten Imri und dieser Dalnanerjunge, Honesty, unruhig auf ihren Sitzen herum.

„Soll das so sein?", rief Imri.

„Nein", entgegnete Avon. „Ich fürchte, unser Tag wird gerade noch ein bisschen bescheidener, falls das überhaupt möglich ist … Scheint, als würden die Schutzschilde gar nicht funktionieren."

„Ich kümmere mich darum", sagte Vernestra, schloss die Augen und lehnte sich zurück.

Avon atmete tief ein und wieder aus. Im nächsten Moment befand sich das Wartungsshuttle auch schon mitten in dem Trümmerfeld. Jahrelang war Avon wie besessen davon gewesen, über Katastrophen nachzugrübeln, die möglicherweise passieren *konnten*, wenn auch in vielen Fällen allenfalls rein statistisch. Jedes Mal, wenn sie und ihre Mutter in offiziellen republikanischen Angelegenheiten unterwegs gewesen waren, hatte Avon jedem, der es hören wollte (oder auch nicht), mit diebischem Vergnügen die statistischen Risiken dargelegt, die Langstreckenraumreisen und der Hyperraum so mit sich brachten. Es gab Hunderte Aufzeichnungen darüber, was geschah, wenn ein Raumschiff im Weltall auseinanderbrach, so wie es erst kürzlich mit der *Legacy Run* passiert war. Die Berichte darüber hatten Avon in höchstem Maße fasziniert – nicht wegen all der Leben, die dabei verloren gegangen waren, denn das war natürlich eine Tragödie. Nein, weil sie *verstehen* wollte, wie es zu dem Unglück gekommen war, um Mittel und Wege zu finden, um Katastrophen wie diese in Zukunft zu verhindern. Avon war davon überzeugt, dass die Technik die Lösung für nahezu jedes Problem bot, und auch wenn es nach außen hin vielleicht so aussah, als wäre sie bloß auf der Suche nach Ärger, suchte sie in Wahrheit nach Antworten.

Die Antwort auf das Trümmerfeld, das ein rasch auseinanderfallendes Raumschiff verursachte, war der Annäherungsalarm. Aus diesem Grund war jedes Schiff damit ausgestattet, sogar Wartungsshuttles, die normalerweise immer dicht bei den größeren Schiffen blieben, die sie instand hielten. Doch solche Warnsysteme waren nur die Hälfte der Gleichung, und ohne jegliche Schutzschilde bestand die Gefahr, dass die Außenhülle beschädigt wurde, wenn sie von Trümmern getroffen wurde. Avons Herz hämmerte vor Sorge.

Auch Vernestra neben ihr sah müde und mitgenommen aus. Sie hatte die Augen geschlossen, doch nicht einmal ihre ruhige Miene und ihr gleichmäßiger Atem konnten die Falten der Erschöpfung rings um ihre Augen verschwinden lassen. Hoffentlich war sie trotzdem in der Lage, ihnen dabei zu helfen, der größten Gefahr zu entkommen.

Avon machte noch einen tiefen Atemzug und beschleunigte. Die ersten Trümmerstücke wirbelten um sie herum, drifteten vorüber und verschwanden dann neben ihnen, als sie an ihnen vorbeisausten. Der Druck in Avons Brust ließ ein wenig nach. Alles war in Ordnung, das Schlimmste hatten sie hinter sich.

Doch dann ertönte oben an der Decke des Shuttles ein metallisches Kreischen – es klang, als würde etwas Großes über die Außenhülle kratzen.

Avons Blick glitt zu Vernestra, deren grüne Haut schweißnass war.

„Tut mir leid", flüsterte die Jedi. Sie hatte die Augen vor Konzentration fest zusammengekniffen und strengte sich so sehr an, dass die winzigen rautenförmigen Tattoos rings um ihre Augenwinkel beinahe nicht mehr als solche zu erkennen waren. Auch wenn sie es niemals zugeben würde: Vernestras Kräfte ließen zusehends nach.

Normalerweise hätte die dickköpfige Entschlossenheit der Jedi ihr Respekt abgenötigt, weil das eigentlich etwas Bewundernswertes war. Doch in diesem Moment empfand Avon eher Verärgerung darüber, obschon sie nicht recht wusste, warum das so war. Leicht genervt wandte sie sich wieder den Steuerarmaturen zu.

„Hey, Imri, denkst du, du kannst uns ein bisschen helfen?", rief Vernestra. „Und dafür sorgen, dass all diese kleinen Trümmer nicht unser Schiff ruinieren?"

„Ich kann's versuchen", entgegnete Imri mit zittriger Stimme.

Avon hatte Mitleid mit dem Jungen. Er hatte erst vor ein paar Minuten seinen Meister verloren. Beeinträchtigte Kummer möglicherweise die Machtfähigkeiten eines Jedi? Sie konnte nur hoffen, dass dem nicht so war. Avon hielt den Blick starr auf die Anzeige der Annäherungssensoren gerichtet. „Ich will dich ja nicht unter Druck setzen, Imri, aber wenn du's nicht schaffst, sind wir Joppa-Gulasch, wenn du verstehst, was ich meine?" Soweit es Avon betraf, gab es in der Galaxis nichts Schlimmeres als Joppa-Gulasch.

„Ich krieg das hin", meinte Imri, auch wenn er nicht so klang, als wäre er selbst vollends von seinen Worten überzeugt.

Wenn weder Vernestra noch Imri ihre ausgefallenen Schutzschilde ersetzen konnten, blieb Avon nichts anderes übrig, als zu improvisieren. Glücklicherweise war sie darin einfach großartig. Im Geiste führte Avon schnell einige Berechnungen durch. Dann traf sie eine Entscheidung. Das Ganze war riskant, ja, aber sie war sich sicher, dass sie es schaffen konnte. Bloß gut, dass sie nicht dazu gekommen waren, zu Abend zu essen! „Festhalten!", rief sie.

„Ach du liebe Güte!", sagte J-6.

Avon gab vollen Schub auf die Triebwerke der kleinen Raumfähre und riss den Steuerknüppel ruckartig nach links.

Das Wartungsshuttle neigte sich scharf zur Seite, wie bei dem Fahrgeschäft, auf das sie sich einmal auf dem Jahrmarkt getraut hatte, und zwei Sekunden später zog sie den Knüppel wieder in die andere Richtung, um ihn dann schwungvoll nach vorne zu drücken. Das Shuttle schwankte wild und glitt haarscharf zwischen zwei großen Trümmerstücken des explodierten Raumschiffs hindurch, bevor es steil nach oben schoss, um einem weiteren Wrackteil auszuweichen.

„Wo hast du so fliegen gelernt?", fragte Honesty.

„Im Simulator", sagte Avon. „Allerdings borge ich mir richtige Schiffe, um zu fliegen, seit ich sechs bin."

„Mit *borgen* meint sie, dass sie sie stiehlt", erläuterte J-6.

„Ich fühle mich nicht so gut", murmelte Imri.

„Wir haben es fast geschafft", sagte Avon. „Alles klar bei dir, Vern?"

„Ja." Die Stimme der Jedi war kaum mehr als ein Flüstern.

Wieder verkrampfte sich Avons Brust vor Anspannung und Sorge. Was passierte mit einem Jedi, der die Macht zu ausgiebig einsetzte? Wurde er davon krank? Vielleicht würde Vernestra vor Avons Augen wie im Zeitraffer altern und zu einer greisen Frau verschrumpeln, während sie ihre ganze Lebensenergie in einer letzten, verzweifelten Kraftanstrengung opferte, um ihre Begleiter zu retten.

Um ehrlich zu sein, machte dieser Gedanke Avon mehr Angst als das Risiko, dass die winzige Raumfähre von Weltraumschrott getroffen wurde. Doch die Jedi waren machtvoll, ihre Waffen wurden von einer beinahe unerschöpflichen Energiequelle gespeist. Vernestra würde nichts passieren. Ihr *durfte* nichts passieren …

Sosehr Avon es normalerweise auch mochte, die Antworten auf ihre Fragen zu finden – im Moment gelangte sie zu dem

Schluss, dass sie die Lösung für dieses Dilemma eigentlich gar nicht wissen *wollte*. Statt sich weiter darüber den Kopf zu zerbrechen, konzentrierte sie sich lieber wieder darauf, das Shuttle sicher durch das Gewirr der letzten Trümmer zu steuern. Sie beschleunigte und wich einem Wrackteil aus, bevor sie die Raumfähre in eine Fassrolle zog, um zu vermeiden, dass die fragilen Flügel des Shuttles von einem allerletzten Trümmerstück getroffen wurden. Und dann erstarb das Heulen des Annäherungsalarms, und die knallrote Bildschirmanzeige wurde wieder grün.

„Wir sind nicht gestorben", sagte Honesty. Es klang ehrlich überrascht.

Avon unterdrückte ein Seufzen. Sie fragte sich, ob man nach wie vor von ihr erwartete, diplomatisch mit dem Jungen umzugehen, schließlich war er mit großer Wahrscheinlichkeit das letzte Mitglied der dalnanischen Delegation.

Das war der Moment, in dem Avon zum ersten Mal die ganze Tragweite der Tragödie bewusst wurde, die sie gerade mitgemacht hatten: All diese Leute, alle an Bord des Schiffs … sie alle waren tot. Möglicherweise hatten es einige von ihnen zu den Rettungskapseln geschafft, aber das hielt sie für unwahrscheinlich. Und das bedeutete, dass auch Douglas und die dalnanischen Gesandten tot waren, einschließlich Botschafter Weft. Avon versuchte, sich vorzustellen, wie sie sich nun wohl fühlen würde, wenn sie gezwungen gewesen wäre, ihre Mutter der Gnade eines im Weltall auseinanderbrechenden Luxusraumkreuzers zu überlassen. Ihr gefiel nicht, wie sich bei diesem Gedanken ihr Herz verkrampfte. Der arme Honesty …

„Also, *ich* wäre nicht gestorben", sagte J-6 in die Runde. „Ich wäre einfach nur durch die Galaxis getrieben. Meine

Schaltkreise wären langsam eingefroren, und ich hätte ein Notsignal abgegeben, bis irgendwann meine Systeme versagt hätten. Also ja, ich vermute, dies hier ist die bessere Alternative."

Avon drehte den Kopf, um ihren Droiden anzusehen. Die Selbstverwirklichungsprogrammierung funktionierte offenbar etwas *zu* gut. „Gute Arbeit", sagte sie zu Vernestra, als sie sich wieder den Steuerkontrollen zuwandte. Avon begann, Schalter umzulegen und Systeme zu überprüfen, doch je mehr sie über den aktuellen technischen Zustand des Shuttles erfuhr, desto schwerer wurde ihr ums Herz.

Es sah ganz so aus, als wäre die Gefahr, in der sie schwebten, noch längst nicht vorüber ...

7. KAPITEL

Honesty Weft kämpfte mit den Tränen, entschlossen, nicht zu weinen. Er blinzelte angestrengt und atmete mehrmals tief durch, so wie er es in den Selbstverteidigungskursen gelernt hatte. Konzentriert. Fokussiert. Selbst inmitten des größten Chaos bewahrte ein Krieger die Ruhe.

Natürlich war das hier dramatischer als alles, was je irgendein dalnanischer Krieger erlebt hatte. Schließlich hatte es auf Dalna schon seit über hundert Jahren keinen Krieg mehr gegeben. Außerdem fochten sie ihre Kämpfe, falls es doch einmal welche gab, dort aus, wo sie hingehörten: auf ihrem Planeten – und dort gab es Luft.

Dabei wollte Honesty nicht einmal mit auf diese Reise gehen! Er hatte alles versucht, um zu Hause bleiben zu dürfen und sich stattdessen auf seine Wandlung vorzubereiten. Honesty wollte Kampfsanitäter werden, was so ziemlich die schwierigste Ausbildung war, die es gab. Doch seine Mutter hatte ihn dazu gedrängt, seinen Vater, den Botschafter, auf dieser diplomatischen Mission zu begleiten, und wie immer war sein Vater ganz ihrer Meinung gewesen.

„Bevor du dich für eine Laufbahn entscheidest, ist es wichtig, verschiedene Dinge auszuprobieren“, hatte seine Mutter gesagt, während sie seine Taschen packte. „Durch Reisen erweitern Akademiker und Krieger ihren Horizont. Durch *Reisen*, Honesty. Zieh los, um zusammen mit deinem Vater die Galaxis zu erkunden, und dann komm zurück und erzähl mir spannende Geschichten für die Familienchronik! Erlebe ein Abenteuer! Das ist es doch, was Jungs in deinem Alter eigentlich am liebsten tun möchten – anstatt für einen Krieg zu üben, den es niemals geben wird."

Honesty war verärgert darüber gewesen, dass seine Mutter – die weitab auf Corellia aufgewachsen und erst nach Dalna gekommen war, nachdem sie an der Universität seinen Vater kennengelernt hatte – so erpicht darauf gewesen war, dass er dem Planeten den Rücken kehrte und die Sterne bereiste. Die meisten Dalnaner verließen nicht einmal ihre gemäßigten Klimazonen, und die wenigen, die jemals dem Planeten den Rücken gekehrt hatten, konnte man an einer Hand abzählen. Inzwischen kannte Honesty auch den Grund.

Nach dem wilden Flug durch die Trümmer der *Steady Wing* – ein ganzes Schiff, einfach weg! – schwebte das Shuttle eine ganze Weile einfach dahin, so ruhig, als wäre nichts geschehen. Fast schien es, als würden sie sich überhaupt nicht bewegen. Der Droide brummte irgendetwas Unverständliches vor sich hin, der Junge neben Honesty starrte auf seine Hände, als würde er darauf warten, dass sich dort irgendetwas aus dem Nichts materialisierte, und die Jedi mit der grünen Haut, die Mirialanerin, schnarchte vernehmlich, während sie schlief. Doch niemand sagte ein Wort, nicht einmal dieses Mädchen von der Republik, obwohl sie im Gegensatz zu allen anderen an Bord der Raumfähre den Eindruck machte, als würde ihr das Ganze sogar irgendwie *Spaß* machen.

Honesty machte noch einen tiefen Atemzug und verspürte einen scharfen, schmerzhaften Stich. Warum nur hatte er sich mit seinem Vater gestritten? Warum konnte er nicht einfach ein guter, pflichtbewusster Sohn sein? Was, wenn er seinen Vater nun niemals wiedersehen würde, wenn er niemals die Chance haben würde, ihm zu sagen, dass er ihn liebte und dass es ihm leidtat, ungehorsam gewesen zu sein?

Honesty gab sich alle Mühe, nicht in Panik zu geraten, aber er konnte spüren, wie die Tränen der Hysterie gleich hinter seinen Augen brannten. Und wenn er seine Lider schloss, war das Einzige, was er sah, das Gesicht seines Vaters, verängstigt und niedergeschlagen, während irgendeine unsichtbare Kraft sie auf die falsche Seite der Schutzbarriere stieß.

„Alles in Ordnung?“, fragte ihn der Junge, der neben ihm saß. Imri Cantaros, der Padawan. Der Junge sah gar nicht aus wie ein Jedi – oder zumindest nicht so, wie Honesty sich die Jedi immer vorgestellt hatte. Vielmehr wirkte er wie einer der Farmer, die zu Hause auf Dalna die Felder bestellten. Er war mehr als einen Kopf größer als Honesty und so kräftig, wie der dalnanische Junge schlaksig. Doch sein Gesicht strahlte eine ungeheure Freundlichkeit und Güte aus, und in seinen Augen spiegelte sich echtes Mitgefühl.

„Das hier ist eine Schlacht“, sagte Honesty. Er tat sein Bestes, damit seine Stimme nicht zitterte. Er wollte entschlossen wirken, stark, fokussiert. „Alles bestens.“ War sein Vater in diesen letzten Momenten enttäuscht von ihm gewesen? Hatte er ihn auch da noch immer für launisch und bockig gehalten? Die Gedanken rasten nur so durch Honestys Kopf, und er kämpfte mühsam gegen die Emotionen an, die ihn zu überwältigen drohten.

Imri beobachtete den Jungen eine ganze Weile, bevor er fast unmerklich nickte. „Das mit deinem Vater tut mir leid.“

Honesty blinzelte und wandte sich dem anderen Jungen zu. „Was meinst du?“ Bei Imris Worten begann die kleine

Flamme der Hoffnung in seiner Brust, dass sein Vater noch lebte, bedenklich zu flackern.

Imri errötete und räusperte sich. „Ich fürchte, außer uns hat niemand überlebt. Alle anderen sind … tot."

„Das kannst du nicht wissen."

„*Natürlich* kann er das. Er ist ein Padawan, was bedeutet, er ist so eine Art Jedi-Lehrling. Und die Jedi nutzen die Macht, die alle lebenden Dinge miteinander verbindet." Das dunkelhäutige Mädchen – Avon hieß sie wohl – drehte sich zu ihnen um und bedachte Honesty mit einem Blick, der ihm überhaupt nicht gefiel. Er war nicht dumm, aber ihrem Gesichtsausdruck nach zu urteilen schien das Mädchen ihn für ein wenig begriffsstutzig zu halten. „Abgesehen davon ist die Wahrscheinlichkeit, dass irgendjemand überlebt hat … nicht besonders hoch." Sie zügelte sich, als ihr die Tragweite dessen bewusst wurde, was sie da gerade sagte, und ihre abschätzige Miene schmolz dahin, um aufrichtiger Traurigkeit Platz zu machen. „Tut mir leid wegen deines Vaters. In dem Holo, das meine Mutter mir geschickt hat, hat sie nur Gutes über ihn gesagt – und das soll was heißen, denn eigentlich mag sie *niemanden*."

Tränen brannten in Honestys Augen, und er schaute nach unten, bevor die anderen sie sehen konnten. Ah, nun wusste er, warum Imri auf seine Hände hinuntergestarrt hatte. Wenn niemand dein Gesicht sehen konnte, war es einfacher, die Tatsache zu verbergen, dass man weinte. „Das mit deinem Vater tut mir auch leid", sagte Honesty mit belegter Stimme zu dem Jungen neben sich.

„Er war nicht mein Dad", sagte Imri, doch seine Worte klangen gequält und traurig. „Er war mein Meister."

„Und was tut ein Meister so?" Auf Dalna gab es nicht besonders viele Jedi, und diejenigen, die da waren, blieben unter sich. Sie wurden erst aktiv, wenn man sie darum bat, nicht wie die aus Port Haileap.

„Er hat mich gelehrt, was es heißt, ein guter Jedi zu sein", erklärte Imri. „Und wie ich stärker im Einklang mit der Macht bin."

Honesty nickte. „Das hört sich eigentlich so ähnlich an wie das, was Eltern machen."

Imris Miene fiel in sich zusammen. Schlagartig wurde sein Kummer noch offensichtlicher. „Ja, ich schätze schon."

Wieder schwiegen beide für einen Moment, und das einzige Geräusch, das man hörte, während sie durch die unerbittliche Schwärze des Alls flogen, war der Droide, der weiter in einem fort vor sich hin brummte. Honesty schaute sich um und erkannte, dass er tatsächlich ein Abenteuer erlebte, so wie seine Mutter es gewollt hatte – und es gefiel ihm kein bisschen.

8. KAPITEL

Vernestra schreckte abrupt aus ihrem Schlummer auf. Sie konnte sich zwar nicht daran erinnern, überhaupt eingeschlafen zu sein, aber ihr Körper fühlte sich so mitgenommen an, wie er es immer tat, wenn sie die Macht besonders intensiv eingesetzt hatte. Sie war nicht wirklich erschöpft, doch da war eine Leere in ihr, die sie teilweise auf Hunger zurückführte und teilweise auf die Nachwirkungen der Anstrengung, in diesem Maße auf die Macht zurückgegriffen zu haben. Obwohl sie regelmäßig meditierte, kam es nur sehr selten vor, dass sie gezwungen war, so viel Macht auf einmal einzusetzen. Gegen das natürliche Vakuum des Alls anzukämpfen, war alles andere als ein Kinderspiel gewesen.

Als Jüngling hatte sie häufig ihre Machtsinne ausgestreckt, sobald sie gelernt hatte, wie das ging – einfach um diesen Nervenkitzel zu spüren, dieses Gefühl ruhiger Gelassenheit, das der Galaxis innewohnte, mitsamt all dem Leben und der Energie darin. Als sie dann später eine Padawanschülerin wurde, hatte sie sich dabei ertappt, wie sie sich jeden Abend vor dem Zubettgehen von der Macht durchströmen ließ, als würde sie nach einem langen Tag voll harter Arbeit einen extrabequemen Schlafanzug überstreifen. Nach diesen Meditationen war sie dann häufig eingeschlafen, eingelullt in ein Gefühl von Rechtschaffenheit und Frieden.

Ihr letzter Schlummer hatte nicht das Mindeste mit dieser

Art von Ruhe zu tun gehabt. Vernestra streckte sich. Ihr Körper schmerzte und ihr Kopf dröhnte. Sie hatte ihre Grenzen ausgetestet, hatte Douglas dabei geholfen, das Schiff zusammenzuhalten, und das Trümmerfeld von ihnen ferngehalten, als sie vom Wrack der *Steady Wing* geflohen waren.

Douglas. Beim Gedanken an den Jedi-Meister verspürte Vernestra einen scharfen, schmerzhaften Stich. Er war nun wieder eins mit der kosmischen Macht, die alle Dinge in der Galaxis miteinander verband. Von nun an würde Vernestra diese Verbindung – und das Echo von Douglas – jedes Mal spüren, wenn sie vor dem Zubettgehen meditierte. Die kosmische Macht schenkte einem Jedi Gelassenheit und unterstützte ihn mit Weisheit und Führung. Das war es, was mit allen lebenden Dingen geschah, wenn sie starben, aber das minderte den Schmerz des Verlusts, der Vernestra überkam, wenn sie an den Meister dachte, nicht im Geringsten. Er war der Erste gewesen, der sie in Port Haileap begrüßt hatte, und er war es auch, der ihr zuerst dazu gratuliert hatte, in so jungen Jahren bereits die Prüfungen bestanden zu haben.

„Als ich in deinem Alter war, war ich noch immer vollauf damit beschäftigt, mir einen Reim auf die dritte Kadenz zu machen, Vern. Du bist eine erstaunliche Jedi, und ich bin stolz darauf, dass ich die Gelegenheit habe, mit dir zusammenzuarbeiten, bevor sie dich in den Rat berufen!", hatte er gesagt und dann sein typisches, dröhnendes Lachen hören lassen, das stets dafür gesorgt hatte, dass Vernestra sich in seiner Gegenwart wohl- und geborgen gefühlt hatte. Und nun war er tot.

„Imri", sagte Vernestra und drehte sich um. Die Trauer des Padawan trübte die Luft um ihn herum, sickerte in die Macht und brachte Vernestra dazu, von ihrem Platz aufzustehen und sich neben ihn zu setzen. Sie war zwar keine Empathin – Imri war den Emotionen anderer gegenüber viel sensibler als sie –, aber in der Enge des Shuttles war es schlichtweg unmöglich, seine Seelenqual zu ignorieren.

„Tut mir leid. Habe ich dich geweckt?", fragte er und schaute zu Vernestra auf, die nun links von ihm saß.

„Nein, ich war schon wach. Wie geht es dir?"

„Grässlich", sagte er. Eine Träne fiel auf seine Wange, dann noch eine. „Aber wenn ich meine Machtsinne ausstrecke, kann ich ihn fühlen, ganz schwach, und das macht es ein bisschen besser."

Vernestra legte dem Jungen ihren Arm um die Schulter und zog Imri an sich, um ihn fest zu drücken. „Als ich noch ein Jüngling war, starb einer unserer älteren Meister mitten beim Meditieren", sagte sie sanft. „Die meisten von uns haben gespürt, wie er ging, und obwohl wir ihn selbst heute noch vermissen, half es zu wissen, dass er friedvoll und glücklich von uns gegangen ist. Ich hoffe, du empfindest dasselbe, wenn du deine Sinne nach Douglas ausstreckst."

Imri sah auf, um Vernestra direkt in die Augen zu blicken. „Denkst du, er ist friedvoll gegangen?"

Vernestra verzog das Gesicht. Noch immer konnte sie die Panik und Furcht an Bord der *Steady Wing* spüren, als das Schiff explodiert war, und all die Leben, die in diesem Moment der Katastrophe ausgelöscht wurden. „Nein", gestand sie. „Aber ich glaube, er ist in dem Wissen gegangen, uns gerettet zu haben. Er starb, als er das tat, was ein Jedi immer tun sollte: dem Willen der Macht gehorchen, den Schutz allen Lebens über das eigene stellen."

Imri nickte. Noch immer kullerten Tränen seine blassen

Wangen hinab. Honesty Weft saß rechts von ihm, ernst und gefasst. Er weinte nicht. Verglichen mit dem unermesslichen Kummer des Padawan wirkte die Traurigkeit des Jungen fast schon ein wenig zu reserviert. Doch jeder trauerte auf seine eigene Weise, und vielleicht hatte er auch einfach noch nicht begriffen, dass sein Vater und der Rest der dalnanischen Delegation tot waren.

Vernestra kannte ihn nicht gut genug, um etwas anderes zu tun, als den Arm auszustrecken und mitfühlend seine Hand zu drücken, aber selbst das ließ ihn erschrocken zusammenfahren. „Das mit deinem Vater tut mir leid", sagte sie mit sanfter Stimme.

„Danke", murmelte er.

Obwohl die Jedi gern mehr für ihn getan hätte, gelangte sie zu dem Schluss, dass es am besten war, ihn fürs Erste einfach in Ruhe zu lassen.

„Hey, Vern!", rief Avon von vorne. „Könntest du bitte mal herkommen? Aber schnell!"

Vernestra stand auf und kehrte ins Cockpit zurück, das nur wenige Schritte vom Passagierbereich entfernt war. „Was gibt's?"

„Okay, also, erinnerst du dich, wie ich sagte, dass das Shuttle keine Schutzschilde besitzt? Tja, ich fürchte, das ist noch nicht alles. Seit wir das Trümmerfeld passiert haben, versuche ich, die Kom-Systeme zum Laufen zu bringen, aber ich empfange gar nichts – nicht mal Rauschen."

Vernestra runzelte die Stirn. „Sogar ein Wartungsshuttle sollte eigentlich über das Allernotwendigste verfügen. Navigation, Kom, vielleicht sogar über einen Hyperantrieb."

„Wir haben einen *halben* Hyperantrieb", rief J-6 vom Heck herüber.

Vernestra durchquerte das Shuttle und ging zu der Stelle, wo J-6 über einem Loch im Boden hockte. Der Droide hatte die Triebwerkswartungsluke geöffnet und studierte die verschiedenen Komponenten, die die Raumfähre antrieben. „Was machst du da?", fragte sie.

Der Droide wies auf etwas, das aussah wie ein zertrümmertes Maschinenteil. „Ich stelle Nachforschungen an. Das gehört zu meiner Primärprogrammierung, auch wenn ich diese Funktion normalerweise lediglich aktiviere, um Avon aufzuspüren, wenn sie mal wieder ausgebüxt ist."

„Jott-Sechs ist ein umfunktionierter Leibwächterdroide", rief Avon aus dem Cockpit nach hinten. „Meine Mom findet, Pflegedroiden seien nichts als Creditverschwendung, weil Kinder so schnell größer werden und man die Droiden dann nicht mehr braucht."

„Deine Mutter hat dir einen Leibwächterdroiden als Kindermädchen zugeteilt?", fragte Honesty ungläubig.

Avon seufzte. „Wenn du sie mal kennenlernst, wirst du es verstehen."

„Zurück zum Shuttle", sagte Vernestra ungeduldig.

„Ja, richtig", sagte Avon, während J-6 weiter das Triebwerk und die anderen Systeme scannte. „Wir haben außerdem weder Navigation noch Raumkarten oder, na ja, *irgendwas* von dem, das wir brauchen würden, um uns irgendwie zu orientieren und einen Ort zu lokalisieren, zu dem wir hinfliegen könnten."

„Zumal dieser Hyperantrieb nicht funktionsfähig ist", erklärte J-6 mit Nachdruck, schloss die Luke und richtete sich auf. „Es scheint, als hätte jemand ihn vorsätzlich sabotiert. Meinen Berechnungen zufolge können wir von Glück sagen, dass diese Raumfähre *überhaupt* imstande ist zu fliegen."

„Das klingt nicht besonders ermutigend“, murmelte Honesty.

„Ich bin ohnehin nicht davon überzeugt, dass der Hyperraum sicher ist, egal, was Meister Douglas dachte“, sagte Vernestra mit düsterer Miene. „Immerhin besteht nach wie vor das Risiko, dort auf Emergenzen zu stoßen.“ Sie strich eine Locke ihres dunklen Haars zurück, die sich gelöst hatte, und nahm wieder auf dem Co-Piloten-Sitz Platz. „Wie ist es möglich, dass hier nichts richtig funktioniert?“

„Wie ich bereits sagte: Sabotage“, entgegnete J-6. Auf ihre Worte folgte ein langes Schweigen, als sich alle durch den Kopf gehen ließen, was genau das bedeutete.

„Objektiv betrachtet ist das tatsächlich die einzige Erklärung für alles, was wir gesehen und erlebt haben. Es gab Explosionen, eine direkt nach der anderen“, sagte Avon. „Wäre es eine Emergenz gewesen, hätten wir überhaupt keine Chance gehabt, zu entkommen. Dann wäre das Schiff auf einen Schlag hinüber gewesen und einfach hopsgegangen.“

Vernestra atmete tief ein und wieder aus. Avon hatte recht, auch wenn „hopsgehen“ nicht unbedingt die feinfühligste Art und Weise war, um die vollständige Zerstörung eines Raumschiffs zu beschreiben.

„Dann denkt ihr, jemand hat einen Anschlag auf die *Steady Wing* verübt?“, fragte Imri, die blonden Brauen zu einem grimmigen Stirnrunzeln zusammengezogen.

„Die Wahrscheinlichkeit einer Kollision mit einem unbekannten Objekt bei Reisen durch den Realraum ist angesichts der Qualität der gegenwärtig verwendeten Schiffssysteme, die eigens dafür entworfen wurden, um solche Vorfälle zu verhindern, ausgesprochen gering. Und die Chance, dass auf irgendeinem x-beliebigen Shuttle mehrere Systeme gleichzeitig ausfallen, ist sogar noch kleiner", verkündete J-6 trocken. „Ich kann euch gerne meine Berechnungen zeigen. Wie gut seid ihr mit gherillianischen Beweistheorien vertraut?"

Vernestra warf Avon einen Seitenblick zu. Das Mädchen schien sich über diese schlechten Neuigkeiten sogar ein bisschen zu freuen. Doch sobald sie bemerkte, dass Vernestra sie ansah, schlich sich ein wenig mehr Besorgnis in ihre vergnügte Miene. Eigentlich war Avon niemand, der sich über das Leid anderer amüsierte. Allmählich kam Vernestra der Verdacht, dass das Mädchen die Basisprogrammierung des Droiden tatsächlich manipuliert hatte.

„Jott-Sechs hat recht", sagte Avon. „Aber das ist momentan gar nicht das Problem. Viel problematischer ist, dass wir nicht wissen, wo wir hinsollen, und ich nicht die geringste Ahnung habe, wie wir dort hinkommen könnten. Uns steht nur ein begrenztes Maß an Treibstoff zur Verfügung. Fürs Erste sind die Atmosphärenwerte hier an Bord in Ordnung – jedenfalls vorausgesetzt, dass wir in den Fächern einige Grundvorräte finden. Uns bleibt vielleicht ein Tag. Danach wird die Lage … unschön."

„Unsere Optionen sind einfach", meinte J-6. „Wir wissen, welche Planeten im Haileap-System existieren. Da wir keinen Hyperraumsprung vollführt haben, können wir davon ausgehen, dass wir seit dem Start noch nicht sonderlich weit gekommen sind. Dementsprechend können wir entweder versuchen, zurück nach Haileap zu fliegen, oder prüfen, ob es gegebenenfalls ein Ziel gibt, das noch näher ist. Meine Datenbank deutet darauf hin, dass es im näheren Umkreis einige bewohnbare Orte gibt, wenn auch keiner davon wirklich ideal für uns ist."

„Ohne Navigationssystem ist eine Option so gut wie die andere“, meinte Avon mit einem Schulterzucken.

„Vielleicht kann ich uns leiten“, sagte Imri zögernd. „Mit der Macht. Meister Douglas hat mir gezeigt, wie das geht.“ Als er die verwirrten Gesichter von Avon und Honesty sah, erklärte der Junge: „Ich, ähm, sollte eigentlich imstande sein, Orte zu erspüren, an denen es viel Leben gibt, denn wenn auf einem Planeten Kreaturen leben, sollte es dort auch für uns sicher sein. Das könnte klappen – zumindest solange ich eine klare Vorstellung davon habe, wonach ich suche. Richtig, Vern?“

„Ja.“ Vernestra nickte. „Gute Idee.“ Tatsächlich fand sie das Ganze ziemlich weit hergeholt. Sie selbst hatte bislang nur ein paar Geschichten über diese Art der Wegfindung gehört. Meistens nutzten diese Technik erfahrene Jedi-Meister, die entsprechende Fähigkeiten ihr ganzes Leben lang trainiert hatten. Doch sie hoffte, dass es den Jungen ein bisschen von seinem Kummer über den Verlust seines Meisters ablenken würde, wenn er eine konkrete Aufgabe hatte. Manchmal war ein bisschen Ablenkung genau das Richtige.

„Okay, da das Navigationssystem offline ist, schätze ich, ich drehe das Schiff einfach so lange, bis wir die richtige Richtung haben?“, fragte Avon und klang dabei eher skeptisch.

Imri nickte. „Ja, das müsste funktionieren.“ Er schloss die Augen und begann, gleichmäßig zu atmen, um auf die Art zu meditieren, wie es alle Jünglinge in ihren ersten Wochen im Tempel lernten. Schwierige Dinge wie etwa, seine Machtsinne über große Distanzen hinweg auszustrecken, ließen sich besser bewerkstelligen, wenn ein Machtnutzer ruhig und konzentriert war, und nach den Ereignissen der letzten paar Stunden waren sie alle aus nachvollziehbaren Gründen ziemlich aufgewühlt und mit den Nerven am Ende.

Doch Vernestras Kopf fühlte sich noch immer so an, als wäre es keine gute Idee, wenn sie nun versuchte, die Macht einzusetzen – jedenfalls nicht, wenn sie keine Lust auf ein weiteres ungeplantes Nickerchen hatte. Sie war noch ganz ausgelaugt von ihren letzten mentalen Anstrengungen.

Imri schloss die Augen und streckte seine Machtsinne aus, doch irgendwie kam seine Technik Vernestra seltsam vor, sodass sie zu der Stelle hinüberging, wo Imri saß, und seine Hand ergriff.

„Konzentrier dich, Imri", sagte Vernestra, machte ebenfalls die Augen zu und verband sich mit ihm in der Macht. Eine solche Verbindung war meistens eher passiv – sich mit der Macht zu verbinden, war natürlich und richtig. Schließlich waren sie alle Teil der lebendigen Macht und auch Teil der kosmischen Macht, und tatsächlich linderte es Vernestras Erschöpfung merklich, die Lebensenergie der Galaxis „anzuzapfen".

Manchmal bestand die Gefahr, dass Jedi sich zu schnell und zu einfach in den großartigen Möglichkeiten verloren, die die Macht ihnen bot, weshalb den Jünglingen häufig beigebracht wurde, die Bedürfnisse ihres eigenen Körpers nicht zu vergessen, um so einen Anker für ihre Gedanken und ihr innerstes Selbst zu finden. Wenn man zu viel Zeit in der Macht verbrachte, fühlte man sich dadurch mental vielleicht erleuchtet, aber Leiber waren nichts weiter als einfache Materie, die gehegt und gepflegt werden musste, und diese physikalischen Bedürfnisse musste man im Hinterkopf behalten, damit ein Jedi seine Kräfte mit maximaler Wirksamkeit einsetzen konnte.

Imri zwang sich zur Ruhe, und Vernestra spürte, wie er nach einer Möglichkeit suchte, seine Machtsinne nach jeder Form von Leben auszustrecken, die sich vielleicht irgendwo in der Nähe befand. Sie versuchte nicht, ihn zu führen oder anzuleiten. Stattdessen sah sie einfach nur zu, wie auch ihr Meister es getan hatte, als sie selbst noch eine Schülerin gewesen war. Ihr Meister hatte gewollt, dass sie selbst dahinterkam, und so ließ sie auch Imri einfach machen, was er für richtig hielt. Sie konnte den Augenblick spüren, als er nach Leben zu suchen begann. Jedes Lebewesen wurde von seiner Verbindung zur Macht markiert, wie von einer Aura umgeben. Honesty und Avon leuchteten taghell, aber jenseits davon dräute nur Dunkelheit, abgesehen von ein paar schwachen, flackernden Impressionen am äußersten Rand dessen, was sie wahrnehmen konnten.

Imri wandte seine Sinne in die Richtung, aus der sie kamen, hin zu der Stelle, an der die *Steady Wing* explodiert war. Vernestra verspürte instinktiv den Drang, ihn vom Ort der Katastrophe wegzulotsen, aber sie registrierte, dass er sich in den letzten Stunden schon viele Male zuvor dorthin gewandt hatte, deshalb gab sie ihm die Chance, ein letztes Mal einen Blick auf die Überreste des Schiffs zu werfen.

Da war nicht das geringste Anzeichen von Leben. Und auch andere Shuttles gab es keine, sodass Imri seine Machtsinne immer weiter und weiter ausstreckte. Aber da war nichts, weder Wärme noch Emotion, weder Hunger noch Freude, weder Erschöpfung noch Angst – nichts von all dem, was überall in der Galaxis ein Synonym für Leben war. Die Verzweiflung packte Imri, als er die Grenzen austestete, wie weit seine Sinne reichten, doch sosehr er sich auch anstrengte, er fand kein einziges Fünkchen von Leben.

„Nur noch ein bisschen", sagte Vernestra. Sie schickte Imri etwas von ihrer eigenen Kraft, auf dieselbe Weise, wie sie

Douglas mit ihren Fähigkeiten unterstützt hatte, im Speisesaal der *Steady Wing. Nein, denk nicht an die* Steady Wing, ermahnte sie sich. *Konzentrier dich auf das Leben und darauf, voranzukommen.*

Aber da war nichts.

Als Vernestra die Augen aufschlug, stellte sie fest, dass Avon und Honesty sie aufmerksam musterten. J-6 hingegen schien anderweitig beschäftigt zu sein. Sie suchte gerade nach einer Buchse, in die sie sich einstöpseln konnte, um ihre Energie aufzuladen.

Avon legte den Kopf schief, ihre vollen Lippen zu einem schmalen Strich zusammengepresst. „Kein Glück?"

Vernestra schüttelte den Kopf, und Imri seufzte. „Tut mir leid", sagte er. „Aber da draußen ist nichts. Wir sind vollkommen allein."

Vernestra tätschelte seine Hand. „Das ist nicht deine Schuld, Imri. Immerhin fliegen wir noch. Wir können es später noch mal versuchen."

„Aber nicht *so* viel später", murmelte Avon. Als sie Vernestras Blick bemerkte, sprang sie mit einem Satz auf. „Vern hat natürlich recht! Es besteht immer die Möglichkeit, auf etwas zu stoßen, je weiter wir uns ins All hinausbewegen. Wir sollten einfach etwas essen und dann versuchen, uns für eine Weile auszuruhen, solange wir Gelegenheit dazu haben. Dieser Tag war einfach grauenvoll, aber vielleicht gibt es hier ja zumindest etwas Anständiges zu essen."

Honesty stand auf, ging zum nächstbesten Proviantfach hinüber und holte einige Feldrationen daraus hervor. „Sieht aus, als wäre das Einzige hier an Bord Joppa-Gulasch."

J-6 gab einen Laut von sich, der wie eine Mischung aus einem Schnauben und einem Lachen klang.

Vernestra runzelte die Stirn. *Konnten* Droiden überhaupt lachen? Sie war noch niemals einem Droiden begegnet, der auch nur den geringsten Sinn für Humor gehabt hätte. „Was ist los, Jott-Sechs?"

„Avon *verabscheut* Joppa-Gulasch", sagte J-6. „Als wir im Rahmen eines Gipfeltreffens auf Mon Cala zu Gast waren, hat sie einen ganzen Monat lang nichts anderes zu essen bekommen. Es lag daran, dass dieses Gericht das einzige war, auf dessen Zubereitung ich seinerzeit programmiert war."

„Sie hat recht", sagte Avon mit einem schweren Seufzen. „Ich hasse das Zeug."

„Sind alle Abenteuer so wie das hier?", fragte Honesty und beäugte argwöhnisch die Feldrationen.

„Wenn das so wäre", sagte Avon, „würde niemals jemand auch nur einen Fuß vor die Tür setzen …"

9. KAPITEL

Imri saß auf dem Co-Piloten-Sitz und ließ seine Gedanken schweifen. Er hatte nicht die geringste Ahnung vom Fliegen. Nach ihrer Rückkehr von der Starlight-Station wollten er und Douglas eigentlich mit dem Pilotentraining beginnen und erste kurze Flüge unternehmen, doch nun würde das niemals passieren. In seiner Kehle bildete sich ein Kloß – so wie immer, wenn Imri an seinen Meister dachte. Douglas war als Held wieder eins mit der Macht geworden, aber das linderte die Trauer über seinen Verlust kein bisschen.

Imri studierte die Steuerkontrollen, während Avon und Honesty hinten leise vor sich hin schnarchten. Die jüngeren Kinder waren gleich nach dem Essen eingeschlafen, so erschöpft waren sie von der körperlichen und geistigen Anstrengung, diese Tragödie zu überleben. Avon dabei zuzusehen, wie sie versuchte, das Joppa-Gulasch hinunterzuwürgen, war seitdem der einzige lichte Moment gewesen. Sie hatte absichtlich eine große Show daraus gemacht, damit die anderen sich über ihre Misere amüsieren konnten, aber nun war Imri wieder allein mit seinem Kummer. Als er noch ein Jüngling gewesen war, hatte es im Tempel verschiedene Ausbilder gegeben, aber die letzten zwei Jahre hatte er mit Douglas verbracht. Und der Verlust seines Meisters schmerzte Imri mehr, als er je für möglich gehalten hätte. Er wusste, dass er besser damit hätte umgehen können, wenn er seine Emotionen mehr unter Kontrolle gehabt hätte. Aber das half ihm im Augenblick auch nicht.

Suhl dich nicht in deiner Trauer, Imri! Ein Jedi zweifelt niemals an sich oder daran, was zu tun ist. Er stellt sich einfach dem Problem, das es zu bewältigen gilt, atmet tief durch und vertraut darauf, dass die Macht ihm beisteht.

Die Stimme war nicht wirklich die von Douglas, aber die Erinnerung an seine freundlichen Ratschläge kam Imri trotzdem gerade recht. Er machte einen tiefen Atemzug und stieß ihn wieder aus. Auf dem Pilotensitz neben ihm schlief Vernestra, bereit, sofort aufzuwachen, falls irgendeins der Alarmsignale losging. Selbst inmitten dieses ganzen Durcheinanders, während eine Krise auf die andere folgte, war Vernestra ruhig, gelassen und gefasst geblieben. Sie war kaum zwei Jahre älter als er und schon eine richtige Jedi-Ritterin. Zu sehen, wie sie die Initiative ergriff und tat, was getan werden musste, hatte Imri mit Sorge erfüllt und ihm das Gefühl gegeben, viel jünger zu sein, als er tatsächlich war. Er war sich vorgekommen, als wäre er noch immer ein Jüngling und kein echter Padawan.

Du darfst dich nicht mit anderen vergleichen, Imri. Der einzige Maßstab, an dem du dich messen musst, sind deine eigenen Leistungen.

Imri atmete erneut tief ein und wieder aus, bevor er die Augen schloss. Wenn er sich bemühte, konnte er sehen, wie Douglas ihn anlächelte, ihn ermutigte, es noch einmal mit dem Schweben zu versuchen, oder wie er ihn zum hundertsten Mal aufforderte, ihm zu erklären, wie man ein Lichtschwert zusammenbaut. Doch auch wenn Douglas Imri auf jede nur erdenkliche Weise in allem bestärkt hatte, was er tat, war da immer die Gewissheit gewesen, dass Imri letztlich alles erreichen konnte, was er erreichen musste.

Obwohl Hochmut unter den Jedi als verachtenswert galt, hatten die anderen Jünglinge damals im Tempel Imri ausgelacht und verspottet, wenn er eine Lektion nicht so schnell verinnerlichen konnte wie sie. Meister Douglas aber hatte nie geseufzt, wenn er es mal wieder vermasselt hatte. Er hatte niemals die Geduld mit seinem Schüler verloren. Stattdessen hatte er bloß geschmunzelt und Imri die Übung noch einmal gezeigt, wieder und wieder, so lange, bis sein Padawan sie schließlich schaffte. Douglas hatte immer an ihn geglaubt, auch wenn Imri selbst insgeheim nicht davon überzeugt gewesen war, eines Tages ein großer Jedi zu werden. Douglas hatte ihm das Gefühl gegeben, mutig zu sein, obwohl er in Wahrheit alles andere als das war. Und nun war der Jedi-Meister tot. Was sollte er nun machen?

Mit geschlossenen Augen und von seinen Erinnerungen an Douglas erfüllt, streckte Imri von Neuem seine Machtsinne aus – hinaus in die pechschwarze Finsternis des Weltalls, zu den Sternen und Monden und zu den Geheimnissen, die ihnen sonst ein funktionstüchtiges Navigationssystem offenbart hätte. Und als er sein Bewusstsein auf die Suche schickte nach einem Ort mit Leben, nach einem sicheren Platz, wo sie mit dem Shuttle landen konnten, wärmten die Gedanken an seinen Meister ihn wie eine wohlige Decke, sodass er sich stark und zuversichtlich fühlte. Selbst im Angesicht des eigenen Endes war Douglas tapfer und unerschrocken gewesen.

Imri war entschlossen, es seinem Meister gleichzutun. In diesem Moment spürte er es. Es war, als würde man einen Stock in einen Qwizerbau stoßen: Plötzlich war es da, laut und unvermittelt, voll von verborgenem Leben, das mit einem Mal in alle Richtungen schwärmte.

Imri keuchte überrascht und kehrte so ruckartig in seinen

Körper zurück, dass sich Vernestra neben ihm aufsetzte und sich verschlafen die Augen rieb. „Hey, was ist los?"

„Ich glaube ... ich glaube, ich habe einen Planeten gefunden. Aber nicht bloß irgendeinen Planeten – einen voller Leben!"

Sie schenkte ihm ein Lächeln. „Kannst du ihn mir zeigen?"

Imri nickte aufgeregt, konzentrierte sich auf die Macht – und zögerte für einen Moment. Aber dann atmete er tief durch, fokussierte sich und kehrte mit seinen Sinnen zu dem Ort zurück, den er eben so überdeutlich wahrgenommen hatte – seine Seele erinnerte sich an den Weg dorthin. Vernestra folgte ihm auf seiner Reise, und mit ihrer Hilfe gelang es ihm tatsächlich, den Planeten vor seinem geistigen Auge zu sehen.

Die Welt war von einem dichten grünen Dschungel bedeckt, mit uralten Bäumen voller Ranken, die überall hingen, wohin man auch schaute. Die schrillen Rufe von Tieren durchdrangen die heiße, feuchte Luft. Gerade als die Temperaturen, die viel wärmer waren als die an Bord des Shuttles, ihn allmählich zum Schwitzen brachten, kehrte er wieder in seinen Körper zurück.

„Imri!", sagte Vernestra. „Du hast es geschafft!" Sie warf ihr Haar über die Schulter zurück, beugte sich vor und begann damit, Schalter zu betätigen, um die Energie der Triebwerke zu regulieren. „Wie es aussieht, kann ich uns in diese Richtung steuern, und allzu weit entfernt scheint der Planet auch nicht zu sein. Wir müssen die ganze Zeit über darauf zugeflogen sein, aber ohne dich hätten wir das niemals gewusst!" Sie hielt inne und wandte sich mit einem breiten Lächeln an Imri. „Gute Arbeit, Padawan!"

Imri lief vor Freude rot an – seine Wangen glühten. Vielleicht konnte er trotz allem ja doch noch ein Jedi werden. Noch war nichts wirklich verloren. „Danke“, sagte er. „Also, was machen wir jetzt?“

Vernestra hörte auf, Schalter umzulegen und Knöpfe zu drücken, und lehnte sich mit einem lauten Gähnen im Sitz zurück. „Jetzt warten wir.“

10. KAPITEL

Als Avon erwachte, saß Imri auf dem Co-Piloten-Sitz, während Vernestra ihm leise die verschiedenen Schalter und Knöpfe erklärte. Gegenüber von ihr lag Honesty auf der anderen Pritsche auf dem Rücken und schnarchte unruhig vor sich hin. Sein Mund stand auf eine Art und Weise offen, die Avon lustig gefunden hätte, hätte der Junge ihr nicht so ungeheuer leidgetan. Er war vielleicht etwas sonderbar, aber Avon hatte keine Ahnung, ob es daran lag, dass *alle* Dalnaner mit ihrer pragmatischen Kleidung und ihrem Misstrauen gegenüber allen Außenstehenden etwas sonderbar waren, oder ob nur sein Kummer dafür sorgte, dass er so angespannt und unnahbar war. Zwar versuchte sie, ihn nicht dafür zu verurteilen, aber genau das war es, was ein wissenschaftlich geprägter Verstand wie ihrer nun einmal tat: beobachten, einschätzen, analysieren und sich dann ein Urteil bilden.

J-6 tadelte sie stets dafür, wie sie über Benimmregeln dachte: „Es ist nicht nötig, zu wissen, warum die Mon Calamari es als beleidigend empfinden, wenn man in ihrer Gegenwart laut niest. Es genügt zu wissen, dass es so ist. Nicht alles muss einer wissenschaftlichen Prüfung unterzogen werden, Avon."

J-6 schien einfach nicht recht zu begreifen, dass Avon das vollkommen anders sah. Ihrer Ansicht nach *musste* alles einer wissenschaftlichen Prüfung unterzogen werden! Sie brannte darauf, das Wie und das Warum der Dinge zu verstehen, und wenn sie darauf keine Antworten bekam, trieb ein Gefühl der Frustration sie dazu, irrationale Dinge zu tun, um dem Ganzen auf eigene Faust doch irgendwie auf den Grund zu gehen. Genau deshalb hatte ihre Mutter sie auch nach Port Haileap geschickt.

„Vielleicht findest du am Rande der Galaxis das, wonach du suchst, Liebes", hatte Ghirra Starros fast ein wenig frustriert gesagt, als sie ihre einzige Tochter fortgeschickt hatte. „Ich habe versucht, dich in Diplomatie zu unterweisen, aber es ist offenkundig, dass dich nur dieses ganze akademische Wissenschaftszeug interessiert. In Port Haileap gibt es eine provisorische Forschungseinrichtung, wo Professorin Glenna Kip einigen deiner Fragen über die Macht und das Leben im Allgemeinen nachgeht, die auch sie sehr beschäftigen. Es wird dir guttun, eine Mentorin zu haben, die viel mit dir gemeinsam hat."

Bei Avons Ankunft war Professorin Kip jedoch gerade abgereist, um nach irgendeinem Artefakt zu suchen, sodass Avon auf sich allein gestellt war. Obwohl sie selbst nicht im Mindesten machtsensitiv war, war Meister Douglas so freundlich gewesen, sie zu den Unterrichtseinheiten einzuladen, die er Imri erteilt hatte. Allerdings hatte die Zeit, die sie mit Imri verbracht hatte, Avon bloß noch neugieriger auf die Macht und die Kyberkristalle der Jedi gemacht. Diese Kristalle waren eine nahezu unerschöpfliche Energiequelle und die Anwendungsmöglichkeiten schlichtweg endlos. Es ergab keinen Sinn, dass sich außer den Jedi noch niemand dieses ungeheure Potenzial zunutze gemacht hatte.

Aus diesem Grund war Avon fest entschlossen, die Erste zu sein, die die Kristalle und ihre Eigenschaften studierte. Und anschließend würde sie ihre Erkenntnisse nutzen, um sich an der Universität von Coruscant einzuschreiben, und dann konnte sie wieder nach Hause zurückkehren. Dann würde sie nicht mehr irgendwo im Nirgendwo festsitzen. Dann konnte sie heimkehren und heißen frittierten Helafisch zum Abendessen genießen, Wicketball spielen und all die anderen Dinge tun, die Coruscant zu einem so erstaunlichen Ort machten. Dort gab es vieles, das es in Port Haileap nicht gab – beispielsweise Zivilisation.

Wäre Avon auf Coruscant geblieben, wäre sie nun außerdem nicht in einem Shuttle mit rasch schwindenden Vorräten gefangen. Als ihr diese Tatsache bewusst wurde, hätte sie am liebsten losgeheult.

„Hey!"

Avon wandte sich den Jedi zu, die vorn im Cockpit der Raumfähre saßen. Die beiden hatten sich in ihren Sesseln umgedreht, um sie anzusehen.

„Hast du Hunger?", fragte Vernestra.

„Gibt es auf einmal irgendwas anderes als Joppa-Gulasch? Habt ihr mit der Macht etwas hergezaubert, das tatsächlich *essbar* ist?" Avons Worte klangen schärfer, als sie es beabsichtigt hatte, und sie atmete tief durch, um ihr aufbrausendes Temperament zu zügeln. Schließlich war es ihre eigene Schuld gewesen, dass sie überhaupt nach Port Haileap geschickt worden war. Die Einzige, auf die sie wütend sein sollte, war sie selbst.

„Nein", sagte Imri lächelnd, ohne zu merken, wie aufgewühlt sie gerade war. „Aber die gute Nachricht ist, dass wir bald einen Planeten erreichen!"

„Was? Wirklich?" Avon erhob sich von der Pritsche und stellte sich so hin, dass sie aus dem vorderen Sichtfenster schauen konnte. In der Mitte des Fensters erstrahlte eine kleine, üppig bewaldete grüne Kugel, die zwei Planeten zu umkreisen schien. „Also, um ehrlich zu sein, denke ich, das ist ein Mond – und ein sehr kleiner noch dazu", sagte Avon, und sofort trübte sich ihre Stimmung wieder. „Ist das ein Doppelgasriese?"

„Sieht ganz danach aus", meinte Vernestra. „Da wir uns nach wie vor im Haileap-System befinden, vermute ich, das sind Nixus und Neralus – was bedeutet, dass es in der Nähe nichts anderes gibt. Aber da die Kommunikation und die Navigation ausgefallen sind, werden wir das erst mit Sicherheit wissen, wenn wir gelandet sind."

„Okay, nächste Frage: Warum sollte jemand versuchen, uns zu ermorden?", wollte Avon wissen. Sie hatte sich die Fakten, die sie kannten, wieder und wieder durch den Kopf gehen lassen, doch sie fand keinen einzigen vernünftigen Grund für alles, was passiert war. Je mehr sie darüber nachdachte, desto stärker hämmerte Avons Herz. Aber nicht aus Furcht, sondern vor Aufregung. Hier galt es, ein Rätsel zu lösen, eine Antwort zu finden! Das Was kannte sie, aber über das Wer und das Warum konnte sie bloß spekulieren.

„Das wissen wir doch gar nicht", sagte Vernestra ein wenig vorschnell.

Avon neigte den Kopf und sah das ältere Mädchen an. „Lässt dich die Macht in die Vergangenheit schauen? Kannst du so rausfinden, warum die *Steady Wing* auseinandergebrochen ist? Wie es zu diesen Explosionen gekommen ist?"

Vernestra schien peinlich berührt. „Einige Jedi-Meister sind tatsächlich imstande, die Macht auf diese Weise zu nutzen, aber ich gehöre leider nicht dazu. Und abgesehen davon: Was macht das für einen Unterschied? Wir haben größere

Probleme. Vermutlich war das nur eine Emergenz, Avon, nichts weiter. Bloß ein schrecklicher Unfall, den niemand hätte vorhersehen können."

„Das glaubst du doch wohl selbst nicht!", erwiderte Avon. „Das haben wir doch schon diskutiert. Wäre eine Emergenz die Ursache gewesen, wäre das Zerstörungsmuster ein anderes gewesen."

„Avon ..." Vernestra seufzte. „Selbst wenn: Was spielt das überhaupt für eine Rolle?"

„Es spielt *deshalb* eine Rolle, weil dann irgendjemand Douglas und Honestys Vater *ermordet* hat", sagte Avon. Sie konnte nicht glauben, dass Vernestra einfach die Augen vor den Tatsachen verschloss. „Und außerdem: Wenn es wirklich ein Anschlag war, woher wollen wir dann wissen, dass wir jetzt sicher sind? Was, wenn jemand nur darauf wartet, dass wir irgendwo landen, um die Sache zu Ende zu bringen?"

„Niemand verfolgt uns. Das würde ich spüren", beteuerte Imri.

Sofort fühlte Avon sich grässlich. Sie hatte ganz vergessen, dass Imri das Wrack der *Steady Wing* mental nach Überlebenden durchkämmt hatte, bevor er auf dieselbe Weise nach irgendwelchen Lebenszeichen zwischen den Sternen gesucht hatte. Dann kam ihr mit einem Mal ein anderer Gedanke. „Was, wenn sie Droiden hinter uns hergeschickt haben? Die hättest du nicht wahrgenommen, oder?"

„Das ist ein bisschen sehr weit hergeholt", meinte Vernestra stirnrunzelnd. Dann schüttelte sie den Kopf. „Aber selbst in dem unwahrscheinlichen Fall, dass *tatsächlich* irgendjemand hinter uns her ist, werden wir uns darüber Gedanken machen, wenn es so weit ist. Ich habe mein Lichtschwert, und Imri hat seins. Wir machen keinen Hyperraumsprung und sollten außerdem weit genug von allen Verkehrsknotenpunkten entfernt sein, dass wir nicht befürchten müssen, auf weitere Emergenzen zu stoßen. Mit allem anderen werden Imri und ich schon fertig. Wir sorgen dafür, dass niemandem etwas geschieht."

Avon schnaubte verärgert. Sie wusste, was Vernestra da machte: Sie behandelte sie wie ein Kind, das Angst vorm Dunkeln hatte. Keine Frage, die Jedi war ebenfalls besorgt. Die Falten, die sich während ihrer Flucht von Bord der *Steady Wing* in die grüne Haut ihrer Stirn gegraben hatten, waren immer noch da. Doch offenbar war sie der Ansicht gewesen, Avon trotzdem davon überzeugen zu können, dass ihr nichts passieren würde. Dabei hatte Avon gar keine Angst. Sie war sauer. „Wollt ihr denn nicht rausfinden, wer Douglas getötet hat? Er starb, weil er versucht hat, *uns* zu retten!"

Avon konnte einfach nicht glauben, dass keiner der Jedi sich dafür rächen wollte. Würde jemand zu Schaden kommen, den sie liebte, wäre Rache das Einzige gewesen, das Avon noch interessiert hätte. Es gab da diese alte Familiengeschichte, wonach Caden Starros, ihr Urgroßvater, einen Feind bis nach Orondia verfolgt hatte, um Vergeltung zu üben, nachdem der Mann sein Schiff gestohlen und ihn auf einem unbedeutenden Mond zum Sterben zurückgelassen hatte. Ob diese Geschichte nun tatsächlich stimmte oder nicht – es hörte sich für Avon immer noch plausibler an, als einfach darüber hinwegzusehen, dass einem Leid zugefügt worden war.

Imri schenkte Avon ein bekümmertes Lächeln. „Die Jedi glauben nicht an Rache. Rache und Zorn gehören zur dunklen Seite der Macht und die Jedi zur hellen. Alles, was passiert, *soll* passieren. Die Wege der Macht sind rätselhaft, aber um ein Jedi zu sein, gehört es dazu, auf die Macht zu vertrauen, auch wenn das in dem Moment noch so schwierig sein mag."

Vernestra nickte und tätschelte Imris Arm, aber Avon warf genervt die Hände in die Luft und ließ sich wieder neben J-6 auf die Pritsche fallen.

„Die Macht ist ausgesprochen merkwürdig", sagte J-6.

„Das kannst du laut sagen", murmelte Avon mit trotzig verschränkten Armen. Als sie da so auf der Pritsche hockte und über die Möglichkeiten von Sabotage und künftige Gefahren nachgrübelte, fiel ihr Blick unvermittelt auf Imris Lichtschwert. Im Gegensatz zu Vernestra, die ihres in einem Halfter an der Hüfte trug, hatte Imri sein Halfter und den formellen Waffenrock abgelegt. Beides war an Bord des Shuttles verstaut, in einem Lagerwürfel, der normalerweise für Decken, Bettzeug und dergleichen bestimmt war.

Avon starrte das Lichtschwert an, und in ihrem Hinterkopf nahm ein Gedanke Gestalt an. Vielleicht konnte sie sich auf diesem Flug ja doch noch nützlich machen.

11. KAPITEL

Als Honesty erwachte, stand Avon über ihn gebeugt. Das braunhäutige Mädchen studierte ihn, als wäre er irgendein Versuchstier im Labor. Sie hatte die Augenbrauen zusammengezogen und die Lippen nachdenklich geschürzt. So beobachtet zu werden, war befremdlich und unangenehm, und Honesty setzte sich schnell auf, wobei er sich jedoch so ungeschickt anstellte, dass Arme und Beine ungelenk durch die Gegend schlackerten. „Was ist?", fragte er mit unmissverständlicher Schärfe in der Stimme. Hatte er vielleicht irgendetwas im Gesicht?

„Du hast geweint", entgegnete Avon schlicht, vollkommen unbeeindruckt von seiner rüden Art.

„Na und? Das ist noch lange kein Grund, mich so anzustarren!"

Sie zuckte mit den Schultern – eine sehr geschmeidige Bewegung. „Ich war mir nicht sicher, ob du noch schläfst oder schon wieder wach bist, deshalb wollte ich mich erst vergewissern, bevor ich irgendwas unternehme. Wie auch immer, du brauchst dich nicht dafür zu schämen, dass du weinst. Das ist vollkommen normal. Du solltest froh sein, dass *ich* dich so gesehen habe und nicht einer von den Jedi. Die hätten dir nämlich eine Lektion über die Macht erteilt und versucht, dich dazu zu bringen, mit ihnen 'ne Runde zu meditieren." Avon zog eine Grimasse. „Du hast ja nicht die geringste Ahnung, wie oft Vern mich gezwungen hat, einfach nur *still dazusitzen*, meine Atemzüge zu zählen und mir Licht vorzustellen … Licht! *Nein, besten Dank auch!*" Honesty erwiderte nichts, sodass Avon schließlich genervt die Hände hochwarf. „Wie auch immer, wir sind mittlerweile auf einem Mond gelandet, und du hast es geschafft, die ganze Aktion zu verschlafen. Draußen ist es heiß, feucht und ganz grässlich, und es besteht nach wie vor das Risiko, dass wir sterben, aber zumindest gehen wir jetzt nicht im Weltall drauf."

Mit diesen Worten machte sie auf dem Absatz kehrt und spazierte die Einstiegsrampe hinab, die hinaus in den Sonnenschein führte, der so hell und grell war, dass Honestys Augen tränten. Er folgte ihr nicht sofort. Stattdessen nahm er sich einen Moment lang Zeit, um seine Gedanken zu ordnen. Dieses Mädchen machte Honesty nervös, und das lag nicht nur daran, dass sie klug und selbstsicher war – sondern vor allem daran, dass sie so draufgängerisch und sorglos war. Sie kümmerte sich nicht um Regeln, wie alle anderen es taten. Honesty dagegen liebte nichts mehr als Vorschriften. Vorschriften brachten Ordnung in die Dinge, und Honesty war jedes Mal überglücklich, wenn er feststellte, wo diese Grenzen lagen. Soweit es ihn betraf, hatte Ordnung etwas Tröstliches, etwas Beruhigendes, denn genau wie alle Dalnaner hasste er Chaos. Diese ganze Reise bestand aus einer einzigen Abfolge von Katastrophen, und das Letzte, das er in seinem Leben brauchte, war jemand wie Avon Starros, die das Chaos förmlich anzuziehen schien wie ein Magnet. Sie war eine von diesen Personen, die nicht nur Gefallen an wildem Durcheinander fanden, sondern es mit offenen Armen willkommen hießen und alle anderen in ihrem Umfeld gnadenlos mit in dieses Chaos hineinzogen, ob sie wollten oder nicht. Es war nicht so, dass Honesty für alles, was an Bord der *Steady Wing* passiert war, Avon die Schuld gab. Aber das änderte nichts an der Tatsache, dass es seiner Meinung nach besser war, einen möglichst großen Abstand zwischen sich und das Mädchen zu bringen – je eher, desto besser.

Wenn du andere anstatt nach ihren Taten nach deinen eigenen Erwartungen beurteilst, wirst du immer enttäuscht werden.

Bei der plötzlichen Erinnerung an seinen Vater musste Honesty schwer schlucken. Botschafter Weft hatte seinen Sohn stets ermahnt, geduldiger zu sein, besonders beim Beurteilen anderer Leute. In Honestys Hals bildete sich ein Kloß, als ihm klar wurde, dass sein Vater ihn nie wieder wegen irgendetwas zurechtweisen würde.

Honesty atmete tief durch und riss sich zusammen. Er würde Avon Starros und seinen übrigen Begleitern eine Chance geben. Er würde kein vorschnelles, übereiltes Urteil über sie fällen. Sein Vater mochte vielleicht tot sein, aber Honesty konnte sein Andenken ehren, indem er sich seine Ratschläge mehr zu Herzen nahm, als er es bisher getan hatte. Entschlossen, das Beste aus der Situation zu machen, streckte er sich, stand auf und drückte die Schultern durch, als er von Bord ging, um sich dem zu stellen, was der Tag für ihn bereithalten mochte. Sein Vater hatte ihn stets davor gewarnt, sich von einem Rückschlag runterziehen zu lassen, und genau das würde ihm nun nicht passieren. Nie wieder.

Honesty schaute blinzelnd in die blendende Helligkeit der Welt außerhalb des Shuttles. Er blinzelte, als sich seine Augen einmal mehr mit Tränen füllten. Es dauerte einen Moment, bis sie sich an das Licht gewöhnt hatten, dann ließ er den Blick staunend durch die Gegend schweifen.

Sie waren am Rande einer Lichtung gelandet, inmitten von sanft wogendem, beinah hüfthohem gelbem Gras. Doch schon unmittelbar hinter der Wiese erstreckte sich dichter Dschungel. Ranken, so dick wie Honestys Arme, schlangen sich um die Wipfel der Bäume, die merkwürdige, große Blätter und glatte weiße Stämme hatten. Zwischen den Bäumen flatterten kleine Kreaturen mit knallbuntem, edelsteinfarbenem Fell umher. Der Himmel war von einem blassen Lavendelblau und wurde von einem riesigen, braun-orange gestreiften Planeten beherrscht, der über allem stand und dafür sorgte, dass er sich klein und unsicher fühlte. Honesty hatte so etwas noch nie zuvor gesehen, und er starrte das unglaubliche Panorama fasziniert an, bis ihm jemand eine Hand auf die Schulter legte.

„Tut mir leid, ich wollte dich nicht erschrecken", sagte Imri mit einem verhaltenen Lächeln. „Dies war der einzige Ort, wo wir mit dem Shuttle landen konnten. Wir glauben, dass das hier eine alte Flussniederung ist. Vern will sich in den Urwald schlagen, um zu sehen, ob es irgendwo erhöhtes Gelände gibt, wo wir sicherer sind – nur für den Fall, dass es ein Unwetter gibt."

Die beiden Jedi hatten ihre Waffenröcke abgelegt und trugen jetzt bloß noch elfenbeinfarbene Hosen und Tuniken sowie mattbraune Stiefel. Vernestras Lichtschwert hing von einem Halfter an der Hüfte, Imri hingegen hielt seins mit einer Hand umklammert, die so kräftig war, dass die Waffe darin wie ein Spielzeug wirkte. Die zwei strahlten Zuversicht und Selbstvertrauen aus, als wüssten sie genau, was zu tun war.

Honesty hingegen empfand genau das Gegenteil. „Sie will da reingehen?", fragte er skeptisch, außerstande, seine

Furcht zu verbergen. Ja, es war eine gute Idee, höheres Gelände zu suchen. Beim Überlebenstraining zu Hause auf Dalna hätte sein Ausbilder in dieser Situation wahrscheinlich genau dasselbe vorgeschlagen. Aber der Dschungel war üppig und Respekt einflößend. Nur wenig Licht drang durch das dichte Blätterdach, sodass der Bereich zwischen den Bäumen unglaublich düster und unheilvoll wirkte – und alles andere als sicher. Gehörte es zu einem Abenteuer, ständig die schlechteste aller möglichen Entscheidungen zu treffen und sich selbst leichtfertig in Gefahr zu bringen? Dann war es kein Wunder, dass die meisten Dalnaner nicht den geringsten Drang verspürten zu verreisen. Das Ganze wurde einfach nur immer schlimmer und schlimmer.

„Wir werden uns mal die nähere Umgebung ansehen", sagte Vernestra, die auf Honesty zukam, um seine Frage zu beantworten. „Wenn du genau hinschaust, erkennst du, wie dieses Gras eine Art Weg bildet. Das bedeutet vermutlich, dass sich das Gebiet in einen Fluss verwandelt, sobald es stark regnet. Diese Bäume haben sehr dichtes Laub, und die Luft hier ist extrem feucht. Wenn ich mich intensiv darauf konzentriere, kann ich spüren, wie die Tiere daran denken, sich zur Ruhe zu begeben, und wie die Pflanzen planen, ihre Wurzeln tief im Boden zu vergraben, damit sie nicht fortgespült werden. Aller Wahrscheinlichkeit nach heißt das, dass heftige Regenfälle hier keine Seltenheit sind. Deshalb sind wir am besten damit beraten, uns in höherem Gelände einen sicheren Unterschlupf zu suchen."

Honesty schaute sich um und ließ den Blick erneut über die Landschaft schweifen. Das alles hatten der Jedi etwas Gras, ein paar Bäume und irgendwelche regenbogenfarbenen Tiere verraten? Er war verlegen und wütend auf sich selbst, weil er so völlig unvorbereitet war, und auch wenn er es nur ungern zugab, erfüllten ihre Fähigkeiten ihn mit mehr als nur ein wenig Ehrfurcht. Es sei denn, sie hatte sich das alles bloß ausgedacht, aber das sagte er lieber nicht.

„Hier." Avon warf Honesty einen Rucksack zu. „Der ist für dich."

Honesty nahm ihn entgegen und sah neugierig hinein. „Was ist da drin?"

„Essen und ein paar andere Vorräte", erklärte sie.

Honesty fiel auf, dass sein Rucksack ein bisschen schmaler war als der, den Avon trug. Der Droide hingegen hatte überhaupt keinen. Doch bevor er sich erkundigen konnte, was sich in ihrem befand, fuhr Avon fort.

„Wir nehmen alles mit, was uns irgendwie von Nutzen sein könnte, und finden hoffentlich irgendeine günstige Stelle, um unser Nachtlager aufzuschlagen. Morgen kommen Vern und ich dann wieder hierher zurück, um zu überprüfen, ob das Notsignal noch aktiv ist."

„Habt ihr das alles miteinander besprochen, während ich geschlafen habe?", fragte Honesty. Er fühlte sich außen vor gelassen.

„Dein Vater ist gestorben", sagte Avon rundheraus. „Deshalb haben wir dich in Ruhe gelassen."

„Avon!", wies Vernestra sie zurecht. „Sei doch bitte ein bisschen sensibler!"

Das Mädchen schaute erstaunt drein, als verstünde sie nicht recht, weshalb die Jedi sie ermahnt hatte. „Die philosophische Abhandlung von Grat Resa über die Trauer besagt, dass das Akzeptieren der Tatsache, jemanden verloren zu haben, den man liebt, von entscheidender Bedeutung ist, um darüber hinwegzukommen. Der andere Teil des Trauerprozesses besteht darin, sich genügend Ruhe zu gönnen. Ein solcher Verlust kann einen emotional erschöpfen. Der Schlaf hat deinem Körper gutgetan. Das war nicht persönlich gemeint."

„Wissenschaft ist kein Ersatz für Mitgefühl, Avon", sagte Vernestra sanft.

Avon rückte betreten ihren Rucksack zurecht. „Oh", machte sie dann und wandte sich Honesty zu, der sich alle Mühe gab, zu dem Mädchen nichts zu sagen, das er später bedauern würde. „Tut mir leid", sagte sie. „Ich wollte nur helfen."

Honesty nickte benommen. Irgendwie war ihre Freundlichkeit noch viel schlimmer. „Danke!"

„Sind wir allmählich so weit?", fragte J-6 ungeduldig. „Meinen Sensoren zufolge beträgt die Regenwahrscheinlichkeit aktuell zwanzig Prozent und nimmt im Laufe des Tages beständig weiter zu. Und ich mag keinen Matsch."

„Na, dann sollten wir lieber aufbrechen", sagte Vernestra voller Tatendrang.

Offensichtlich konnte die Jedi es kaum erwarten, den unangenehmen Augenblick hinter sich zu lassen. Honesty sträubte sich dagegen, das ältere Mädchen zu mögen. Sie war etwas herrisch, hatte aber auch etwas Warmes und Einnehmendes an sich. Und sie lächelte die ganze Zeit. Während Avon dafür sorgte, dass er sich leicht unbehaglich fühlte, war er bereit, alles zu tun, was Vernestra für richtig hielt. Dieses Gefühl war merkwürdig, aber Honesty vermied es, zu sehr darüber nachzudenken. Er ermahnte sich, dass er immer zu vorschnell urteilte, und beschloss, für alles offen zu sein – auch wenn das nicht leicht werden würde.

Andererseits war es auch nicht gerade so, als hätte er die

anderen einfach ignorieren können. Schließlich war er auf Gedeih und Verderb mit den dreien aus Port Haileap verbunden, bis sie es irgendwie schafften, von diesem Mond zu entkommen. Und danach? Nach Hause. Das Einzige, was Honesty wollte, war, nach Hause zurückzukehren, wo alles sicher und vorhersehbar war.

Die Gruppe marschierte los. Vernestra übernahm die Führung, und Imri bildete die Nachhut – er ging als Letzter in der Reihe. Aber Honesty fühlte sich kein bisschen sicherer, bloß weil der andere Junge hinter ihm war, denn Imri sah genauso verängstigt aus, wie er selbst sich fühlte. Wäre er in großmütigerer Stimmung gewesen, hätte er den Padawan vielleicht gefragt, ob mit ihm alles in Ordnung war, doch so, wie die Dinge lagen, hatte Honesty genug mit sich selbst zu tun und mit all dem, was gerade mit ihm passierte. Ihm war, als hätte der Strom des Lebens ihn erfasst und würde ihn einfach mitreißen. Erst hatte das Schicksal ihn von zu Hause weggetrieben, an Bord der *Steady Wing* – nur um ihn anschließend auf Kollisionskurs mit der Gefahr zu bringen. Noch vor zwei Tagen hatte er es kaum erwarten können, seinen eigenen Weg zu gehen, das zu tun, was *er* wollte, doch als er es dann versucht hatte, war er trotz seiner Kriegerausbildung auf einer Diplomatenmission gelandet, anstatt seine Wandlung zu durchlaufen.

Allerdings war dies definitiv nicht der richtige Zeitpunkt für kühne Worte. Er hatte Angst vor dem, was ihnen zustoßen könnte. Angeblich hatten die Jedi irgendeine Art überlegener Macht auf ihrer Seite, und ganz gleich, ob Honesty das glaubte oder nicht – die Jedi selbst taten es. Deshalb nahm er an, dass es besser war, sich ihnen anzuschließen, anstatt zu versuchen, irgendwie auf eigene Faust klarzukommen.

Sie marschierten weiter, und die Zeit zog sich schier endlos in die Länge. Ein Stück weiter vor sich konnte Honesty die glänzende Gestalt des Droiden ausmachen. Unterwegs fummelte Avon immer wieder an den ungewöhnlich aussehenden Bäumen herum, während J-6 sein Möglichstes tat, um besonders tückisch aussehenden Pfützen auszuweichen. Eine Weile gelang es Honesty, sich selbst einzureden, dass er bloß einen weiteren Trainingsausflug mit seiner Outdoorgruppe unternahm, aber nachdem sie ungefähr eine Stunde unterwegs waren, stellte er fest, dass es ihm immer schwerer fiel, an irgendetwas anderes zu denken als daran, dass er alles gegeben hätte, um nicht dort sein zu müssen, auf diesem abgelegenen Mond, mit Leuten, die er nicht kannte, und einem Droiden, der seine ganz eigenen Pläne zu haben schien.

Eine Bewegung links von Honesty erregte seine Aufmerksamkeit, und er drehte sich zur Seite, um in die Schatten unter den großblättrigen Bäumen zu spähen. Unwillkürlich blieb er stehen und starrte mit zusammengekniffenen Augen angestrengt ins Zwielicht. Imri stieß gegen seinen Rücken, und Honesty wedelte wie wild mit den Armen, um nicht das Gleichgewicht zu verlieren.

„Hey, tut mir leid!“, sagte der Padawan und errötete fast bis zu den Ohren.

„Schon in Ordnung. Hast du das auch gesehen?“, fragte Honesty und zeigte auf die Stelle, wo sich die tief hängenden Zweige der Bäume bewegt hatten, als hätte sie irgendetwas berührt.

„Was soll ich gesehen haben?“

Honesty beobachtete die Stelle, wo er die Bewegung entdeckt hatte. Er hätte schwören können, etwas Grelles, Rosafarbenes gesehen zu haben – viel greller noch als die regenbogenfarbenen Primaten, die über ihnen von Baum zu Baum sprangen. Aber was immer da gewesen sein mochte, inzwischen war es weg. „Nichts", sagte Honesty. „Vergiss es."

Sie gingen weiter. Nach einem Marsch, der Stunden zu dauern schien, sah die Landschaft immer noch genauso aus wie vorher. Die Bäume drängten sich nach wie vor dicht aneinander, und das ausgetrocknete Flussbett, durch das sie gingen, war weder breiter noch schmaler geworden. Das Einzige, was anders war, waren die Wolken, die sich nun drohend und düster am Horizont türmten, der mittlerweile ein einziges brodelndes Dunkelgrau war, nur durchzogen von rosa-violetten Blitzen, die in unregelmäßigen Abständen den Himmel zerrissen.

„Vielleicht sollten wir lieber zwischen den Bäumen weitergehen?", fragte Honesty. Er schaute in die Richtung zurück, aus der sie kamen, aber das Shuttle war bereits zu weit weg, um es sehen zu können – ein Beleg dafür, wie weit sie sich schon davon entfernt hatten, auch wenn sie nach wie vor in der flacheren Grasebene des Flussbetts unterwegs waren. „Da drinnen ist die Chance vielleicht größer, Schutz zu finden." Es gefiel ihm nicht, dass sie in dem Flussbett so ungeschützt waren. Immer wieder kam ihm dieses rosa Leuchten in den Büschen in den Sinn, und je mehr Honesty darüber nachdachte, desto überzeugter war er davon, jemanden gesehen zu haben. Das war nicht unmöglich, oder? Die Jedi behaupteten zwar, dass niemand die Explosion der *Steady Wing* überlebt hatte, aber das musste ja nicht zwangsläufig stimmen. Vielleicht war noch jemand mit einem Shuttle auf diesem Mond notgelandet, genau wie Honesty und die anderen. Vielleicht …

Hoffentlich.

„Honesty hat recht", sagte Avon, während sie zum Horizont hinaufsah. Sie blieb stehen, streifte ihren Rucksack von den Schultern und öffnete ihn. Dann holte sie eine Art Schutzbrille daraus hervor und setzte sie auf.

Honesty hatte keine Ahnung, wo das Mädchen die Brille herhatte, aber er hatte schon ähnliche Exemplare gesehen, bei den Infanteristen, die auf dem Militärgelände auf Dalna und in der Nähe davon trainierten. Normalerweise waren solche Brillen mit Spähdroiden verbunden, die sich ein gutes Stück weiter vorne befanden, hinter den feindlichen Linien, um die Gegend auszukundschaften.

Avon drehte sich langsam im Kreis, und alle blieben stehen, um ihr zuzusehen. „Die Wettersensoren zeigen an, dass innerhalb der nächsten paar Minuten ein Unwetter ausbricht – und dass wir bald bis auf die Knochen durchnässt sein werden, wenn wir nicht schleunigst irgendwo Unterschlupf finden."

Vernestra stemmte ihre Hand in die Hüfte. „Wo hast du diese Brille her?"

„Während du mit Imri das Wartungsshuttle gelandet hast, habe ich mich ein bisschen gründlicher an Bord umgesehen und auch den Werkzeugkasten durchsucht. Und da ich nun mal prädestiniert dafür bin, auf diesem Ausflug die Wissenschaftsoffizierin zu spielen, habe ich mir die Freiheit genommen, dieses Baby für mich zu behalten", erklärte Avon, bevor sie die Brille wieder auf ihre Stirn hochschob.

„Was hast du sonst noch dabei?", fragte Vernestra. Der Verdruss in ihrer Stimme war nicht zu überhören.

Honesty kannte die Jedi zwar nicht sonderlich gut, aber der Farbe nach zu urteilen, die sich oben auf ihren grünen

Wangen gebildet hatte, war sie definitiv ziemlich aufgewühlt. Konnten Jedi eigentlich sauer werden? Honesty hatte keine Ahnung, stellte jedoch fest, dass er durchaus daran interessiert war, es herauszufinden.

„Nur noch dieses kleine Kerlchen", sagte Avon und holte einen kugelrunden Droiden aus ihrem Rucksack hervor, der gerade so in die Hand des Mädchens passte.

Nun wusste Honesty, warum ihr Rucksack ausgesehen hatte, als wäre er schwerer als der von allen anderen. Sie hatte die ganze Zeit über einen Spähdroiden mit sich herumgetragen! Honesty war sich nicht sicher, ob er beeindruckt sein sollte – schließlich waren Spähdroiden recht schwer, und Avon hatte sich unterwegs nicht ein einziges Mal über das Tempo beschwert – oder ob es besser war, dem Mädchen gegenüber fortan noch misstrauischer zu sein, als er es ohnehin schon gewesen war. Schließlich hatte sie es fertiggebracht, sogar eine Jedi an der Nase herumzuführen, und sofern Honesty die ganzen Geschichten richtig verstand, wussten Jedi doch eigentlich *alles*.

„Avon", begann Vernestra, aber das Mädchen schnitt ihr mit einem Wink ihrer braunen Hand das Wort ab.

„Jetzt sei nicht sauer, Vern! Ich wollte dir und Imri Gelegenheit geben, die Macht zu nutzen, bevor ich unsere Probleme mithilfe der Wissenschaft löse", erklärte Avon und drückte auf einen kleinen Knopf, um den Droiden einzuschalten.

Die Kugel entfaltete sich, um einen kleinen Flugdroiden mit vier Greifarmen und zwei großen Sensoren zu enthüllen, die wie Augen aussahen. Der Droide flog hoch in die Luft, schwebte neben Avon und stieß eine Reihe hoher und tiefer Töne aus, die Honesty nicht verstand. Auf Dalna gab es nicht besonders viele Droiden. Die dortigen Siedler zogen es vor, sich auf ihre eigenen, althergebrachten Gerätschaften zu verlassen. Außerdem waren Droiden teuer. Trotzdem hatte Honesty schon Spähdroiden wie diesen gesehen, und irgendwie fand er den vertrauten Anblick beruhigend.

Avon neigte den Kopf, als würde sie sich anhören, was der Droide zu ihr sagte. „Der kleine Essdee hier ist zwar leider nur zur Hälfte aufgeladen, aber er war so freundlich, die Umgebung zu analysieren. Dabei ist rausgekommen, dass wir in dieser Richtung erhöhtes Gelände finden." Sie deutete direkt in den Dschungel. „Also, eins zu null für die Wissenschaft!"

„Die Macht und die Wissenschaft sind keine Widersacher", sagte Imri, und seine halb überraschte, halb verärgerte Miene spiegelte das wider, was auch Honesty empfand. Hätte Avon den Droiden gleich herausgeholt, bevor sie zu ihrem Marsch aufgebrochen waren, hätten sie vermutlich schon vor Stunden irgendeine geeignete Zuflucht gefunden!

„Nein. Aber trotzdem hätte keiner von euch das Ding tragen wollen", meinte Avon. Sie zeigte immer noch in Richtung des dichten Urwalds. „Abgesehen davon hat diese Wanderung durch das Flussbett uns gezeigt, dass der einzig richtige Pfad der ist, den wir alle am wenigsten einschlagen wollten."

Vernestra blinzelte. „Mir missfällt, wie viel Sinn das ergibt."

„Es kommt mir ... logisch vor", sagte Honesty, um das drückende Schweigen zu unterbrechen, das sich nach Vernestras Worten über die Gruppe gelegt hatte.

„Weil etwas logisch zu sein scheint, ist es nicht automatisch auch vernünftig", sagte J-6 mit vor der Brust verschränkten Armen. „Doch in diesem Fall ist Avons Argument, nicht so lange zu warten, bis wir durchnässt werden, ausgesprochen stichhaltig. Abgesehen davon bin ich nach wie vor nicht begeistert von der Aussicht auf Schlamm."

Avon strahlte. „Klasse! Also dann, ab unter die Bäume?" Doch die Hände des Mädchens zitterten leicht und straften ihr fröhliches Gebaren Lügen. Sie hatte Angst, genau wie Honesty, nur mit dem Unterschied, dass sie ihre Ängste hinter Logik und Wissenschaft verbarg. „Vern, ich denke, es wäre sinnvoll, wenn du mit Imri vorausgehst."

Vernestra nickte und holte ihr Lichtschwert hervor. Imri tat es ihr gleich. Ihr Lichtschwert flammte in einem hellen Violett auf, wohingegen Imris Energieklinge in einem so blassen Blau leuchtete, dass sie fast weiß wirkte. „Hast du immer noch Probleme mit deinem Lichtschwert?", fragte Vernestra.

Der Junge zuckte mit den Schultern. „Douglas sagt – sagte –, dass schon irgendwann alles so funktioniert, wie es soll, wenn ich nur weiter fleißig daran arbeite. Es hat zwar nicht so eine hohe Durchschlagskraft, wie es sollte, aber um damit Pflanzen zu zerschneiden, müsste es reichen."

Das Geständnis, dass sein Lichtschwert nicht richtig funktionierte, schien ihm peinlich zu sein, und Honesty machte sich im Geist eine Notiz, den Padawan später nach seiner Waffe zu fragen. Das konnte eine gute Gelegenheit sein, um Imri besser kennenzulernen.

Die beiden Jedi begannen, auf Ranken und tief hängende Zweige einzuhacken, um ihnen den Weg durch das dichte Unterholz des Dschungels zu bahnen. Kleine Tiere flohen in jede Himmelsrichtung – ihre empörten, zwitschernden Schreie waren so laut, dass sie das Grollen des Donners in der Ferne beinah übertönten.

Honestys Kehle war trocken und er versuchte, den Kummer zu ignorieren, der ihn zu überwältigen drohte. Die Jedi hatten die Macht, die ihnen Stärke verlieh, und Avon ihre Wissenschaft, doch was hatte er, Honesty, an das er glauben, auf das er vertrauen konnte? Wie in der Galaxis sollte er diese Tortur überstehen?

„Hey, für dich hab ich auch so einen dabei", sagte Avon und ging zu Honesty hinüber. Sie hielt einen sehr kleinen Blaster in der Hand. Das Metall glänzte unheilvoll. „Nur für alle Fälle."

„Danke! Ähm, weißt du denn, wie man damit umgeht?" Honesty nahm den Blaster entgegen, und nachdem er sich vergewissert hatte, dass die Waffe gesichert war, schob er sie in die Tasche seiner kakifarbenen Hose. Er konnte sich vielleicht nicht auf die Macht oder die Wissenschaft berufen, aber immerhin hatte er die letzten fünf Jahre seines Lebens damit verbracht, sich auf den Dienst als Kampfsanitäter vorzubereiten.

Avon grinste. „Ich habe die Bedienungsanleitung gelesen."

Honesty verzog das Gesicht. „Darf ich dir zeigen, wie man damit umgeht, ohne sich selbst zu erschießen?", fragte er.

Avon strahlte. „Ja, das wäre großartig!", sagte sie.

Im ersten Moment glaubte er, das wäre vielleicht Sarkasmus gewesen, aber als sie ihn erwartungsvoll anschaute, wurde ihm klar, dass sie es ernst meinte. Nein, Honesty war vielleicht kein Jedi und gewiss auch kein Wissenschaftsgenie, aber dafür hatte er ein umfangreiches Kampftraining genossen. Er kannte sich mit Dingen aus, von denen niemand sonst in dieser Gruppe eine Ahnung hatte. Er würde jedes Fünkchen Wissen, das er besaß, einsetzen, um diese Mission, dieses Abenteuer, zu überleben. Und vielleicht konnte er seinen Vater dadurch, dass er dieses Wissen mit den anderen teilte, stolz machen.

Es war das erste Mal seit der Zerstörung der *Steady Wing*, dass Honesty so etwas wie Zuversicht empfand. Er klammerte sich an dieses Gefühl wie ein Ertrinkender an ein Stück Treibholz und hoffte, dass ihn diese Zuversicht irgendwie durch den Tag bringen würde.

12. KAPITEL

Vernestra übernahm die Führung, holte ihr Lichtschwert hervor und benutzte es, um den dichtesten Teil des Blattwerks zu kappen, während SD-7, der Spähdroide, den Avon an Bord des Wartungsshuttles gefunden hatte, ein gutes Stück voraus den Weg erkundete und nach einer Route suchte, auf der sie am besten vorankommen würden. Doch selbst mit Vernestras Lichtschwert, um den Pfad frei zu machen – die gleißende lila Klinge glomm in den düstereren Schatten unter den Baumwipfeln –, ging es nur langsam voran. Sie konnten von Glück sagen, wenn sie in den nächsten paar Stunden irgendwo einen sicheren Unterschlupf fanden, wenn überhaupt.

Vernestra überdachte ihren Plan allmählich. Sie hatte geglaubt, dass es nicht sonderlich schwer sein würde, eine geschützte Stelle zu finden, wo sie die Kinder unterbringen konnte, sodass sie in Sicherheit waren, während sie und Imri loszogen, um einen leistungsstärkeren Notfallsender als den aufzustellen, der zur Standardausstattung des Shuttles gehörte, und alles einzupacken, das ihnen irgendwie weiterhelfen konnte. Aber das würde so offensichtlich nicht funktionieren. Die ganze Zeit über hatte Vernestra Avon als nichts weiter als ein altkluges Kind betrachtet, doch in Wahrheit war sie brillant, vielleicht sogar noch brillanter, als irgendwer dachte.

Nein, das stimmte nicht ganz. Douglas hatte Vernestra immer wieder gesagt, dass Avon ein Genie sei. „Wenn es jemanden gibt, der mit ein paar Drähten und etwas Gimerharz auch noch das kniffligste technische Problem lösen kann, dann ist es dieses Mädchen. Unterschätze sie nicht, Vern!"

Doch trotz seines Ratschlags hatte sie genau das getan. Diesen Fehler würde Vernestra nicht noch einmal machen.

Allmählich machte sich ihre Erschöpfung bemerkbar, und Vernestras Arm wurde immer schwerer. Sie war müde. Sie hatte die Macht noch nie für etwas so Gewaltiges, für etwas so Wichtiges, eingesetzt wie gestern, und die Auswirkungen der Anstrengung machten ihr noch immer schwer zu schaffen. Ihre Knochen schmerzten, und ihre Augen brannten vor Ermüdung. Sie sehnte sich danach, durch eine ausgedehnte Mediation wieder zu Kräften zu kommen, und machte sich im Geiste eine Notiz, sobald wie möglich ihre Technik zu verbessern, um den maximalen Nutzen aus dem Meditieren zu ziehen. Das Ganze erinnerte sie auf demütige Weise daran, dass sie als Jedi noch viel zu lernen hatte.

Doch ganz gleich, wie erschöpft Vernestra auch sein mochte, sie musste weitermachen. Wäre Imri nicht dabei gewesen, hätte sie ihr Lichtschwert so effektiv eingesetzt, wie sie es eigentlich hätte tun können, um einen viel breiteren Pfad freizuräumen, aber sie hatte noch nie jemandem die Modifikationen gezeigt, die sie an der Waffe vorgenommen hatte, und das ließ sie zögern. Denn ihr Lichtschwert war mehr, als es den Anschein hatte. Tatsächlich war es eine Lichtpeitsche!

Vernestra hatte sich bislang noch nie übermäßig viele Sorgen wegen irgendetwas gemacht. Sie war noch sehr jung gewesen, als sie als Kind in den Tempel gekommen war. Ihr Familienverband war hocherfreut gewesen, als man ihre Machtsensitivität entdeckt hatte. Für Mirialaner war es ein

Grund zum Feiern, wenn man machtsensitiv war, und sie war anderen Mirialanern begegnet, die ihr versichert hatten, was für eine große Ehre es für sie war, von der Macht dazu auserwählt worden zu sein, ein Jedi zu werden.

Als sie eine Woche nach ihrer Ankunft in Port Haileap mitten in der Nacht aufgewacht war, vom Bedürfnis erfüllt, ihr Lichtschwert auf vollkommen unerwartete Weise zu modifizieren, hatte Vernestra dieses Gefühl nicht infrage gestellt. Und als sie die Änderungen, die sie an der Waffe vorgenommen hatte, dann später in Ruhe studiert hatte, überkam sie die Gewissheit, dass sie genau das getan hatte, was die Macht von ihr wollte. Sie konnte nicht sagen, warum es so war – die Macht gab einem nur selten ausführliche Anweisungen. Doch inzwischen fragte sie sich, ob die Modifikationen vielleicht für genau diesen Moment bestimmt gewesen waren.

Aber wie sollte sie Imri die Besonderheit ihrer Waffe erklären? Der Junge hatte keinen Meister mehr, und sie wollte nicht, dass er auf den falschen Pfad geriet, schon gar nicht wegen ihr. Denn obwohl Vernestra fühlte, dass ihre Verbindung zur hellen Seite der Macht stark war, waren da trotzdem immer die Verlockungen der dunklen Seite. Und was war, wenn ihre unorthodoxe Waffe Imri vom rechten Weg abbrachte? Seit dem Tod von Douglas konnte sie die Unentschlossenheit in ihm spüren, die bohrenden Zweifel, die so gar nicht zum Rest seines Wesens passten, und sie würde alles tun, was ihr möglich war, um sicherzustellen, dass es keinen Grund für ihn gab, den Verheißungen der dunklen Seite nachzugeben.

Das Zischen des Lichtschwerts riss Vernestra aus ihrer Grübelei. Im ersten Moment dachte sie, es sei bloß der Saft der herabhängenden Ranken, der auf der unvorstellbar heißen Energieklinge verdampfte. Doch als das Zischgeräusch immer regelmäßiger wurde, wurde ihr klar, dass ihre Zeit um war. Es hatte angefangen zu regnen.

„Okay, Essdee hat etwas entdeckt", sagte Avon. „Es gibt da eine Höhle. Der Eingang ist zwar sehr schmal, aber vielleicht könnten wir ihn ein bisschen größer buddeln."

„Wir sollten es jedenfalls versuchen", meinte Imri, der mit finsterer Miene zum wolkenverhangenen Himmel aufschaute. „Dieses Unwetter kommt mir irgendwie unheilvoll vor."

Vernestra schlug immer schneller zu. Ihr Lichtschwert schnitt wie ein lavendelfarbener Schemen durchs Dickicht. Imri hatte recht. Irgendetwas an dem bevorstehenden Regenguss fühlte sich düster an, ja vielleicht sogar bedrohlich, und sie hatte nicht das geringste Bedürfnis, diesem Wolkenbruch ausgesetzt zu sein, solange sie nicht wusste, was die Ursache für dieses ungute Gefühl war. Vielleicht waren es ja auch „nur" die Ereignisse der vergangenen paar Tage, die ihren Tribut forderten, aber alles, was sie in diesem Moment wollte, waren ein Unterschlupf, etwas zu essen und die Chance zu schlafen. *Richtig* zu schlafen und nicht bloß kurze Nickerchen zu machen, so wie an Bord des Shuttles.

Doch dann schrie Honesty erschrocken auf, und alle drehten sich zu ihm um. „Der Regen!", rief er. „Er ist ätzend wie Säure!" Er hielt einen Arm hoch – ein Regentropfen war auf seinem Ärmel gelandet und hatte ein Loch mit angesengten Rändern in den Stoff gebrannt.

„Uah, er hat recht", sagte Avon, zog den Kopf zwischen die Schultern und hastete zu J-6 hinüber. „Wo ist dein Regenschirm?"

„Wie wäre es mit einem Bitte?", entgegnete J-6. Ein Fach in der Brust des Droiden öffnete sich, aus dem eine silberne Stange hervortrat, die bis über den Kopf des Mädchens reichte. Ein Knistern ertönte, als von dem schmalen Stab eine blaue Energiekuppel ausging, die einen Schutzschirm über Avon bildete.

„Komm her, Honesty! Es sei denn, du hast auch Machtkräfte, die dich schützen", rief Avon und schob die Brille auf die Stirn hoch.

Vernestra wurde klar, dass sie unbewusst die Macht einsetzte, um zu verhindern, von Regentropfen getroffen zu werden, und als sie Imri einen raschen Blick zuwarf, stellte sie fest, dass er dasselbe tat. Doch auf Dauer ließ sich die Macht nicht auf diese Weise nutzen, deshalb schnitt Vernestra einige große Blätter ab und ließ sie mithilfe der Macht über ihrem und Imris Kopf schweben. Das würde sie trocken halten.

Honesty drängte sich dicht an Avon und J-6, dann marschierten die drei unbeholfen weiter. Der kleine Spähdroide kam durch die Bäume zurückgeflogen und piepste fröhlich.

„Ihr müsst Essdee folgen", sagte Avon zu den Jedi, während sie voller Sorge den Regen musterte. „Er führt euch zu der Höhle, die er gefunden hat. Ich kann seinen Sender orten. Wir stoßen dann später zu euch."

„Außerdem können wir problemlos erkennen, wo sie langgegangen sind", sagte Honesty und deutete auf einen verkohlten Ast, den Vernestra beim Hacken und Schneiden mit ihrem Lichtschwert zurückgelassen hatte. „Doch die entscheidende Frage ist: Wird der Regen dieses Gebiet überfluten?" Er ließ den Blick unbehaglich über den Boden schweifen.

„Hoffentlich nicht", erwiderte Vernestra.

Wenn der Regen so säurehaltig war, dass er sich durch Stoff brannte, war ein reißender Fluss von diesem Zeug garantiert tödlich für jede organische Lebensform, die nicht von hier stammte und demzufolge nicht an die Lebensumstände auf diesem Mond angepasst war. Sie waren vielleicht alle von Natur aus nur rohe Materie, aber keiner von ihnen war scharf darauf, von einem Regenguss in seine Bestandteile aufgelöst zu werden.

„Imri, hilf mir!", rief Vernestra, bevor sie ihre Anstrengungen verdoppelte, das Blattwerk zu beseitigen, das ihnen den Weg versperrte.

Die beiden Jedi droschen auf das dichte Unterholz ein, während die Regentropfen immer regelmäßiger und kräftiger herabprasselten. Die schützenden Blätter über ihren Köpfen wurden schwerer, und Vernestra musste sich konzentrieren, um die Blätter in einem Winkel zu halten, bei dem das Wasser harmlos an ihnen herunterlief. Die unguten Vorahnungen, die sie vorhin gehabt hatte, wurden zu echtem Grauen, das sich wie eine Bürde auf ihre Schultern senkte. Dabei konnte sie den Weg doch eigentlich viel schneller frei machen. Aber das würde bedeuten, die wahre Natur ihres Lichtschwerts zu offenbaren.

Sie warf Imri einen Seitenblick zu. Der Junge gab sein Bestes, um mit seiner Klinge das Unterholz zu kappen. Aber er sah genauso müde und erschöpft aus, wie Vernestra sich fühlte. Er würde die Wahrheit schon verkraften …

„Tritt zurück, Imri!", sagte Vernestra. Sie hatten die anderen mittlerweile weit genug hinter sich gelassen, dass sonst niemand sehen konnte, was sie gleich tun würde – das nahm Vernestra ein wenig von ihrer Anspannung. „Ich kann die Sache beschleunigen, aber dafür brauche ich mehr Platz. Geh aus dem Weg!"

„Wovon redest du da, Vern?", fragte er, doch er wich einige Schritte zurück, wie sie es verlangte.

„Schau her." Vernestra drehte den vordersten Ring am Griff ihres Lichtschwerts, woraufhin die Energieklinge ihre Stabilität verlor und sich in einen geschmeidigen Strang aus lila Licht verwandelte. Vernestra schwang die Lichtpeitsche, sodass der tödliche Strahl durch das Dickicht vor ihr fuhr, um den Weg in einem Bruchteil der Zeit frei zu machen, die sie zuvor gemeinsam gebraucht hatten.

„Woher weißt du, wie man so was baut?", fragte Imri verblüfft. Er schien der unorthodoxen Waffe nicht ablehnend gegenüberzustehen. Er war bloß neugierig. „Hast du eins der Lichtwaffenarchive studiert?"

„Nein, das ganze Design ist mir vor ein paar Wochen mitten in der Nacht einfach so in den Sinn gekommen. Ich konnte nicht schlafen, bis ich mit den Modifikationen fertig war." Vernestra schwang die Peitsche in einer horizontalen Acht – der hellviolette Energiestrang schnitt durch das Laub wie durch Butter. Sie hatte heimlich damit trainiert, und nicht einmal Douglas hatte von den Modifikationen ihres Lichtschwerts gewusst. Imri war der Erste, der das Geheimnis ihrer Waffe erfuhr.

„Die Nachtschwestern benutzen Lichtpeitschen", sagte der Padawan.

Vernestra drehte sich halb zu ihm um und sah ihn aus dem Augenwinkel an. Sie hatte schon früh festgestellt, dass die Peitsche um einiges mehr Aufmerksamkeit und Achtsamkeit erforderte als ein Lichtschwert. Eine falsche Bewegung, und mit etwas Pech trennte sie sich eine ihrer Gliedmaßen ab. „In den Sith-Kriegen haben die Jedi auch Lichtpeitschen eingesetzt", erklärte Vernestra, während sie weiter den Pfad frei machte und in zügigerem Tempo lief. Ihre philosophische Plauderei hin oder her, aber sie steckten weiterhin mitten in einem gewaltigen Regenschauer, der immer stärker auf sie herniederprasselte, und sie konnten die Blätter nicht ewig über ihren Köpfen schweben lassen. „Hast du die Bezeugungen von Cervil der Unheimlichen gelesen? Sie behauptet, dass die Peitsche manchmal auch verwendet wurde, um sich gegen Sith-Lords zu verteidigen, die sich im Kampf der Verbotenen Formen bedient haben. Abgesehen davon hat mich die Macht zu diesem Design geführt. Ich glaube nicht, dass die dunkle Seite irgendetwas mit der Konstruktion zu tun hatte. Oder fühlst du irgendeine Form von Wut oder Zwiespalt in mir?" Vernestra verzichtete darauf zu erwähnen, dass sie niemandem von den Änderungen erzählt hatte, die sie an ihrem Lichtschwert vorgenommen hatte, nicht einmal ihrem einstigen Meister Stellan Gios. Der Padawan brauchte schließlich nicht alles zu wissen.

Imri schüttelte den Kopf, und seine Wangen röteten sich. „Tut mir leid. Ich wollte hier nichts infrage stellen."

„Dinge infrage zu stellen, ist absolut in Ordnung, Imri. Sogar wünschenswert. Ich hätte das Design selbst wohl auch ein bisschen eingehender hinterfragen sollen. Aber sieh nur! Immerhin hat sich das Ganze bereits als ziemlich nützlich erwiesen."

Vernestra räumte einen letzten Schwung Jungholz aus dem Weg, und als das Laub zu Boden fiel, kamen eine kleine Lichtung und eine Anhöhe zum Vorschein. Gleich dahinter erwartete sie SD-7. Der Spähdroide schwebte in dem stetig fallenden Regen.

„Siehst du diesen Felsbrocken, Imri?", fragte Vernestra, deaktivierte ihre Lichtpeitsche und steckte die Waffe ins Halfter. „Ich glaube, dahinter befindet sich die Höhle, die wir suchen. Kannst du den Felsen aus dem Weg räumen?"

Imri nickte und streckte eine Hand in Richtung der Höhle aus. Im ersten Moment rührte sich der gewaltige Felsen nicht vom Fleck, aber dann setzte er sich in Bewegung und rollte geradewegs auf sie zu. Auf dem abschüssigen Hang gewann der Felsbrocken immer mehr an Geschwindigkeit. Imri keuchte vor Anstrengung, ihn zu stoppen – er zitterte und schwitzte, als er an die Grenzen seiner Kräfte stieß.

Einen Herzschlag bevor der riesige Felsbrocken gegen sie gekracht wäre, stieß Vernestra ihn mit der Macht nach links, sodass er in das dichte Unterholz donnerte. Das Getöse, das er machte, als er den Hügel hinabrollte, war laut genug, um es mit dem Donner über ihnen aufzunehmen.

„Tut mir leid", sagte Imri. Der groß gewachsene Junge stand vornübergebeugt da und stützte seine Hände auf den Oberschenkeln ab. Das Blatt über ihm, das ihn vor dem Regen schützte, fiel herunter, als seine Konzentration ins Wanken geriet. Dort, wo Regentropfen auf seine Tunika prasselten und den Stoff versengten, zischte es.

Vernestra ließ ihr Blatt ein Stück zur Seite schweben, sodass es sie beide bedeckte. „Ist schon okay, Imri. Das hast du gut gemacht. Du musst einfach nur noch lernen, dich auf die *Gesamtheit* einer Aufgabe zu konzentrieren, nicht bloß auf einen Teil davon. Mein Meister hat mich gelehrt, dass es einem hilft, sich die Aufgabe als Ganzes vorzustellen, alles zusammen, anstatt nur immer ein Element nach dem anderen. Wenn du möchtest, können wir das üben, sobald du dich ein wenig ausgeruht hast. Jetzt komm, schauen wir uns diese Höhle an!"

Der Spähdroide war bereits vorausgeflogen, die beiden Machtnutzer folgten dicht hinter ihm. In der Höhle roch es feucht und muffig, ein wenig wie in den Gärten zu Hause in

Port Haileap. Der Geruch erfüllte Vernestra mit einem Gefühl des Friedens und der Sicherheit, wie sie es nicht mehr empfunden hatte, seit sie an Bord der *Steady Wing* gegangen war. Die Höhle war groß – dreimal größer als das Wartungsshuttle –, und überall lagen glatte, runde Felsbrocken. An den Wänden wuchsen biolumineszente Flechten, die in allen Farben des Regenbogens glommen. Allerdings war ihr Schein nur schwach und nicht annähernd hell genug, um die gesamte Höhle auszuleuchten.

Vernestra schaute sich gründlich um, um sicherzugehen, dass sie keine unerwünschte Gesellschaft hatten. Aber nicht einmal Tiere hatten sich dort häuslich niedergelassen. Zum ersten Mal, seit dieser ganze Albtraum angefangen hatte, hatten sie endlich einmal Glück. Sie atmete tief ein und wieder aus, bevor sie ihren Rucksack in eine Ecke warf. Der Boden der Höhle bestand aus Sand, nicht aus harter Erde, wie Vernestra vermutet hatte, und sie ließ sich dankbar darauf sinken, um sich mit dem Rücken gegen ihren noch immer prallvollen Rucksack zu lehnen. Es war beinahe bequem.

„Wie überaus gemütlich“, sagte J-6.

Als der Rest der Gruppe hereinkam, schlug Vernestra abrupt die Augen auf – ihr war nicht einmal bewusst gewesen, dass sie sie überhaupt zugemacht hatte. J-6 fuhr derweil ihren Regenschirmarm ein und stellte sich in die Ecke.

Honesty sah sich in der Höhle um und lehnte seinen Rucksack gegen einen Felsen, der aus dem Boden ragte. Er setzte sich schweigend hin, lehnte sich an und blickte auf die Stelle auf seinem Arm hinab, wo der Regen das Loch in den Stoff gebrannt hatte. Er schaute versonnen drein.

Avon hingegen wirkte so heiter wie eh und je, als sie ihre Brille auf die Stirn hochschob. „Sieh mal, was ich entdeckt habe", sagte sie und hielt Vernestra einen breiten Farn hin. „Die Blätter der Bäume sind mit einer Art Wachs beschichtet, höchstwahrscheinlich ein natürlicher Schutz gegen diesen Regen. Diese Wachsschicht ist ziemlich dick. Wenn wir hier also eine Weile festsitzen, könnte ich vielleicht irgendwas ausknobeln, wie wir damit unsere Haut schützen können."

„Das ist eine großartige Idee", sagte Vernestra.

„Vielleicht können wir auch unsere Stiefel damit überziehen. So ähnlich wie bei wasserfesten Droiden."

„Ich würde sagen, die Idee ist sogar noch besser, als ihr glaubt", sagte Imri. Er stand am Eingang der Höhle und starrte nach draußen, dorthin, woher sie gerade gekommen waren. Er wirkte besorgt und kaute auf der Unterlippe herum. „Seht!"

Alle – sogar J-6 und der kleine Spähdroide – drängten sich in den Höhleneingang. Als Vernestra nach draußen schaute, sackte ihr das Herz bis in die Kniekehlen. Mittlerweile regnete es in Strömen, und am nachtschwarzen Himmel loderten in regelmäßigen Abständen lila Blitze auf. Es war so schnell dunkel geworden, dass sich bislang keiner von ihnen die Mühe gemacht hatte, eine der Lampen herauszuholen, die sie bei sich trugen, doch auch so hatten sie keine Schwierigkeiten zu erkennen, was Imri meinte.

Draußen vor der Höhle strömte das säureartige Wasser in einem wahren Sturzbach den Hang hinunter. Rauch quoll empor, als der saure Regen das Unterholz verkohlte, den Bäumen hingegen schien das Ganze nichts auszumachen. Hätten sie die Höhle nicht gefunden, die ihnen Sicherheit und Schutz gewährte, wären sie in ernsten Schwierigkeiten gewesen. Dann hätte die Strömung sie einfach mitgerissen und fortgespült, während das Wasser sie bei lebendigem Leib verbrannte.

Allein daran zu denken, genügte, um Vernestra einen eisigen Schauer über den Rücken zu jagen. Auf diesem Mond zu überleben, würde schwieriger werden, als sie gedacht hatte.

13. KAPITEL

Während die anderen es sich alle so gemütlich machten, wie es eben ging, saß Imri im Schneidersitz am Eingang der Höhle und starrte in den Regen hinaus. Genauso hatte es auch in Port Haileap während der dort von allen sogenannten „Feuchttage" geregnet. Zu dieser Jahreszeit regnete es wochenlang, ohne Unterbrechung, bis alles nass und glitschig war, sein Waffenrock nur so triefte und sein Lichtschwert jedes Mal zischte, wenn er es aktivierte, um mit Meister Douglas zu trainieren.

Aber dieser Regen war ganz anders. Das Wasser floss in wahren Strömen an der Höhle vorbei, alle kleineren Büsche und Gräser, die zwischen den Bäumen wuchsen, verbrennend und tückische Pfützen hinterlassend, die sich sogar durch das beste Paar Stiefel fressen würden. Imri und Vernestra waren zwar imstande, eine Weile durch dieses Unwetter zu marschieren, und auch J-6 hätte von dem sauren Regen zumindest eine Zeit lang nichts zu befürchten. Aber wenn sie draußen im Freien von einem solchen Schauer überrascht wurden, ohne jede Zuflucht, ohne jeden Schutz, steckten Avon und Honesty in ernsten Schwierigkeiten.

So kam es, dass der Regen einerseits dafür sorgte, dass der Padawan Port Haileap vermisste, und ihn zugleich mit Sorge darüber erfüllte, was als Nächstes passieren würde. Imri schloss die Augen, konzentrierte sich auf die Macht und verlangsamte die Atmung, als er mit seiner Meditation begann. Douglas hatte ihn stets ermahnt zu meditieren, wann immer er ein Problem hatte. Imri hatte die Erfahrung gemacht, dass es seinen Verstand zentrierte und ihm Zeit verschaffte, sogar Antworten auf die merkwürdigsten Fragen zu finden, wenn er sich ein paar Minuten Zeit nahm, um vollkommen in die Macht einzutauchen. Und derzeit brauchte er dieses Gefühl mehr als jemals zuvor. Er war wütend, verwirrt und traurig, und der Mahlstrom der Emotionen in ihm war so entmutigend, dass ihn das Ganze auf eine Art innerlich aus dem Gleichgewicht brachte, wie er es noch nie erlebt hatte. Daher war es nur natürlich, dass er sich in dieser Situation auf das besann, was auch in der Vergangenheit immer für ihn funktioniert hatte.

Doch an Douglas zu denken, machte das Gefühlschaos nur noch schlimmer, deshalb schloss Imri seufzend die Augen und grübelte stattdessen über Vernestras Lichtpeitsche nach. Der Anblick ihrer Waffe, die so besonders und anders war, hatte einen Sturzbach an Emotionen in Imri ausgelöst, die ihm nicht gefielen. Es war nicht nur so, dass er gewaltigen Respekt vor Vernestra hatte – er war neidisch auf sie. Und Neid war einer der vielen Wege, die zur dunklen Seite führten.

Imri kannte Geschichten über Jedi, die der dunklen Seite verfallen waren, so wie die Jedi-Ritter aus uralten Ze ten, aus denen später die Sith hervorgegangen waren. Imri hatte in den Archiven der Bibliothek in Port Haileap Nachforschungen über Gruppen von Machtnutzern mit weniger Regeln und Vorschriften angestellt, wie beispielsweise die Nachtschwestern und die Wächter von Javin, über Völker und Kulte, die in der chaotischen, destruktiven Seite der Macht etwas von Nutzen fanden. Doch Imri hatte noch nie von einem Jedi gehört, der in der Neuzeit, in dieser modernen, fortschrittlichen Galaxis, der dunklen Seite anheimgefallen war, und er konnte sich auch beim besten Willen nicht vorstellen, dass ausgerechnet er dies ändern sollte.

Imri fand die dunkle Seite beunruhigend. Nicht Furcht einflößend – schließlich war die Dunkelheit nötig, um das Gleichgewicht der Dinge zu bewahren, und wie jeder andere Padawan wusste auch er, wie wichtig diese Balance war, damit in der Galaxis weiter alles so lief, wie es laufen sollte. Aber die dunkle Seite war definitiv etwas, wovor man sich in Acht nehmen musste. Imri hatte zwar noch nie den Sog der dunklen Seite verspürt, aber zu sehen, welche Fähigkeiten Vernestra besaß, erkennen zu müssen, um wie viel mächtiger als er sie war und dass die Macht sie zweifellos auserwählt hatte, um Großes zu vollbringen …

Das nagte an ihm. Imri musste wissen, dass auch *er* für etwas Bedeutendes bestimmt war. Der Neid sorgte dafür, dass ihm ganz flau im Magen war und er keinen Appetit hatte – und das sollte etwas heißen, denn wenn Imri eine Sache liebte, dann war es Essen! Dementsprechend war dieses Gefühl mehr als nur ein Ärgernis. Es war wie ein feindlicher Eindringling, mit dem er nichts zu schaffen haben wollte. Und doch …

Und doch ertappte Imri sich dabei, dass er begierig darauf war, Vernestras Lichtschwert auseinanderzubauen und die Modifikationen zu studieren, die sie am Standarddesign vorgenommen hatte, um eine solch bemerkenswerte Waffe zu konstruieren.

Dann schlug Imri abrupt die Augen auf. Jenseits des Höhleneingangs machte der Regen keinerlei Anstalten, schwächer zu werden, aber zumindest wusste Imri nun, was er zu tun hatte. Vielleicht würde er, wenn er sein eigenes Lichtschwert auseinandernahm und darüber meditierte, eine Art

Eingebung haben, wie er das Design seiner Waffe ebenfalls ein wenig anpassen konnte. Seit er sein Lichtschwert vor ein paar Wochen das letzte Mal auseinandergenommen hatte, hatte es sich irgendwie merkwürdig angefühlt, irgendwie *falsch*, als hätte man irgendetwas zwischen den Zähnen – und das zeigte sich auch an der Klinge selbst, an ihrer mangelnden Durchschlagskraft und Instabilität. Keine Frage, sein Neid war völlig unangebracht, aber wenn die Macht erkannte, dass er bereit war, etwas Neues auszuprobieren, leitete sie ihn vielleicht auch so, wie sie es bei Vernestra getan hatte. Er war entschlossen, alles zu tun, um seine aufgewühlten Emotionen zum Schweigen zu bringen.

Imri holte sein Lichtschwert und ein Taschentuch hervor, das er in einer der Gürteltaschen bei sich trug. Er breitete das Taschentuch aus und legte das Lichtschwert darauf. Werkzeuge hatte er keine dabei. Er war zu dem Schluss gelangt, dass das Werkzeugset, das zur Standardausstattung des Wartungsshuttles gehörte, zu schwer war, um es mitzunehmen, deshalb hatte er es an Bord gelassen. Er würde sich also etwas anderes einfallen lassen müssen.

„Hey, Imri, was machst du da?"

Als Imri aufschaute, sah er Avon vor sich stehen, die lächelnd auf ihn herabblickte. Er erwiderte ihr Lächeln. Das Mädchen brachte sich zwar ständig selbst in Schwierigkeiten, aber irgendwie war gerade das etwas, warum es solchen Spaß machte, sie um sich zu haben. Nichts konnte sie einschüchtern, und Imri fand ihre Kühnheit und ihren Wagemut inspirierend. Abgesehen davon genoss er die Kraft ihrer Emotionen, und ein wenig Ablenkung konnte er im Augenblick auch gut brauchen. „Ach, nichts, ich überprüfe nur gerade mein Lichtschwert", sagte er.

Von Avon ging eine Woge fröhlicher Erregung aus, als sie sich neben ihm niederließ. „Ist es okay, wenn ich dir dabei zusehe? Ich habe versucht, Vern dazu zu bringen, dass sie mich ihr Lichtschwert mal halten lässt, aber sie sagt immer Nein."

Imri lachte leise. „Das Lichtschwert eines Jedi ist etwas sehr Persönliches. Das ist ungefähr so, als würdest du jemanden fragen, ob du dir seine Unterwäsche ausleihen darfst."

Avon schnitt eine Grimasse. „Okay, kapiert. Kannst du mir dann vielleicht *erklären*, wie es funktioniert?"

„Klar, da spricht nichts dagegen." Imri nahm das Lichtschwert mit geübten Handgriffen auseinander und fing an, Avon die einzelnen Bauteile zu erläutern. „Das Ganze wird von dieser Batterie hier gespeist, und mein Kyberkristall bündelt diese Energie dann, aber das, glaube ich, weißt du schon. Das hier ist der Feldenergiekreislauf und das die Fokussierlinse, die die Energie, die der Kyberkristall erzeugt, durch den Klingenemitter leitet. Außerdem dämmt der Kristall die Klinge ein, sodass die Energie konzentriert bleibt."

Avon nickte. „Andernfalls hättest du eine Klinge, die einfach immer länger und länger wird."

Imri lachte. „Genau! Und das war's eigentlich auch schon. So funktioniert ein Lichtschwert, jedenfalls im Groben."

„Verblüffend!", sagte Avon.

Imri konnte spüren, dass sie es ernst meinte. Ihre Begeisterung umgab sie wie ein helles Leuchten, noch stärker als gewöhnlich. Und da war noch etwas anderes, ein Gefühl, auf das Imri sich keinen rechten Reim machen konnte, doch bevor er die Chance hatte, sich eingehender damit zu befassen, wurden sie von Vernestra unterbrochen.

„Hey, habt ihr zwei schon etwas gegessen?", fragte die Jedi, während sie ihr Haar zu einem Zopf flocht.

Natürlich handelte es sich nicht um einen Padawanzopf, wie Imri selbst einen trug – sie wollte einfach nur ihre Haare irgendwie im Zaum halten. Auch das erinnerte ihn daran, wie unterschiedlich sie beide waren, und ohne dass er es so recht bemerkte, spielte Imri an seinem eigenen Zopf herum.

„Ich hab keinen Hunger", sagte Avon. Doch wie um sie Lügen zu strafen, begann ihr Bauch genau in diesem Moment laut zu knurren.

„Du musst etwas essen, Avon."

„Nicht solange das Einzige, was wir haben, Joppa-Gulasch ist. Tut mir leid, Vern, aber wenn ich das Zeug nur rieche, möchte ich mich am liebsten übergeben."

Imri lächelte. „Schau mal in meinen Rucksack. Ich glaube, da sind noch ein paar Streifen Nuna-Dörrfleisch drin. Ich wusste gar nicht, dass ich noch welche dabeihabe. Sie lagen ganz unten, unter allem anderen." Er deutete auf die Stelle, wo er seinen Rucksack an einen Felsen gelehnt hatte.

Avons Augen leuchteten. „Wirklich? Oh danke, Imri! Du bist der Beste! Danke, dass du mir dein Lichtschwert gezeigt hast." Sie ging zur Rückwand der Höhle und merkte, dass Vernestra sie ansah, beachtete sie aber nicht weiter. Die Aussicht darauf, etwas anderes als dieses verfluchte Joppa-Gulasch in den Magen zu bekommen, ließ sie vorübergehend alles andere vergessen.

„Ist alles in Ordnung?", fragte die Mirialanerin.

Imri runzelte die Stirn. „Natürlich", sagte er. „Ich meine, jedenfalls abgesehen von dem, das offensichtlich *nicht* in Ordnung ist. Immerhin sind wir nach wie vor auf einem ausgesprochen unwirtlichen Mond gestrandet, ohne jede Möglichkeit, nach Port Haileap zurückzukehren."

Vernestra nickte nachdenklich. „Ich meinte eher, ob *du* in Ordnung bist, Imri?"

Sein Herz schlug ein wenig schneller, und sein Mund wurde schlagartig ganz trocken. Konnte sie seine Unsicherheit spüren? Meister Douglas war so ein wichtiger Teil seines Lebens gewesen, und nun, da er tot war, wusste Imri nicht, was er mit sich selbst anfangen sollte. Douglas hatte immer daran geglaubt, dass Imri eines Tages ein großer Jedi sein würde, auch wenn ihm selbst diese Zuversicht gefehlt hatte. Ohne seinen Meister fühlte Imri sich allein und verloren. Das war allerdings nicht sonderlich jedimäßig, dieses Gefühl von Sorge und Trauer, deshalb verdrängte Imri diese Emotionen und sagte: „Mir geht's gut, danke! Ich komme zurecht. Du brauchst dir um mich keine Gedanken zu machen."

Vernestra seufzte. „Ich weiß, wie schwer das alles momentan für dich ist, Imri. Ich spüre viel Unsicherheit in dir, und es tut mir leid, dass auch ich meinen Teil dazu beigetragen habe. Das war nicht meine Absicht. Aber sobald wir wieder zurück in der Zivilisation sind, suchen wir dir einen neuen Meister, und du wirst sehen, dass dann viele dieser Zweifel verschwinden. Ich versprech's dir."

Imri nickte, während Vernestra sich umdrehte, um in den hinteren Teil der Höhle zu gehen. Dann hielt sie mit einem Mal inne. „Ach, und sei vorsichtig, was Avon angeht! Sie meint es zwar nur gut, aber sie kann einen schnell in Schwierigkeiten bringen. Sie ist einfach ein bisschen zu interessiert an Kyberkristallen, als gut für sie ist, und ich fürchte, dass diese Faszination sie früher oder später dazu bringen wird, einige fragwürdige Entscheidungen zu treffen."

Imri lächelte. „Keine Sorge, Vern. Ich kenne Avon. Sie hat ein gutes Herz."

Vernestra schenkte ihm ein knappes Lächeln und nickte, bevor sie ihn seinen Grübeleien und seinem zerlegten Lichtschwert überließ.

Das kann ich besser, dachte Imri, während er den Blick verdrossen über die einzelnen Bauteile schweifen ließ. Und das *musste* er auch, wenn er jemals ein richtiger Jedi-Ritter werden wollte. Er musste bloß noch dahinterkommen, wie genau dieses „besser" aussah.

14. KAPITEL

Avon fand das Nuna-Dörrfleisch unten in Imris Rucksack und jauchzte vor Freude. Um ehrlich zu sein, war sie fast am Verhungern. Sie konnte sich nicht erinnern, wann sie das letzte Mal solchen Hunger gehabt hatte. Bevor sie nach Port Haileap gekommen war, so viel war sicher. Es war bestimmt schon ewig her – noch bevor sie J-6 bekommen hatte und so gut in allem geworden war, was mit Wissenschaft zu tun hatte. Ja sogar bevor sie für ein halbes Jahr nach Mon Cala gegangen waren. Es muss damals gewesen sein, als sie auf Hosnian Prime war …

Unwillkürlich versteifte sich Avon und versuchte, die Erinnerung zu verdrängen. Nein, sie wollte sich nicht daran erinnern. Sie *weigerte* sich einfach, sich daran zu erinnern. Doch nun war die Erinnerung da, und Avon war wie erstarrt.

Es war heiß gewesen an jenem Tag, und ihre Mutter hatte sie ermahnt, drinnen zu bleiben, in den Räumen des Anwesens. Doch die vielen bunten Schmetterlinge, die sie unbedingt studieren wollte, waren auf der anderen Seite der Mauer, die das Gelände begrenzte, im Wald, und wie sollte sie sie fangen, wenn sie die ganze Zeit über in diesem dummen Haus bleiben musste?

Über die Mauer zu springen, schien ihr deshalb eine gute Idee zu sein. Sie hatte nur nicht damit gerechnet, dass schon jemand auf sie wartete …

„Alles okay, Avon?"

Imris sanfte Berührung riss Avon aus ihren Erinnerungen, und sie blinzelte ihre Tränen fort. Tief durchatmen – das war es doch, was die Jedi einem in solchen Situationen immer rieten, oder? Sie machte einen tiefen Atemzug und ließ ihn wieder entweichen. „Alles in Ordnung. Ich war nur gerade … in eine Erinnerung versunken", sagte Avon.

„Eine schlechte?", fragte Imri.

Avon nickte. „Ja. Aber jetzt ist alles wieder okay, danke. Und danke auch für das Nuna-Dörrfleisch. Du bist echt der Beste!"

Imri lächelte, und die Heiterkeit, die ihre Worte ihm ins Gesicht zauberten, vertrieb einige weitere dunkle Schatten in Avons Kopf.

„Ich dachte, *ich* bin die Beste", rief Vernestra von der Stelle im hinteren Teil der Höhle, wo sie gegen ihren Rucksack gelehnt auf dem Boden saß.

„Nein, du bist die Schlimmste", erwiderte Avon. Eigentlich sollte es witzig klingen, doch stattdessen klangen ihre Worte flach und emotionslos. Sie räusperte sich. „Tut mir leid, ich mache nur Spaß. Ich glaube, ich sollte langsam mal etwas essen."

Vernestra lächelte. „Keine Sorge. Ich kann spüren, wenn du *wirklich* sauer auf mich bist, Avon. Du bist stärker mit der Macht verbunden, als dir selbst klar ist."

Avon versuchte, nicht das Gesicht zu verziehen – doch ohne Erfolg. Da war sie wieder, diese Sache mit der Macht. Es war zwar nicht so, dass sie nichts für die Macht übrighatte, sie war es einfach bloß leid, sich ständig irgendwelche Weisheiten darüber anhören zu müssen. Avon machte den Mund auf, um etwas zu erwidern – und klappte ihn dann wieder zu. Sie entschied, dass es besser war, das zu tun, was ein Erwachsener in dieser Situation getan hätte: sich ihr Essen zu schnappen, zu J-6 zu gehen, die neben einem Felsbrocken stand, und den Droiden zu studieren, während sie ihr Dörrfleisch aß. Und genau das tat sie dann auch.

Avon riss das Metallfolienpäckchen auf und nahm einen Bissen. Das Dörrfleisch schmeckte nicht besonders lecker, aber wenigstens war es kein Joppa-Gulasch, darum kaute sie es langsam und gründlich, bevor sie es hinunterschluckte. Beim Kauen achtete sie darauf, den Mund zwischen den einzelnen Happen so weit wie nur möglich zu öffnen, um laut zu schmatzen – etwas, das ihre Mutter in ihrer gestelzten Art gern „weithin vernehmbare Essgeräusche" nannte. Ihr Tischmanieren beizubringen, gehörte zu den ersten Aufgaben, die Ghirra Starros J-6 erteilt hatte. Eine merkwürdige Programmierung für einen Leibwächterdroiden, keine Frage, aber J-6 nahm die Sache sehr ernst, und Avon hatte sich in den letzten Jahren einige Lektionen von dem Droiden anhören müssen. Doch als sie jetzt lauthals auf dem Dörrfleisch herumkaute, ermahnte J-6 sie nicht ein einziges Mal, sich anständig zu benehmen. Sie wies sie nicht zurecht, gab ihr keine hilfreichen Ratschläge, nichts. Es war, als würde der Droide sie überhaupt nicht beachten.

Avon hielt mitten im Kauen inne. Was, wenn sie J-6 beschädigt hatte? Was, wenn ihr Update den Droiden irgendwie kompromittiert hatte? Avon schluckte ihren Bissen hinunter, doch das Essen blieb ihr im wahrsten Sinne des Wortes im Halse stecken. Es war schwer, etwas zu essen, wenn man Angst hatte. Das hatte Avon schon vor sehr langer Zeit gelernt.

„Jott-Sechs, kannst du bitte mal deine übliche Systemdiagnose durchführen?", fragte Avon. Sie spürte Blicke auf sich und rechnete damit, dass Vernestra sie mit ihrer üblichen halb amüsierten, halb skeptischen Miene beobachtete. Aber sowohl Vernestra als auch Imri waren eingenickt. Kein Wunder, das rhythmische Prasseln des Regens draußen vor der Höhle war die perfekte Geräuschkulisse, um einen in den Schlaf zu lullen. Es war Honesty, der Avon mit verkniffener, blasser Miene ansah.

„Für eine Selbstdiagnose besteht kein Anlass, Avon', sagte der Droide. „Mir geht es gut. Sogar besser als gut, um genau zu sein. Meine Systeme funktionieren einwandfrei, und nicht einmal dieser heimtückische Regen konnte mir den Tag verderben. Jetzt iss dein Essen und lass mich in Ruhe."

Avon schnaubte. „Das ist wirklich erstaunlich, wenn man bedenkt, wie oft du mir richtig tolle Erlebnisse ruiniert hast, weil du wegen irgendwas besorgt warst." Honesty starrte sie immer noch an, und allmählich machte sie das nervös. „Hey, alles okay mit dir, Farmerjunge?"

Der Junge zuckte zusammen, und Avon wurde klar, dass er gar nicht sie angesehen, sondern einfach ins Leere geschaut hatte, tief in Gedanken versunken. „Oh ja, alles bestens. Tut mir leid, ich habe bloß die Staubmotten angestarrt", sagte er.

„Worüber hast du nachgedacht?", fragte Avon.

Der Junge runzelte die Stirn. „Nachgedacht?"

„Ja. Wenn man so vor sich hin starrt wie du gerade, ist man normalerweise mit den Gedanken woanders. Man grübelt angestrengt über irgendwas nach. Über Verschwörungen, über Rätselfragen – du weißt schon, über irgendwas Wichtiges." Avon verputzte das restliche Nuna-Dörrfleisch und wollte gerade die leere Verpackung zusammenknüllen, als sie es sich anders überlegte, sie sorgsam zusammenfaltete und in ihrem Rucksack verstaute. „Vielleicht hast du ja darüber nachgedacht, dass der toxische Regen hier vermutlich bedeutet, dass wir Schwierigkeiten haben werden, Trinkwasser zu finden – keine gute Nachricht für uns Organische. Vielleicht hast du dich auch gefragt, wie oft es hier regnet und ob dies womöglich eine von diesen Welten ist, wo es monatelang schüttet, ohne Unterbrechung ... Oh, das erinnert mich an etwas, Jott-Sechs", sagte Avon, brach mittendrin ab und wandte sich wieder dem Droiden zu. „Kannst du in Leric Schmirelands Almanach nach Verweisen auf Dschungelgebiete mit Säureregenvorkommen suchen? Konzentrier dich vor allem auf das Haileap-System. Das sollte die Sache eingrenzen."

„Was ist ein Almanach?", fragte Honesty. Die Furchen auf seiner Stirn waren tiefer geworden, je mehr Avon geredet hatte.

Das Mädchen grinste. Sie mochte diesen Jungen, der gar nicht erst so tat, als wüsste er alles, was es über die Galaxis zu wissen gab. Es gefiel ihr, jemanden zu haben, vor dem sie glänzen konnte. „Das ist so eine Art Ortslexikon der bekannten Welten. Vor ungefähr dreihundert Jahren hat die Republik Leric und sein Team losgeschickt, um Planeten zu kartografieren. Das Ziel der Mission war, Orte zu finden, die sich gut für Kolonien eigneten, bislang aber noch unbewohnt waren. Denn Kolonisierung kann eine aufreibende Angelegenheit sein, wenn da, wo man seine Zelte aufschlagen will, schon jemand anders glücklich und zufrieden lebt, weißt du? Leric ist nie nach Coruscant zurückgekehrt, aber hin und wieder taucht einer seiner Botendroiden in der Universität auf, um einen weiteren Bericht abzuliefern. Um ehrlich zu sein, ist der Schmireland-Almanach größtenteils nutzlos. Es gibt alle möglichen kuriosen Fakten über Planeten, die niemals jemand besuchen wollen würde. Doch in diesem speziellen Fall sieht die Sache vielleicht anders aus. Ich habe Jott-Sechs den Almanach vor allem deshalb herunterladen lassen, weil mir irgendwann mal langweilig war und ich immer eine Ausgabe davon dabeihaben wollte. Und jetzt könnte er sich tatsächlich als nützlich erweisen."

Avon gähnte. Das Essen lag ihr schwer im Magen, und nach fast zwei Tagen Überlebenskampf waren Körper und Geist erschöpft. Ihre Mutter hatte ihr stets vorgehalten, wie einfach und unbeschwert ihr Leben doch war und wie wenig sie ihr Glück zu schätzen wusste, und allmählich gab Avon ihr zumindest in dieser Hinsicht recht.

„Also, ähm, weiß Jott-Sechs nun, wo wir sind, oder nicht?", fragte Honesty, als der Droide nicht reagierte.

„Jott-Sechs gönnt sich gerade eine kleine Auszeit, vielen Dank auch", entgegnete der Droide. „Schließlich muss ich mir auch über einige Dinge Gedanken machen, hm?"

Avon blinzelte. Das war definitiv etwas Neues. Sie hatte zwar keinerlei Möglichkeiten, sich Notizen zu machen – aller Wahrscheinlichkeit nach trieb ihr Datapad irgendwo zwischen den Trümmern der *Steady Wing* –, aber sie war fest entschlossen, sich alles genau einzuprägen, um bloß nichts davon zu vergessen. „Worüber hast du dir denn Gedanken gemacht?"

„Das geht dich nichts an. Doch was deine andere Frage betrifft: Im Almanach ist ein Ort erwähnt, der als dicht bewaldetes Gebiet mit ätzendem Regen beschrieben wird und einen Doppelgasriesen mit Zwillingssonnen umkreist. Die offizielle Kennung lautet Mond Zwei-Drei-Eins-Zwei-Drei-Vier, gemeinhin bekannt als Wevo."

„Ausgezeichnet! Also, wie groß ist die Wahrscheinlichkeit, dass jemand hier vorbeikommt und das Signal des Notfallsenders empfängt, den Vern beim Wartungsshuttle zurückgelassen hat?", fragte Avon.

„In diesem Teil des Systems gibt es keinerlei etablierte Handels- oder Reiserouten", erklärte der Droide. „Der nächstgelegene Hyperraumknotenpunkt ist mindestens einen zweitägigen Unterlichtflug entfernt. Dementsprechend stehen unsere Rettungschancen sehr, sehr schlecht."

Avon drehte sich um, um Honestys Reaktion zu beobachten. Die übliche betrübte Miene des Jungen verwandelte sich in eine Maske völliger, absoluter Verzweiflung.

„Wir werden hier bis in alle Ewigkeit festsitzen."

J-6 gab ein Geräusch von sich, das entfernt wie ein Schnauben klang. „Nun ja, zumindest so lange, bis euch Organischen das Essen ausgeht und meine Batterien versagen. Doch alles in allem, fürchte ich, ist meine Prognose nicht sonderlich erbaulich."

Honesty nickte und versuchte verstohlen, die Tränen wegzuwischen, die ihm aus den Augen quollen.

„Was ist an Dalna überhaupt so toll?", fragte Avon.

„Eigentlich nichts. Ich meine … es ist mein Zuhause. Alles, was ich liebe, ist dort." Er starrte Avon an, als wäre ihr gerade ein zweiter Kopf gewachsen.

Vermutlich, vermutete Avon, sollte sie sich lieber daran gewöhnen, da er sie ständig mit diesem einen Blick bedachte. Sie machte es sich ein bisschen bequemer und legte sich hin. Avon war sich nicht sicher, warum seine plötzliche Verzweiflung sie so verdrießlich stimmte. Vielleicht, weil er so felsenfest überzeugt davon war, wieder nach Hause zu kommen, während Avon wusste, dass das eher unwahrscheinlich war. Was mochte das wohl für ein Gefühl sein, zu wissen, dass die eigene Familie einen vermisste und einen mit offenen Armen willkommen hieß? Avon hatte schon seit beinahe einem Monat kein Holo mehr von ihrer Mutter bekommen. Meistens machte ihr das nichts aus, weil sie mit so vielen anderen Dingen beschäftigt war, aber in diesem Augenblick kam es ihr so vor, als hätte man sie an den Rand der Galaxis geschickt und sie dann schlagartig vergessen. Wusste ihre Mutter überhaupt etwas von der Zerstörung der *Steady Wing*? Wusste *irgendjemand* davon?

Aber bloß weil sie traurig war, bedeutete das nicht, dass es für Honesty keinen Grund gab zu hoffen, auch wenn sein Gesichtsausdruck nach der letzten Bemerkung des Droiden überdeutlich machte, dass er im Moment ein wenig niedergeschlagen war.

„Lass dir von Jott-Sechs' Vorhersagen nicht alle Hoffnung nehmen!", sagte Avon deshalb. „Sie kann nur Berechnungen auf Basis der Informationen anstellen, die ihr vorliegen, und diese Variablen können wir ändern. Wir können einen besseren Notrufsender zusammenbasteln, oder vielleicht gibt es auch irgendeine Möglichkeit, andere Teile des Shuttles auszuschlachten und sie dazu zu verwenden, eine eigene Kom-Einheit zu bauen. Wer weiß das schon, bis wir es versuchen? Aber fürs Erste sitzt du zusammen mit dem Rest von uns hier auf Wevo fest, was eigentlich gar nicht so übel ist. Schließlich haben wir immerhin jede Menge Joppa-Gulasch." Sie schenkte Honesty ein strahlendes Lächeln, aber der Junge war immer noch völlig geknickt – und Avon hatte nicht die leiseste Ahnung, wie sie das ändern konnte. Sie seufzte.

„Versuch ein wenig zu schlafen, Honesty. Wir überlegen uns morgen, wie es weitergeht." Und dann versank Avon in einen unruhigen Schlaf, voller Träume von wesentlich schlimmeren Zeiten.

15. KAPITEL

Honesty schreckte ruckartig aus dem Schlaf auf. Von allen möglichen Gedanken war sein erster ausgerechnet: *Mein Vater ist tot!* Und sofort war der Kummer wieder da. Er erinnerte sich noch gut daran, wie er das erste Mal einen Backenzahn verloren hatte. Er war genauso herausgefallen wie die meisten seiner Milchzähne, aber die Lücke, die zurückblieb, war größer gewesen, spürbarer. Zu wissen, dass sein Vater nicht mehr da war, fühlte sich ähnlich an – als würde man mit der Zungenspitze an dieser Lücke herumtasten, wo eigentlich etwas sein sollte, nun aber nur noch Leere war. Der Vergleich war vielleicht nicht der allerbeste, aber trotzdem treffend.

Er hätte sich nicht mit seinem Vater streiten sollen. An jenem letzten Abend, als er vor dem Spiegel stand und sich angezogen hatte. Honesty hätte seinem Vater mehr Respekt entgegenbringen und ihm sagen sollen, wie sehr er ihn liebte und wie glücklich er war, bei ihm zu sein. Doch das hatte er nicht getan, und nun würde er auch niemals wieder Gelegenheit dazu haben. Bei diesem Gedanken brannten ihm Tränen in den Augen, und er senkte den Kopf. Er hatte die ganze Nacht über leise vor sich hin geweint. Er wollte nicht, dass die anderen seine Trauer sahen. Doch dann rollte ihm eine Träne die Nase hinunter, und es war zu spät.

„Hey!“

Honesty wischte die Tränen hastig fort, schaute auf und sah Imri neben sich sitzen. Er hielt ihm eine Wasserkapsel hin – eine der wenigen, die sie an Bord des Wartungsshuttles gefunden hatten.

„Hast du Durst?"

Honesty nickte, nahm die angebotene Kapsel entgegen und biss hinein, sodass das fade Wasser seinen Mund füllte.

„Wir haben nicht sonderlich viele davon, deshalb wollte ich sichergehen, dass du eine bekommst", sagte Imri, der aber nicht besorgt schien.

Soweit Honesty das beurteilen konnte, machte sich der Jedi wegen nichts allzu viele Gedanken, was Honesty irgendwie nervig fand. Gewiss, gestern war Imri genauso aufgewühlt gewesen wie er, aber mittlerweile war dieser Sturm der Gefühle verflogen, und der Junge lächelte wieder, so wie immer. Es kam ihm unnatürlich vor, dass jemand derart standhaft und unerschütterlich war, auch wenn Honestys Ausbilder auf Dalna ständig sagten, dass ein kühler Kopf der Schlüssel zum Überleben war.

Ein kühler Kopf hilft dir, selbst die verzweifeltsten Zeiten zu überstehen.

Dies war allerdings kein Rat von Honestys Ausbilder gewesen, sondern von seinem Vater. Honesty schloss fest die Augen und öffnete sie dann wieder. Doch Botschafter Weft hatte recht. Honesty musste nun einen kühlen Kopf bewahren und das Problem möglichst sachlich angehen, um sich alles zunutze zu machen, was er gelernt hatte und das Beste aus dieser scheinbar ausweglosen Situation zu machen. Er konnte seinen Vater nicht mehr retten – das war ohnehin nie eine Option gewesen –, aber er konnte überleben und alles, was er von seinem Vater gelernt hatte, an andere weitergeben. Bislang hatte er zu viel Angst gehabt, um groß den Mund aufzumachen und seine eigene Meinung zu vertreten. Schließlich war Vernestra eine Jedi-Ritterin. Aber auch wenn offensichtlich war, dass die Jedi vieles konnte, hatte sie keine Outdoorerfahrung – jedenfalls nicht so wie er. Er konnte helfen. So hatte er außerdem etwas, womit er sich beschäftigen konnte – etwas, das ihn vom Verlust seines Vaters ablenkte.

Abgesehen davon, ein Notsignal auszusenden, war das Wichtigste die unmittelbare Versorgung. Sie hatten nur denkbar wenig Wasservorräte. Und obwohl sie mit dem verfügbaren Essen etwas länger auskommen sollten, würden sie den Mangel an Trinkwasser wesentlich früher zu spüren bekommen. Und das Wasser auf Wevo war giftig.

Während er trank, ließ Honesty den Blick zum Dschungel außerhalb der Höhle schweifen, nicht bereit, der hoffnungslosen Verzweiflung zu verfallen, die an ihm nagte. Der Regen hatte aufgehört, und schon wuchs das grüne Unterholz, das vom Regenguss der vergangenen Nacht verbrannt worden war, rasend schnell wieder nach – so schnell, dass man es mit bloßem Auge verfolgen konnte.

„Wow, siehst du das?“, fragte Honesty erstaunt. Mit einem Mal war sein Unbehagen wie weggeblasen. Er rappelte sich auf und ging zum Höhleneingang, um zu beobachten, wie Ranken, die um ein Vielfaches schneller wuchsen als zu Hause auf Dalna, an den Bäumen emporkrochen und sich um die Stämme schlangen.

„Ja. Auch wenn der Regen viel von der hiesigen Pflanzenwelt zerstört, ist die Natur auf diesem Mond es offenbar gewohnt, sich rasch wieder zu erholen. Gleichgewicht …“, sagte Imri lächelnd. Für einen Moment huschte ein Schatten über sein Gesicht, ehe sein Lächeln wieder fröhlicher wurde.

„Schau, selbst diese putzigen kleinen Primaten haben überlebt."

Die bunten Kreaturen flitzten von Ast zu Ast und pflückten riesige blaue Früchte, die schwer und rund an den Bäumen hingen.

„Die waren gestern aber noch nicht da, oder?", fragte Honesty.

Imri runzelte die Stirn. „Die Früchte? Nein, ich glaube nicht."

Honesty trank den Rest seiner Wasserkapsel und gab sie Imri zurück, während er über die Outdoorlektionen nachdachte, die man ihm beigebracht hatte. In seinen Überlebenskursen hatte er gelernt, dass das Ökosystem auf einigen Planeten in bestimmten Zyklen verlief, um das Überdauern bestimmter Spezies zu gewährleisten. Der Regen auf Wevo war ätzend, aber die kleinen pelzigen Primaten waren wohl trotzdem irgendwie dazu imstande, das toxische Wasser zu trinken. Entweder das – oder sie stillten ihren Durst auf ganz andere Weise.

Kurz entschlossen verließ Honesty die Höhle und sprintete auf die Bäume zu, ohne auf Imri zu achten, der ihm hinterherrief. Wenn seine Vermutung stimmte, brauchten sie sich um die Trinkwasserversorgung keine Sorgen mehr zu machen. Er lief zum nächstbesten Baum, packte die Frucht, die am tiefsten hing, und riss sie vom Ast. Ein Primat mit rotem Fell, sechs Armen und einem unglaublich langen Schwanz brüllte ihn wütend an, aber da machte Honesty auch schon wieder kehrt und rannte zurück zur Höhle, bevor das kleine Geschöpf irgendetwas anderes tun konnte, als zu schimpfen.

„Was treibst du da?", fragte Imri mit großen Augen. „Du

musst vorsichtig sein! Wer weiß schon, wozu diese Tiere imstande sind?"

„Ich glaube, das Kerlchen war bloß sauer, weil ich das hier stibitzt habe", sagte Honesty und hielt die Frucht in die Höhe. Sie war schwerer, als sie aussah, und erinnerte ihn an die Sommermelonen, die einige der Farmer daheim auf Dalna anbauten.

„Was ist hier los?", fragte Vernestra, die gerade zu Honesty und Imri am Höhleneingang herüberkam. Avon folgte dicht dahinter – die Kontrollbrille für den Spähdroiden hielt ihr lockiges Haar im Zaum, das genauso schnell zu wachsen schien wie das Buschwerk draußen.

„Ich glaube, Honesty hat eine Idee", sagte Imri.

Honesty nickte. „Zu Hause auf Dalna müssen wir als Vorbereitung auf unsere Wandlung bestimmte Kurse belegen. Ich hatte Unterricht in Outdoor-Survival – da geht es in erster Linie darum, wie man in verschiedenen Klimata überlebt –, und eines der Dinge, die mein Lehrer zu mir sagte, war, dass man an einigen Orten gezwungen ist, sich Wasser aus anderen Quellen zu beschaffen als aus einem Fluss oder einem Bach."

„Du denkst, das Trinkwasser von Wevo ist in diesen Früchten?", fragte Avon stirnrunzelnd, während sie sich die Sache durch den Kopf gehen ließ. „Ich schätze, das ergibt Sinn. Die Bäume müssen sich schließlich irgendwie an diese Umgebung angepasst haben."

„Und diese kleinen Tiere fressen die Früchte schon den ganzen Morgen über", berichtete Vernestra. „Aber ich glaube nicht, dass es das Risiko wert ist, uns versehentlich zu vergiften, um herauszufinden, ob Honestys Theorie zutrifft oder nicht."

„Das wird nicht passieren", sagte Avon grinsend. „Jott-Sechs verfügt über ein Kinderbetreuungsprogramm. Sie sollte eigentlich imstande sein, eine Probe zu analysieren, um zu sehen, ob wir diese Früchte gefahrlos zu uns nehmen können. Das Sprachprogramm dürfte da eigentlich keine Probleme machen."

Vernestra verschränkte die Arme vor der Brust und warf Avon einen missbilligenden Blick zu. „Also *hast* du dich an der Programmierung des Droiden zu schaffen gemacht!"

Avon zuckte mit den Schultern. „Ich habe bloß einige ihrer Befehle etwas angepasst ... ihr ein größeres Maß an Selbstständigkeit und Autonomie zugestanden ... Entspann dich, Vern, mit Jott-Sechs ist alles bestens. Sie ist einfach nur in der Lage, sich selbst etwas bewusster wahrzunehmen als zuvor."

Vernestra schaute zweifelnd und Imri verwirrt, aber Honesty konnte nicht umhin, beeindruckt zu sein. Er hielt es schon immer für unfair, dass Droiden kein Mitspracherecht an ihrer eigenen Existenz hatten und sie gezwungen waren, wie Sklaven den Organischen zu dienen, bei denen sie lebten, anstatt etwas wie echte Vertraute oder Partner zu sein. Honesty fand, dass es besser wäre, wenn sie selbst auch ein wenig mitentscheiden könnten, was für eine Art von Dasein sie führen wollten.

Avon signalisierte Honesty mit einem Wink, ihr zu folgen, und zusammen gingen sie zu dem im hinteren Teil der Höhle stehenden Droiden. J-6 hatte sich die ganze Nacht über nicht bewegt, sondern einfach reglos in der Ecke verharrt und über das nachgedacht, was sie ihnen gestern Abend nicht hatte sagen wollen. Als die beiden Kinder ihr Ziel erreichten, räusperte sich Avon, fast so, als hätte sie ein bisschen Angst davor, den Droiden wegen der Frucht zu stören.

„Ja, Avon? Hast du weitere astronomische Fragen, auf die du eine Antwort wünschst?", fragte J-6.

Irgendetwas war mit ihren Fotorezeptoren, sodass der Droide für Honestys Geschmack etwas zu scharfsinnig wirkte. Vielleicht hatte er sich geirrt. Vielleicht war ein Droide, der sich seiner selbst vollkommen bewusst war, doch nicht so interessant, sondern vielmehr furchterregend …

„Nein", antwortete Avon. „Aber funktioniert das Nahrungsmittelsicherheitsprogramm noch ordnungsgemäß? Wir möchten wissen, ob es für unseren Organismus unbedenklich wäre, das hier zu essen." Sie deutete auf die Frucht in Honestys Händen.

J-6 seufzte – was absolut erstaunlich war, da Droiden schließlich nicht einmal atmeten –, bevor sie Honesty die Frucht unvermittelt aus der Hand nahm und mit der eigenen zerdrückte.

Honesty sprang zurück, und Avon schrie überrascht auf, als sie von oben bis unten mit violettem Fruchtfleisch und Saft bespritzt wurde.

„Der Verzehr dürfte für euch ungefährlich sein", meinte J-6 und ließ die Reste der Frucht fallen, als Imri und Vernestra zu ihnen herüberkamen.

„Na, das ist eine echte Erleichterung", sagte Avon und pflückte einzelne Stückchen der blauen Frucht aus ihrem Haar. Sie nahm ein Stück Fruchtfleisch von ihrer Schulter, schob es sich in den Mund und kaute langsam. „Schmeckt wie Mambamelone … vielleicht ein bisschen strenger."

„Tja, jedenfalls wissen wir jetzt, dass wir nicht verdursten werden", sagte Imri und schenkte Avon einen mitfühlenden Blick.

„Gute Arbeit, Honesty!", sagte Vernestra. „Das war wirklich eine gute Idee. Wir sollten rausgehen und einen ganzen Haufen dieser Früchte holen, bevor es wieder anfängt zu regnen. Sagtest du nicht, die Regenwahrscheinlichkeit beträgt zwanzig Prozent, Jott-Sechs?"

„Habe ich das gesagt? Schon möglich. Die verfügbaren Informationen über diesen Mond besagen, dass der Regen täglich gegen Abend einsetzt, unmittelbar vor Einbruch der Dunkelheit. Solange die Sonne hell scheint, droht euch demzufolge keine Gefahr. Es sei denn, die mir vorliegenden Daten sind falsch. In dem Fall, schätze ich, seid ihr alle bereits geschmolzene Häuflein Glibber, bevor ihr auch nur merkt, wie euch geschieht." J-6 zuckte mit den Schultern, wie es ein Mensch getan hätte.

Für eine ganze Weile sagte niemand etwas, bis Avon auf einmal die Arme ausstreckte und J-6 umarmte. Ein breites Grinsen teilte ihr dunkles Gesicht. „Ich hab dich ganz doll lieb", flüsterte sie.

In diesem Moment beschloss Honesty, sich – sollte er das hier überleben – so weit wie irgend möglich sowohl von Avon als auch von ihrem launischen Droiden fernzuhalten, ganz gleich, wie sehr dieses seltsame, clevere Mädchen ihn auch faszinierte.

16. KAPITEL

Vernestra lehnte sich gegen ihren Rucksack und aß eine der vielen Früchte, die sie draußen gesammelt hatten, bevor der Regen wieder eingesetzt hatte. Ihr Geschmack lag irgendwo zwischen Melone und Frostbeere, und sie hatten einen angenehm würzigen Nachgeschmack, der sie fast dazu verleitet hätte, anerkennend zu schmatzen. Honestys Instinkt, was die Frucht anging, war richtig gewesen, und Vernestra seufzte zufrieden. Endlich einmal etwas Positives in all dem Chaos! Die Macht sorgte wahrhaftig für die Ihren.

Hinter ihnen lag ein geschäftiger Tag. Niemand hatte das Risiko eingehen wollen, dass es zu regnen begann, bevor sie die Früchte – die größtenteils aus Saft bestanden – in der Höhle in Sicherheit gebracht hatten. Darum hatten sich die vier darauf konzentriert, sich so viele wie möglich zu schnappen, vor allem die, die weiter unten hingen, bevor die kreischenden, schimpfenden Primaten sie fortjagen konnten.

Imri hatte die Erfahrung machen müssen, dass die neugierigen Kreaturen einem auf den Kopf sprangen, wenn man unvorsichtig war, und sie alle mussten lachen, als der Junge versucht hatte, dem ausgesprochen anhänglichen orangefarbenen Tier zu entkommen. Avon hatte damit angefangen, die kleinen Primaten wegen ihrer vielen Pfoten „Grabscherchen“ zu nennen, und als sich der Tag dem Ende zuneigte, war dieser Name hängen geblieben. Imris grabschender neuer Freund war sogar zu dem Schluss gelangt, dass er den Jungen noch mehr mochte als seinen Baum. So hatte er es sich den Rest des Tages über auf Imris Schultern bequem gemacht, um sich von dem groß gewachsenen Jungen durch die Gegend tragen zu lassen. Nur gelegentlich sprang er kurz mit einem Satz in die Bäume, um die Früchte an den höchsten Ästen zu pflücken.

„Wirst du ihm einen Namen geben?", fragte Honesty, schaute amüsiert zu, wie der Primat an Imris Padawanzopf knabberte, und konnte sich ein Grinsen nicht verkneifen.

„Ich glaube, ich nenne ihn Chiri", meinte Imri.

„Weil sich das halbwegs reimt? Sehr clever", sagte Avon mit einem anerkennenden Nicken. „Imri und Chiri. Ihr seid echt ein erstklassiges Wildfruchtpflückteam!"

Die kleinen Geschöpfe wollten es sich auch in Vernestras Gewand gemütlich machen, aber sie war sehr darauf bedacht gewesen, dafür zu sorgen, dass das nicht passierte. Sie hatte sich die Grabscherchen geschnappt und sie wieder in die Bäume gesetzt. Allerdings fragte sie sich, ob die Tiere wohl machtsensitiv waren – vor allem, weil sie nicht versucht hatten, sich mit Avon oder Honesty anzufreunden. Darüber schienen die beiden allerdings auch nicht böse zu sein.

Mittlerweile war die Nacht hereingebrochen, und außerhalb der Höhle prasselte wieder der Regen herab, um abermals das Unterholz wegzubrennen, das den Tag über neu gewachsen war, während sich die Grabscherchen in ihren Schlupflöchern verkrochen – alle mit Ausnahme von Chiri, der sich im Schoß von Imris Tunika zusammengerollt hatte und schlief. Nur hin und wieder stieß die kleine Kreatur ein verschlafenes Zirpen aus. Morgen früh würden die Ranken, Farne und Gräser wieder zurückkehren, genau wie sie es heute getan hatten, die Früchte würden wieder wachsen, und die Grabscherchen würden sich an ihnen laben.

Das Ganze war ein Beweis für das perfekte Gleichgewicht der Macht, für die Harmonie in der Galaxis, und erfüllte Vernestra mit einem überwältigenden Gefühl von Frieden und Gelassenheit, als sie die Augen schloss und in den Zyklen des Mondes versank.

Tod. Zerstörung. Trostlosigkeit.

Der scharfe Missklang inmitten der ansonsten beruhigenden, wohltuenden Sinfonie des Lebens auf Wevo brachte Vernestra dazu, die Augen schlagartig wieder zu öffnen. Sie setzte sich auf und sah, dass Imri ihr gegenüber dasselbe tat.

„Hast du das auch gespürt?“, fragte Imri und sprang auf die Füße.

Vernestra nickte.

„Was gefühlt?“, wollte Honesty wissen. Er saß neben Avon, die gerade dabei war, ihm eine Gleichung zu erklären, die sie in den weichen Sand auf dem Höhlenboden gemalt hatte.

„Es ist die Macht. Irgendetwas stimmt nicht“, sagte Imri stirnrunzelnd. „Irgendetwas ist nicht so, wie es sein sollte … Da ist etwas, das hier nicht hergehört.“

„Ist außer uns noch jemand auf Wevo?“, fragte Honesty.

Vernestra runzelte die Stirn. Sie konnte die Erschütterung in der Macht zwar nicht so deutlich erfassen wie Imri, aber zugleich fühlte sie auch nichts, was darauf hingewiesen hätte, dass noch eine andere Gruppe von Leuten auf diesem abgelegenen, einsamen Mond gelandet war. Nein, es musste etwas anderes im Argen liegen.

Imri schüttelte den Kopf. „Es gibt hier so viel Leben, dass ich das nicht genau sagen kann. Außerdem ist dieses Etwas –

was auch immer es ist – weit genug weg, dass es sich einfach nur … falsch anfühlt."

„Und das hat auch sicher nichts mit dem Regen zu tun?", fragte Avon. „Immerhin hat dieses Zeug Avons Ärmel versengt!"

Nun war es an Vernestra, den Kopf zu schütteln. „Der Regen ist ein fester Bestandteil dieses Ortes. Du hast doch selbst gesehen, wie sich die Tiere und Pflanzen daran angepasst haben. Nein, das hier ist etwas vollkommen anderes."

„Am Tag unserer Ankunft dachte ich, ich hätte jemanden in den Büschen gesehen", sagte Honesty. „Aber ich war mir nicht sicher. Vielleicht sind trotz allem ja doch noch andere Überlebende von der *Steady Wing* hier gestrandet?"

Die hoffnungsvolle Miene des Jungen sorgte dafür, dass sich Vernestras Herz schmerzhaft verkrampfte, da sie wusste, dass außer ihnen niemand die Zerstörung des Schiffs überlebt hatte. Sie hatte es gespürt, doch sie wollte Honesty nicht ohne weitere handfeste Beweise all seine Hoffnung nehmen.

„Wenn noch andere Leute hier sind, warum habt ihr das dann nicht schon vorher gefühlt?", fragte Avon mit gerunzelter Stirn.

„Vielleicht waren sie bis jetzt irgendwo anders", meinte Imri.

„Außerdem waren wir bislang noch nicht wirklich im Einklang mit Wevo", erklärte Vernestra unbeeindruckt. „Meist dauert es eine Weile, um sich an einen Ort zu gewöhnen und ihn wirklich zu verinnerlichen." Sie stand auf und streckte sich, dann sah sie Imri an. „Wir sollten uns das mal genauer anschauen."

Imri nickte, baute rasch sein Lichtschwert wieder zusammen und schob es in das Halfter an der Hüfte. Chiri kreischte verdrossen und verkroch sich in den Falten von Imris Gewand. Offensichtlich war das Tier zu dem Schluss gelangt, dass diese Störung seiner Nachtruhe ein relativ geringer Preis für einen so tollen Schlafplatz war.

Vernestra wandte sich an die jüngeren Kinder. „Bleibt hier in der Höhle. Wir sind bald wieder da."

Dann brachen sie auf. Draußen vor der Höhle trommelte der Regen auf die Umgebung hernieder. Ein Großteil des Buschwerks war bereits verätzt, sodass sie schnell durch den Dschungel vorankamen. Vernestra kappte mit dem Lichtschwert ein großes Blatt und nutzte die Macht, um es über ihrem Kopf schweben zu lassen, um vor dem Regen geschützt zu sein. Imri tat dasselbe. Während sie durch den Urwald marschierten, sorgte Vernestra dafür, dass das Wasser, das über den Boden strömte, von ihnen wegfloss, sodass ihre Stiefel größtenteils trocken blieben. An anderen Orten mit normalem Regen hätte Vernestra sich ihre Energie lieber aufgespart, auch wenn das bedeutete, nass zu werden, aber hier auf Wevo war das nun mal keine Option.

„Wo lang?", fragte Vernestra. Natürlich hätte sie die Richtung, aus der die Erschütterung in der Macht herrührte, auch selbst bestimmen können, doch nach ihrem unbehaglichen Gespräch am Vortag wollte sie das lieber Imri überlassen. Auch wenn der Padawan selbst das emotionale Durcheinander zu ignorieren versuchte, das in ihm tobte, all diese Gefühle, die unmittelbar damit zusammenhingen, dass er seinen Meister verloren hatte, konnte Vernestra seine innere Unruhe dennoch deutlich spüren. Nicht zuletzt deshalb war es wichtig, dass Imri wieder Vertrauen aufbaute – nicht bloß in die Macht, sondern auch in die eigenen Fähigkeiten.

Und das ließ sich am einfachsten bewerkstelligen, indem sie ihm die Möglichkeit bot, seine besonderen Gaben einzusetzen.

„Ich denke, es kommt von irgendwo nahe dem Flussbett", erklärte Imri nachdenklich.

„Wir müssen vorsichtig sein", sagte Vernestra. „Gut möglich, dass der Regen dafür gesorgt hat, dass der Fluss jetzt wieder Wasser führt – ätzendes Wasser."

Die beiden marschierten den Hügel hinunter, in Richtung des Weges, den sie am ersten Tag auf Wevo eingeschlagen hatten. Unterwegs prasselte der Regen auf die umliegenden Bäume und die Blätter über ihren Köpfen hernieder und übertönte das Geräusch ihrer Schritte.

Als Vernestra spürte, dass Blicke auf ihnen ruhten, schaute sie sich um und entdeckte unzählige Grabscherchen, die sie aus ihren Verstecken in den Baumstämmen beäugten. Es war ziemlich dunkel, da es nur wenig Umgebungslicht gab, und zu spät wurde Vernestra klar, dass es gut gewesen wäre, eine Lampe mitzunehmen. Nur die Blitze, die regelmäßig den Himmel zerrissen, trotzten der gnadenlosen Finsternis. Zwar konnten sie und Imri sich mithilfe der Macht orientieren und Bäumen und anderen Lebewesen aus dem Weg gehen, aber nach einer Weile würde sich unweigerlich eine gewisse Erschöpfung einstellen, und wenn das passierte, wurde es gefährlich. Wenn sie zu lange damit warteten, zur Höhle zurückzukehren, würden sie dem toxischen Regen irgendwann genauso ausgeliefert sein wie alle anderen.

„Hier lang!", sagte Imri unvermittelt und kletterte, ohne zu zögern, einen steilen Hang hinab. Irgendetwas war dort durchgekommen: Etwas Großes hatte Bäume gefällt und eine wüste Schneise durch den Wald gepflügt.

Am Fuß des Hügels sah Vernestra den Felsbrocken liegen, der den Höhleneingang versperrt hatte. Aber dahinter war noch etwas, das sich glänzend vor dem dunklen Hintergrund des Dschungels abhob. Es war ein Raumschiff; ein Frachtschlepper dem offenbar ebendieser Felsen in die Seite gekracht war, den Imri gestern – wenn auch etwas unglücklich – aus dem Weg geräumt hatte. Wartungsleuchten erhellten das Gelände und ließen das Ausmaß der Schäden erkennen. Vernestra fühlte sich ein wenig schuldig, als sie sah, dass ihr hastiges Ablenken des mächtigen Felsbrockens für jemand anderen schreckliche Folgen gehabt hatte. „Dann gibt es hier also *wirklich* noch andere Leute“, sagte sie.

„Aber was für welche?“, fragte Imri.

Er hatte recht. Die Unruhe, die Vernestra in der Macht spürte, ging von diesem Schiff aus, und von denen, die sich an Bord befanden, wer auch immer sie waren. Sie hatte dieses Gefühl schon einmal wahrgenommen, allerdings gedämpfter. Erst vor ein paar Tagen, als sie an Bord der *Steady Wing* gegangen war. Vernestra wollte Imri gerade davon erzählen und von diesem aqualishanischen Mechaniker, der ihr so merkwürdig vorgekommen war, als aus Richtung des Schiffs mit einem Mal Schreie zu ihnen herüberdrangen. Vernestra duckte sich in den Schutz einiger besonders tief hängender Äste von einem der großblättrigen Bäume und winkte Imri, um ihm zu signalisieren, zu ihr zu kommen, damit sie beobachten konnten, was drüben bei dem Schiff vorging.

Das Raumschiff war ein Schlepper älterer Bauart, kompakt und kastenförmig, mit einem Heckfrachtraum, der sich öffnete wie eine Muschel: Die obere und die untere Schotthälfte teilten sich, um den Zugang zum Laderaum freizugeben. Die Einstiegsluke stand offen, und die Leute an Bord redeten so laut, dass sich das Ganze eher wie ein Streit als wie ein normales Gespräch anhörte.

„Das sind bloß ein Haufen Kinder! Wie hätten die diesen verdammten Felsbrocken nach uns werfen sollen, Gwishi? Ich sage dir, dieser Mond ist verflucht! Ich weiß, dass ihr Aqualishaner nicht an so was glaubt, aber auf Pasaana hab ich mal einen Sandgeist gesehen! Die gibt es wirklich! Und wie dieser Regen sich durch Zeug brennt, ist einfach nur unheimlich. Außerdem fressen diese dämlichen Viecher unser Essen! Verflucht! Diese ganze Mission ist verflucht!"

Eine Menschenfrau mit blasser Haut kam an den Rand der Einstiegsrampe. Sie hatte knallrosa Haar, das in der Mitte ihres Kopfes hochstand, und schaute in den Regen hinaus, der draußen herniederprasselte.

„Das sind keine Kinder. Das sind *Jedi*! Ich habe eine von denen an Bord der *Steady Wing* gesehen, als ich die Sprengladungen angebracht habe. Wir müssen uns um sie kümmern, bevor sie merken, dass sie nicht allein hier sind!"

Der Aqualishaner, dem Vernestra in der Andockbucht in Port Haileap begegnet war, tauchte aus dem Innern des Schiffs auf und blieb neben der Frau stehen. Vernestra nahm an, dass er derjenige war, den die Frau mit „Gwishi" angesprochen hatte.

„Dann müssen wir jetzt also schon Kinder töten?", fragte die Frau.

„Ja, das müssen wir – und zwar, bevor Kassav rausfindet, was passiert ist. Oder willst *du* ihm sagen, dass wir es nicht mal geschafft haben, einen einfachen Anschlag zu verüben? Wir sollten zuschlagen und abhauen, nichts weiter. Unser Befehl war simpel: keine Überlebenden. Dass diese Kinder es geschafft haben, nicht bloß die Explosion der Sprengladungen zu überleben, die wir an Bord der *Steady Wing* platziert hatten, sondern auch noch hierher fliehen konnten, hat garantiert mit diesen Jedi und ihren Machttricks zu tun!"

Vernestra spürte Imris Anspannung immer größer werden – sein Zorn war fast mit Händen zu greifen. Normale Wut war in Ordnung, daran war nichts Schlechtes. Auch die Jedi waren nicht immun gegen Gefühle, egal, was andere darüber dachten. Doch die Emotionen, die in Imri brodelten, gingen über normale Wut und gewöhnliche Empörung weit hinaus. Sein Zorn war so stark und so unbändig, dass Vernestra fast fürchtete, er würde sein Lichtschwert zücken und sich auf die Leute in dem havarierten Frachtschiff stürzen. „Tief durchatmen", flüsterte sie ihm zu. „Rache ist nicht der Weg des Lichts."

„Ich weiß", entgegnete Imri, und der Tumult seiner Gefühle ließ ein wenig nach. „Aber Jott-Sechs hat recht. Es war Sabotage! Die da haben Meister Douglas ermordet – und Honestys Vater."

Vernestra brachte den Padawan zum Schweigen, während die beiden Saboteure weiter ihre mörderischen Pläne schmiedeten.

„Sobald der Regen morgen früh aufhört, machen wir uns auf die Suche nach diesen Schuttratten und erledigen sie ein für alle Mal. Ich werde nicht zulassen, dass unsere ganze Brise die Schande für unser Versagen tragen muss. Wir sind jetzt Nihil, Klinith, das darfst du nie vergessen. Und ein Nihil zu sein, ist etwas Großes", erklärte Gwishi, bevor er wieder zurück an Bord des Schiffs stapfte.

Sobald die Attentäter außer Sicht waren, richtete Vernestra sich in ihrem Versteck auf und signalisierte Imri, ihr zu folgen. Doch da sprang mit einem Mal Chiri aus den Falten von Imris

Gewand hervor und wuselte auf die offene Einstiegsluke des nahen Frachtschiffs zu.

Imri sprang auf, um dem orangefarbenen Grabscherchen nachzulaufen, doch das Blatt, das ihn schützte, fiel zu Boden, als seine Konzentration abbrach. Er schrie auf, als einige Tropfen seine Haut trafen, aber da hatte Vernestra auch schon dafür gesorgt, dass sein Blatt wieder über ihm schwebte. Doch Imri bemerkte es kaum. Er rannte weiter hinter Chiri her, dem der Regen nichts auszumachen schien. Der Primat huschte die Einstiegsrampe hoch und verschwand im Innern des Schiffs.

Imri wollte Chiri gerade folgen, Vernestra dicht hinter sich, als plötzlich an Bord des Frachters jemand brüllte: „Diesmal kriegst du mein Essen nicht, du elendes Drecksvieh!"

Das Krachen eines Blasters ertönte, und ein schmerzerfülltes Kreischen drang aus dem Schiff, bevor eine kleine orangefarbene Gestalt achtlos in den Regen hinausgeschleudert wurde.

Imri kam schlitternd im Schlamm zum Stehen, während das Regenwasser, das sich auf dem Boden in Pfützen sammelte, langsam seine Stiefel versengte. „Chiri!", raunte er fassungslos.

Die kleine Kreatur rührte sich nicht, und Vernestra spürte, dass bereits alle Lebensenergie aus Chiris Körper gewichen war. Vernestra packte Imri und zog ihn in den Schutz der Bäume zurück, bevor derjenige mit dem Blaster auf sie schießen konnte. Alles, woran sie denken konnte, war, zur Höhle zurückzukehren. Sie mussten Avon und Honesty beschützen.

„Wir sollten sie uns vornehmen!", sagte Imri aufgewühlt und wand sich in Vernestras Griff.

„Nein, jetzt noch nicht! Wir müssen einen kühlen Kopf bewahren! Denk nach! Im Augenblick haben Avon und Honesty bloß einen Pflegedroiden, der auf sie aufpasst. Wir kehren jetzt schnellstens zur Höhle zurück, und dann überlegen wir uns unsere nächsten Schritte!"

Vernestra musste Imri regelrecht hinter sich herziehen, als sie den Rückweg durch den Dschungel antraten. Sie tat ihr Bestes, um sie beide vor dem Regen zu schützen, da Imri sein Blatt erneut fallen gelassen hatte und auch keine Anstalten machte, es durch ein neues zu ersetzen. Sie erreichten die Schneise, die der Felsbrocken geschlagen hatte, und folgten ihr den Hang hinauf. Unterwegs wusch der ununterbrochen fallende Regen ihre Fußspuren weg. Das Schweigen zwischen ihnen war schwer und unbehaglich.

Vernestra überlegte fieberhaft, was sie tun sollten. Es musste eine Lösung für dieses Problem geben, einen *richtigen* Weg, um mit dieser Situation umzugehen – aber welchen? Hatte Imri vielleicht recht? Hätten sie diese beiden Leute einfach angreifen sollen, ohne auch nur zu wissen, wer genau sie waren? Vernestra glaubte nicht, dass es das war, was die Macht wollte. Gewiss, die Jedi verstanden es, zu kämpfen und sich zu verteidigen, doch zugleich glaubten sie an die Unantastbarkeit des Lebens – *allen* Lebens. Gewalt durfte immer nur der letzte Ausweg sein.

Mittlerweile hatte Imri sich so weit beruhigt, dass er sein Lichtschwert aktiviert hatte, und obwohl die Klinge immer noch instabil flackerte, schnitt er ein Blatt ab, um sich damit vor dem Regen zu schützen, der inzwischen zusehends schwächer wurde und bloß noch ein Nieseln war. „Das müssen diese Weltraumpiraten sein, von denen Douglas gesprochen hat."

Vernestra sah Imri an. Seine Emotionen waren ein Mahlstrom der Wut, und sie war überrascht, dass er in seinem aufgewühlten Zustand überhaupt imstande war, die Macht zu nutzen. „Die haben sich selbst als *Nihil* bezeichnet. Hast du diesen Namen schon mal gehört?"

Imri schüttelte den Kopf. „Nein, aber Douglas hat von einem anderen Jedi ein Holo bekommen. Es ging um irgendwelche gefährlichen Marodeure, die im Dalna-Sektor ihr Unwesen treiben. Ich habe die Nachricht allerdings nicht selbst gesehen. Er hat mich aus dem Zimmer geschickt, um sie sich alleine anzuschauen, aber ich vermute, dass das diese Typen sein könnten."

Vernestra nickte. Es war nur logisch, dass es sich dabei um ein und dieselben Schurken handelte. Und sie wäre bereit gewesen, ihr Lichtschwert darauf zu verwetten, dass ihr Schiff gestohlen war.

„Also, was machen wir jetzt?", wollte Imri wissen, während sie weitergingen.

„Wir kehren zur Höhle zurück und sagen Honesty und Avon, was wir gesehen haben. Dann überlegen wir uns, wie wir diese beiden Verbrecher aufhalten und dingfest machen können, damit sie sich vor einem Gericht der Republik für ihre Taten verantworten müssen. Genau *das* werden wir machen", erklärte Vernestra. „Wir müssen auf der Hut sein und dafür sorgen, dass keinem von uns etwas passiert. Wir brauchen einen *Plan*."

Imri sagte nichts. Noch immer war der Zorn in ihm zu spüren, aber nun war das Gefühl gedämpfter, und Vernestra hoffte, dass es ihm gelingen würde, sich von diesen Emotionen frei zu machen, bevor sie ihn auf einen Pfad führten, von dem sie ihn nicht wieder abbringen konnte.

17. KAPITEL

Avon tigerte unruhig hin und her, denn das war ohnehin das Einzige, was sie tun konnte. Unmittelbar nachdem die Jedi die Anwesenheit von jemand anderem auf dem Mond gespürt hatten und aufgebrochen waren, um der Sache auf den Grund zu gehen, hatte sich Honesty in seine Ecke der Höhle zurückgezogen und war wieder ganz mürrisch geworden. Dabei war sie doch gerade dabei gewesen, ihm den Hyderson-Beweis zu erklären. Dieser Junge hatte einfach keinen Sinn für Mathematik.

Sicher, Avon hätte mit J-6 reden können. Sie fand die Veränderung des Droiden hin zur griesgrämigen Zynikerin faszinierend und hochamüsant, doch J-6 hatte lauthals verkündet, dass sie nun in den Bereitschaftsmodus wechseln würde, um Energie zu sparen, und sich dann ausgeschaltet. Avon hatte daran gedacht, SD zu aktivieren, damit er Vernestra und Imri folgte, aber seine Batterie war nur noch zu etwa einem Viertel aufgeladen, und Avon hatte irgendwie das Gefühl, dass sie den kleinen Spähdroiden noch brauchen würden. Daher blieb ihr nichts anderes übrig, als auf und ab zu gehen.

Sie hinterließ mit ihren Schritten allmählich eine deutliche Spur im Sand auf dem Höhlenboden, die wie eine Acht aussah, als Honesty sich mit einem Mal aufsetzte und ohne jede Vorwarnung fragte: „Wie bist du eigentlich auf Haileap gelandet?"

Avon blieb abrupt stehen. „Was?"

„Na ja, als du mir diese Mathesache erklärt hast …"

„Du meinst den Hyderson-Beweis."

„Genau, diesen Beweis … Du hast gesagt, dein Lehrer auf Hosnian Prime hätte dir die Wechselbeziehung zwischen Energie und Masse beigebacht …"

„Hey! Du hast ja *doch* zugehört!"

Honesty warf Avon einen Seitenblick zu. „Ich bin immer sehr aufmerksam, wenn Leute reden. So erfährt man viel über die Galaxis. Na, jedenfalls, Hosnian Prime ist ziemlich weit weg von Port Haileap. Wie hat es dich also dorthin verschlagen? Ist deine Mom nicht Senatorin oder so was?"

Avons Herz klopfte wie wild. Sie dachte an das, was ihr ehemaliger, speziell auf emotionale Unterstützung programmierter Droide – ihr erster Gefährte, bevor ihre Mutter zu dem Schluss gelangt war, dass sie ein fortschrittlicheres Modell wie J-6 brauchte – immer zu ihr gesagt hatte: „Über seine Gefühle zu reden, hilft einem dabei, diese Emotionen zu analysieren und letztlich auch zu akzeptieren. Vielleicht solltest du in Erwägung ziehen, öfter mit anderen über das zu reden, was dir widerfahren ist."

Aber so wurden solche Angelegenheiten in der Familie Starros nun mal nicht gehandhabt. Als ihr Vater sie verlassen hatte, um seinem Traum nachzujagen, Hyperraumrouten zu kartografieren und am Rande des Wilden Raums zu leben, war das Einzige, was ihre Mutter Ghirra zu Avon gesagt hatte, dass ihr Vater ihnen beim Abendessen keine Gesellschaft leisten würde. Nie wieder. Und als Avons Urgroßmutter Eldie Starros starb, hatte sich die Familie für exakt eine Stunde versammelt, um ihr Respekt zu erweisen und eine Auswahl von

Eldies Lieblingsgerichten zu essen, bevor sich alle wieder um ihre eigenen Angelegenheiten gekümmert hatten.

Der Starros-Clan war nicht unbedingt für seine großen Gefühle und innigen Beziehungen zueinander bekannt, was wohl auch der Grund dafür war, warum es Avon so schwerfiel, über ihr Exil zu sprechen.

„Ich … mir ist etwas Schlimmes passiert", sagte Avon, ehe sie sich seufzend neben Honesty in den weichen Sand sinken ließ. „Auf Hosnian Prime lebten wir in einem streng abgeriegelten Privatanwesen. Meine Mutter war damals die dienstjüngste Senatorin, die es je bei uns gab, und verbrachte mehr Zeit auf Coruscant als zu Hause. Aber das war schon in Ordnung, denn immerhin war der Rest unseres Clans auch dort, sodass ich immer jemanden hatte. Dann, eines Tages, habe ich ein besonders faszinierendes Versuchsobjekt entdeckt. Einen, ähm, Flatterkäfer … Gibt es die auf Dalna auch?"

„Ja." Honesty nickte. Er wirkte ruhig und aufmerksam, und irgendetwas an seinem Tonfall brachte Avon trotz ihrer inneren Unsicherheit dazu weiterzureden.

„Ich war schon immer ziemlich gut darin, rauszufinden, wie irgendwelche Dinge funktionieren, deshalb wusste ich, wie man den Energieschirm deaktiviert, mit dem das Familienanwesen gesichert war. Und dann bin ich dem Flatterkäfer in die Wälder hinter unserem Haus gefolgt. Ich habe keine einzige Sekunde daran gedacht, dass es vielleicht einen Grund dafür gibt, dass unsere Familie solche Sicherheitsmaßnahmen braucht. Es kam, wie es kommen musste: Ich wurde von einer Gruppe Einheimischer gekidnappt, die mich als Druckmittel benutzen wollten, um meine Mutter dazu zu zwingen, sich im Senat für stärkere Handelskontrollen einzusetzen."

Honesty blinzelte. „Du wurdest entführt? Das ist ja schrecklich!"

„Ja, das war keine so tolle Erfahrung", sagte Avon mit einem gequälten Lachen. „Am Ende gelang es meinen Onkeln, mich zu finden und die Leute zu töten, die mich gekidnappt hatten. Aber als meine Mutter davon erfuhr, war sie außer sich. Anschließend musste ich sie überallhin begleiten, wo immer sie auch hinging. Dabei wollte ich die ganze Zeit nur nach Hause, nach Hosnian Prime. Oder auf Coruscant bleiben, zusammen mit den Kindern der anderen Senatoren und Senatorinnen. Und als ich dann weder das eine noch das andere durfte … na ja, sagen wir einfach, da habe ich dafür gesorgt, dass Mom mich von sich aus fortgeschickt hat."

„Und dann hat sie dich nach Port Haileap geschickt, damit du dort in Sicherheit bist", sagte Honesty.

„Meine Mutter hat mich weggeschickt, weil sie mich hasst und weil sie es leid war, dass ich ihr die Karriere vermassle", meinte Avon, selbst überrascht von der Vehemenz ihrer Worte.

„Das stimmt überhaupt nicht", mischte sich J-6 ein.

„Ich dachte, du bist im Bereitschaftsmodus", murmelte Avon.

„Ich habe die Anspannung in deiner Stimme gehört – das hat mich aktiviert. Wie auch immer, ich denke, ich sollte hier etwas klarstellen. Deine Mutter hat dich *sehr wohl* nach Haileap geschickt, weil sie dachte, dass du dort sicher seist. Der Planet liegt weit abseits der viel frequentierten Reiserouten. Außerdem gibt es dort eine verstärkte Präsenz der Jedi. Und das sind nur einige der vielen Faktoren, die deine Mutter bei ihrer Entscheidung berücksichtigt hat", erklärte J-6. „Abgesehen davon hast du ja auch noch mich. Ich habe es in den vergangenen drei Jahren erfolgreich geschafft, dich am Leben zu halten – und das war nicht immer ein Zuckerschlecken. Ein Hoch auf mich!"

„Der Droide hat recht", sagte Honesty, auch wenn der Blick, mit dem er J-6 bedachte, von einem gewissen Misstrauen geprägt war. „Wenn deine Mom dich tatsächlich hassen würde, hätte sie dich dann nicht viel eher auf eurem Familienanwesen eingesperrt, wo du das Problem von jemand anderem gewesen wärst?"

Avon machte den Mund auf, um etwas darauf zu erwidern – und klappte ihn dann wieder zu. Honesty hatte recht, was das betraf, genau wie J-6. Doch es waren Honestys Worte, die Avon dazu brachten, die Fakten in einem neuen Licht zu sehen, was sie letztlich zu einer vollkommen neuen Schlussfolgerung führte. Vielleicht, nur vielleicht, hatte ihre Mom sie ja wirklich nach Port Haileap geschickt, weil das zu jener Zeit das Beste für sie gewesen war – für Avon, nicht für ihre Mutter, wie sie bislang immer geglaubt hatte.

Natürlich war das alles gewesen, bevor Avon an Bord eines Luxusschiffs gegangen war, das dann explodiert war. Aber trotzdem. Ausgehend von den vorliegenden Daten und allen anderen verfügbaren Informationen war Haileap für Avon der sicherste Ort in der ganzen Galaxis.

Zum ersten Mal seit Monaten hob sich das unsichtbare Gewicht, das auf Avon lastete, und sie war froh darüber. „Du hast recht. Danke, Honesty! Du bist wirklich ein guter Freund."

Der Junge blinzelte. „Was?"

„Du hast mir von einem anderen Standpunkt aus wichtige Einblicke in ein Problem gegeben, das ich selbst nicht lösen konnte, jedenfalls nicht korrekt. Genau dafür sind Freunde doch da, oder nicht?"

Honestys Wangen röteten sich. „Oh! Na ja, dann ... Gern geschehen."

Die Heiterkeit des Augenblicks wurde von Vernestra und Imri zunichtegemacht, die in die Höhle gestürmt kamen. Beide Jedi wirkten ausgesprochen aufgewühlt.

„Also, sind wir gerettet?", fragte Avon.

„Nein, ganz im Gegenteil", sagte Imri mit zusammengebissenen Zähnen.

Bislang hatte Avon den Padawan ausschließlich mit diesem sanften, gütigen Lächeln auf dem Gesicht erlebt, allenfalls mal ein wenig neben der Spur und in Gedanken versunken. Deshalb wirkte seine zornige Miene falsch und war mehr als bloß ein wenig beunruhigend. Schließlich wurden Jedi nie wütend, oder? Sollte die Macht das nicht irgendwie verhindern?

„Wo ist Chiri?", fragte Honesty.

„Fort", sagte Imri, ehe er sich mit gesenktem Blick in eine der hinteren Ecken der Höhle verkroch.

Avon hatte das ungute Gefühl, dass er mit „fort" nicht meinte, dass das Tier in den Dschungel zurückgekehrt war, sondern dass etwas Schlimmes passiert war.

„Wir haben den Ursprung der Erschütterung der Macht gefunden, die wir gespürt hatten", sagte Vernestra, die Imri einen besorgten Blick zuwarf, in dem sich das widerspiegelte, was auch Avon empfand. „Es sind zwei Piraten oder so. Sie nennen sich selbst die Nihil."

Honesty sprang mit einem Satz auf die Füße. „Die Nihil? Das ist echt übel!"

Vernestra hob die Augenbrauen. „Dann weißt du, wer die sind?"

„Ja. Die Nihil sind einer der Gründe dafür, warum Dalnaner Raumreisen nicht mögen. Das sind Piraten – aber sie stehlen nicht einfach nur Dinge. Sie tun gern anderen Leuten weh. Bei ihren Angriffen setzen sie Gas ein, das ihre Opfer benebelt und ihnen die Orientierung raubt, und niemand, der ihnen in die Quere kommt, überlebt. Niemals. Wenn sie nicht gerade irgendwo Unheil stiften, verkriechen sie sich im gefährlicheren, unkartografierten Raum, und normalerweise verschwinden sie so schnell wieder, wie sie aufgetaucht sind. Haben sie Chiri etwas angetan?"

„Ja. Aber das ist noch nicht alles. Sie hatten auf der *Steady Wing* Sprengladungen angebracht! Deshalb konnte keins der Sicherheitssysteme verhindern, dass das Schiff auseinandergebrochen ist." Imris Stimme klang emotionslos.

Avon verspürte den Wunsch, den armen Jungen fest zu umarmen – während sie gleichzeitig am liebsten sofort losgezogen wäre, um die Leute zu suchen, die das innere Leuchten des Padawan so massiv gedimmt hatten, dass es fast schon zu erlöschen drohte.

„Was?" Honesty konnte kaum glauben, was er da hörte. Er ballte die Hände zu Fäusten und zitterte vor Zorn. Avon legte ihm beruhigend eine Hand auf die Schulter, aber er schüttelte sie ab und marschierte zu Vernestra hinüber. „Was haben sie gesagt? Woher wisst ihr das alles?"

„Wir haben sie belauscht, als sie sich unterhalten haben. Ihr Auftrag lautete, niemanden am Leben zu lassen, und sie wissen, dass wir hier sind, also werden sie vermutlich versuchen, uns auszuschalten", erklärte Vernestra.

Avon hatte die Jedi noch nie so unsicher erlebt. Sie war nicht verängstigt, das nicht, es war mehr so, als wüsste sie nicht so recht, was sie nun tun sollten. „Wir können nicht einfach rumsitzen und darauf warten, dass sie hier auftauchen und uns wegpusten", sagte Avon. „Wir müssen etwas unternehmen!"

Honesty nickte. „Wir sollten sie töten."

„Oder", unterbrach Avon ihn, bevor einer der Jedi darauf irgendetwas erwidern konnte, „wir nehmen sie gefangen und verhören sie, um rauszufinden, warum sie die *Steady Wing* überhaupt zerstört haben. Dafür muss es einen Grund geben, und den sollten wir in Erfahrung bringen."

„Die haben meinen Vater ermordet", sagte Honesty. Selbst im trüben Zwielicht der Höhle blitzten seine Augen vor Zorn. „Wir können sie nicht einfach nur dingfest machen und ihnen irgendwelche Fragen stellen. Sie müssen für das bezahlen, was sie getan haben!"

Vernestra nickte. „Und das werden sie auch, keine Sorge. Aber sie ihrer gerechten Strafe zuzuführen, ist nicht unsere Sache, sondern die der Republik. Avon hat recht. Wir sind vier, und die sind bloß zu zweit. Da sollten wir es doch wohl schaffen, sie zu überwältigen."

„Eigentlich sind wir sogar zu sechst", korrigierte Avon. „Vergiss Jott-Sechs und Essdee nicht … Und ihr sagt, die haben ein Schiff?"

„Ja, allerdings ist das ziemlich mitgenommen", erwiderte Imri. „Aber selbst wenn wir es irgendwie fertigbringen, sie gefangen zu nehmen … was sollen wir dann mit ihnen machen? Wir können ja kaum auf uns selbst aufpassen." Er wirkte nicht annähernd so überzeugt von Avons Idee wie Vernestra.

„Ihr seid doch Jedi", sagte Honesty, der offenkundig nicht bereit war, schon aufzugeben. „Warum zieht ihr nicht einfach los und bringt sie zur Strecke? Sobald sie erledigt sind, können wir uns dann überlegen, wie wir das Shuttle wieder flottkriegen. Du hast ein Lichtschwert, Imri. Willst du diesen Nihil nicht zeigen, dass sie nicht einfach tun und lassen können, was sie wollen? Dass sie nicht ungeschoren davonkommen?"

Imri sagte nichts, sondern ballte nur die Hände zu Fäusten.

Avon merkte, dass die Situation langsam außer Kontrolle geriet, und als Vernestra ebenfalls schwieg, atmete sie tief durch. „Wir könnten mit Sicherheit Teile ihres Schiffs verwenden, um damit das Wartungsshuttle zu reparieren", sagte sie. „Mit einem richtigen Navigationssystem und ein paar Upgrades kommen wir damit garantiert bis nach Port Haileap oder sogar bis nach Dalna." Aus irgendeinem Grund kam ihr der Gedanke, jemanden zu töten – selbst jemanden, der böse war, so wie die Leute, die die *Steady Wing* sabotiert hatten –, falsch vor. Als ihre Onkel ihrer Mutter berichtet hatten, dass sie sich um die Entführer ihrer Tochter gekümmert hatten – was nichts anderes bedeutete, als dass sie sie umgebracht hatten –, hatte Avon sich deshalb auch nicht besser gefühlt. Im Gegenteil. Sie war einfach nur furchtbar traurig gewesen. Dass ihre Kidnapper tot waren, hatte nichts an den schlimmen Erinnerungen an das Erlebte geändert. Tatsächlich hatte es die Sache irgendwie nur noch schlimmer gemacht.

Avon konnte nicht verstehen, wie sich ein Problem dadurch lösen lassen sollte, dass man jemand anderen umbrachte. Unvermeidliche Dinge eskalierten immer. Da war es doch viel sinnvoller, Antworten auf alle Fragen zu bekommen, die man hatte, und eine logischere Lösung zu suchen. Oder nicht?

„Gut, dann wäre das geklärt", sagte Vernestra. Avon war so in Gedanken versunken gewesen, dass sie nicht mitbekommen hatte, was sonst noch besprochen worden war.

Aber weder Imri noch Honesty schienen mit der Situation sonderlich zufrieden zu sein, daher vermutete sie, dass sie sich darauf „geeinigt“ hatten, sich zu überlegen, wie sie die Saboteure fangen und verhören konnten, bevor sie sich daranmachten, das Shuttle zu reparieren.

„Ihr solltet euch alle ein wenig ausruhen“, sagte Vernestra, bevor sie die Hände in die Hüften stemmte und jeden Einzelnen von ihnen der Reihe nach ansah. „Ich bleibe auf. Ich übernehme die erste Wache und lasse mir einen Angriffsplan einfallen, den wir dann gleich bei Tagesanbruch ausführen.“

Vernestras Tonfall machte deutlich, dass sie keine Widerworte akzeptieren würde, und so versuchte es auch keiner. Alle zogen sich in ihren jeweiligen Bereich der Höhle zurück und machten es sich für die Nacht so bequem wie möglich.

Als Avon sich neben J-6 in den Sand sinken ließ, richtete der Droide seine Fotorezeptoren auf sie. „Dir ist schon bewusst, dass dieser Plan niemals funktionieren wird, oder?“

„Dann hältst du den Plan für schlecht?“, fragte Avon, mit einem Mal unsicher.

„Oh nein, der Plan ist ausgezeichnet! Aber ich weiß, wie die Leute ticken, und etwas sagt mir, dass Honesty für Logik momentan nicht allzu viel übrighat. Emotionen können dafür sorgen, dass einem selbst der genialste Plan der Galaxis töricht vorkommt.“ Damit verstummte J-6.

Avon ließ sich ihre Worte nachdenklich durch den Kopf gehen. Sie fürchtete, dass der Droide recht hatte und sich Honestys Kummer nicht mithilfe der Wissenschaft beheben ließ. Aber sogar noch beunruhigender fand sie die Tatsache, dass ein Jedi so von Zorn beherrscht wurde, dass er den inneren Frieden verloren zu haben schien, den alle Jedi, denen Avon bislang begegnet war, ausgestrahlt hatten. Was geschah, wenn ein Jedi die Verbindung zur hellen Seite der Macht verlor? Nichts Gutes, davon war Avon überzeugt. Doch andererseits glaubte sie auch nicht, dass Rache Imri weiterhelfen würde.

18. KAPITEL

Imri verlangsamte seine Atmung und konzentrierte sich auf die Macht. Aber je mehr er versuchte, sie sich zunutze zu machen, desto mehr schien ihm diese lebenswichtige Verbindung zu entgleiten. Man hatte ihm beigebracht, beim Meditieren stets ruhig und gefasst zu sein – dass Gelassenheit die Grundvoraussetzung war, um mit der kosmischen Macht und der weiten Galaxis um ihn herum in Kontakt zu treten. Doch als er dort in der dunklen Höhle saß, *konnte* Imri nicht ruhig oder gelassen sein. Er war verloren und ohne Halt, und die Macht war in diesem Moment zu wenig greifbar für ihn, um ihm irgendeine Hilfe zu sein.

Das Einzige, was Imri jemals wollte, war, ein Jedi zu sein, der beste Jedi, aber lange Zeit hatte ihn niemand ernst genommen. Er war für alle bloß der lustige Bursche, der die anderen Jünglinge und Padawane mit seiner Körpergröße überragte und Basic mit einem merkwürdigen Akzent sprach. Imris Heimatwelt Hynestia lag weit vom Zentrum der Galaxis entfernt, und seine Eigenarten brachten die anderen Jünglinge irgendwie dazu, ihn zu bedauern und zu meiden. Und als er dann später Padawan wurde, hatte Imri in der ständigen Angst gelebt, dass seine Verbindung zur Macht vielleicht zu schwach war, um es weiter zu bringen – dass man ihn zu irgendeinem abgelegenen Tempel am Ende der Galaxis schicken würde, um sich dort um die örtliche Bevölkerung zu kümmern, anstatt dabei zu helfen, auf der Seite des Lichts die Ordnung aufrechtzuerhalten.

Doch dann war er Douglas begegnet, und mit einem Mal war er überzeugter denn je gewesen, dass er eines Tages ein großer Jedi sein würde. Douglas hatte in Imri etwas gesehen, das niemand sonst in ihm sehen konnte. Er hatte Imris Potenzial erkannt.

Aber nun war Meister Douglas tot – und mit ihm alles, wofür Imri so hart gearbeitet hatte. Es würde keine Pilgerreise nach Jedha mehr für ihn geben, um intensiv mit der Macht zu kommunizieren, bevor er sich auf den Weg zum Großen Tempel auf Coruscant machte, um dort die Prüfungen abzulegen und zum Jedi-Ritter ernannt zu werden. Es würde keine Pilotenausbildung mehr für ihn geben, und Imri würde niemals lernen, wie man einen Vektorjäger flog, jene superschnellen Schiffe, die nur ein Jedi steuern konnte. Nichts von alldem würde passieren. Alles, was ihm blieb, waren Kummer und eine ungewisse Zukunft, während die Leute, die für Douglas' Tod verantwortlich waren, auf ihre Bestrafung durch die Republik warteten, auf einen Urteilsspruch, der sich Monate oder gar Jahre hinziehen konnte.

Das war einfach nicht fair. Eigentlich sollte die Macht in der Galaxis doch für ein Gleichgewicht sorgen. Aber was war das hier? Wo waren Ausgewogenheit und Fairness, wenn irgendwelche Piraten einfach losziehen und ein ganzes Schiff voller Leute in die Luft jagen konnten, ohne dafür selbst mit dem Leben zu bezahlen? Besonders in einer Galaxis, wo so viele bei „zufälligen" Hyperraumzwischenfällen umkamen, die im Licht dieser neuen Erkenntnisse mehr wie geplante Anschläge als wie Unfälle wirkten. Und was war mit Chiri? In dem Moment, in dem Imri eine Bindung zu dem kleinen Geschöpf aufgebaut hatte, das ihm so unbedarft vertraut hatte, war sein pelziger neuer Freund umgebracht worden.

Nicht zuletzt deshalb empfand Imri weder Klarheit noch Gelassenheit oder inneren Frieden. Stattdessen waren da Trauer und auch eine gewisse Verlorenheit. Wie konnte die Macht solche schlimmen Dinge zulassen?

Imri zuckte erschrocken zusammen, als er spürte, wie etwas Merkwürdiges und Mächtiges sein Bewusstsein streifte. Es war Zorn, blendend grell und siedend heiß. Doch das Gefühl war so schnell wieder verschwunden, dass er fast sicher war, sich das Ganze bloß eingebildet zu haben. Er schlug die Augen auf, aber alle anderen schliefen noch. Sogar Vernestra. Sie hatte eigentlich vorgehabt, für den Rest der Nacht Wache zu halten, hatte aber dann später sein Angebot, für sie zu übernehmen, dankend angenommen. Er hatte die Erschöpfung gespürt, die in Wogen von ihr ausging, und auch ihre Sorge. Sie hatte nicht die geringste Ahnung, wie sie die Piraten am Morgen dingfest machen sollten, und das Durcheinander ihrer Emotionen hatte es Imri leicht gemacht, der Jedi ein Gefühl von Billigung und Unterstützung zu senden, um ihre Bedenken zu zerstreuen. Wenn sie glaubte, mit ihm wäre alles in Ordnung, würde es einfacher sein, sie dazu zu verleiten, sich auszuruhen. Seine Wut beunruhigte sie, aber je mehr Imri diese Wut zuließ, je mehr er zu dem Schluss gelangte, zur Tat schreiten zu müssen, desto besser fühlte er sich – und stärker.

Die Wut war so viel besser als der Kummer, der ihn seit der Zerstörung der *Steady Wing* quälte. Es fühlte sich irgendwie richtig an, sich diese Wut zunutze zu machen, um den Leuten die Stirn zu bieten, die ihn verletzt hatten, die ihm alles genommen hatten, was er jemals wollte. Er war vielleicht gerade nicht in der Lage, die Macht zu nutzen, aber die Kraft seiner eigenen Überzeugungen war doch letztlich fast genauso mächtig, oder nicht? Er würde dafür sorgen, dass die Nihil dieselbe Verzweiflung verspürten, die er seit Tagen empfand. Er würde ihnen alles, was sie getan hatten, zehnfach heimzahlen! Sie würden dafür bezahlen, seinen Vater ermordet zu haben.

Imri blinzelte, als ihm mit einem Mal bewusst wurde, dass dieser aufstachelnde, siedende Zorn, den er fühlte, nicht sein eigener war – er strahlte von Honesty aus. Imri war vielleicht momentan außerstande, sich mit der Macht zu verbinden, aber das änderte nichts daran, dass er kein Problem damit hatte, die grenzenlose Wut zu fühlen und nachzuempfinden, die Honesty verspürte. Vielleicht, überlegte Imri, sollte er sich ausnahmsweise von den Gefühlen leiten lassen, denen er sich sonst eigentlich verschlossen hätte. Nur dieses eine Mal.

Imri stand auf und aktivierte sein Lichtschwert, bereit, in den Regen und die Dunkelheit hinauszugehen und den Piraten wahre Gerechtigkeit zuteilwerden zu lassen. Doch dann hielt er inne und ließ sich das Ganze noch einmal durch den Kopf gehen. Schließlich schaltete er das Lichtschwert wieder aus. Ohne den Vorteil, den ihm normalerweise die Macht verlieh, brauchte er jemanden, der ihm den Rücken freihielt. Und wer kam dafür mehr infrage als der Junge, der so wütend und zornig war, wie Imri selbst es eigentlich sein sollte?

Der Padawan schlich zu Honesty hinüber und ragte für einen Moment über ihm auf, ehe er sich hinunterbeugte und flüsterte: „Ich weiß, dass du nicht schläfst."

Imri konnte vielleicht nicht auf die Macht vertrauen, damit sie ihn leitete, aber allmählich kam ihm der Gedanke, dass die Jedi möglicherweise nicht die Einzigen in der Galaxis waren, denen es zustand, darüber zu entscheiden, was richtig und was falsch war. Vielleicht mussten die Leute, die gelitten hatten, manchmal ihre eigenen Entscheidungen treffen. Und vielleicht war gerade genau der richtige Zeitpunkt dafür.

19. KAPITEL

Honesty tat so, als würde er schlafen. Das konnte er richtig gut, denn darin hatte er jede Menge Übung. Zu Hause auf Dalna hatte er sich seine Mutter mit ihren verwegenen Plänen häufig damit vom Hals gehalten, dass er vorgab zu schlafen. Deshalb glaubte seine Mutter zwar nun, er würde viel mehr schlafen als andere Jungs in seinem Alter, doch die Wahrheit war einfach, dass es an manchen Abenden leichter war, früh zu Bett zu gehen, als sich mit seinen Eltern über alles und jedes zu streiten.

Nun gab es nur noch seine Mom – sein Vater würde nie wieder zurückkehren. Der Kummer traf ihn wie ein Schlag aus heiterem Himmel, doch diesmal wurde er von einer siedenden, alles verzehrenden Wut begleitet. Die Leute, die seinen Vater und Imris Meister ermordet hatten, waren ganz in der Nähe, nicht allzu weit entfernt, aber sie sollten das einfach vergessen und nichts weiter tun als … abwarten? Um sie anschließend höflich zu bitten, sich zu ergeben und sich vor einem Gericht der Republik für ihre Verbrechen zu verantworten? Wohl kaum!

Honesty atmete tief ein und wieder aus. Das Gefühl hatte ihn mit einer enormen Intensität und wie aus dem Nichts überkommen. Trotzdem musste er seine Emotionen im Zaum halten. Von dem, was Avon erzählt hatte, wusste er, dass Jedi imstande waren, starke Gefühle bei anderen zu spüren, und er wollte nicht, dass Vernestra mitbekam, wie wütend er in Wirklichkeit war. Deshalb machte er mehrere tiefe Atemzüge und verbannte seine Emotionen so tief in sein Inneres, dass er bloß noch an das Geräusch des Regens dachte, der draußen herniederprasselte, und an das Joppa-Gulasch, das er in ein paar Stunden essen würde, wenn es Zeit fürs Frühstück wurde.

„Ich weiß, dass du nicht schläfst."

Als Honesty die Augen öffnete, hockte Imri neben ihm. Der Padawan signalisierte Honesty, ihm zu folgen, und er kam der Aufforderung nach und stand so leise wie möglich auf. Vernestra hatte sich ein Stück weiter auf dem Boden ausgestreckt. Es klang, als würde sie tief und fest schlafen. „Ich dachte, sie hält Wache?", flüsterte Honesty.

„Das hat sie auch getan, aber ich habe ihr gesagt, ich würde übernehmen, damit sie sich auch ein bisschen ausruhen kann", erwiderte Imri genauso leise.

Der sonst so heitere Junge wirkte verschlossen wie eine Faust – sein finsterer Blick schien jemand vollkommen anderem zu gehören. Honesty kannte Imri zwar nicht besonders gut, aber trotzdem ergriff ihn ein Schauder.

„Ich werde diesen Abschaum suchen, der meinen Meister getötet hat, und diesen Verbrechern die Gerechtigkeit zuteilwerden lassen, die sie verdienen. Bist du dabei?"

Honestys Herz hüpfte vor Aufregung – und vor Genugtuung. Das war doch genau das, was er wollte, oder nicht? Und doch regte sich in ihm ein Gefühl quälender Furcht. Eigentlich sollten die Jedi doch nicht töten. Das widersprach allem, woran sie glaubten. Sein Vater hatte die Jedi oft für ihre Diplomatie und ihre Weitsicht gelobt, und das hier kam ihm wie das genaue Gegenteil davon vor.

Aber was noch wichtiger war: Hätte sein Vater überhaupt *gewollt*, dass er, Honesty, ihn rächte? Honesty hatte nicht ein einziges Mal gehört, wie sein Vater seine Stimme erhoben hatte, nicht einmal an Tagen, an denen Honesty ihm absichtlich nicht gehorcht hatte. Der dalnanische Botschafter war die Art von Mann gewesen, der eine Nebelspinne einfing und sie draußen wieder freiließ. „Diese kleine Spinne will doch nur das tun, wozu sie da ist. Es ist nicht ihre Schuld, dass sie sich verlaufen hat", sagte er dann gern, während er das Tier vorsichtig vor die Tür setzte. Gewalt anzuwenden, schien das genaue Gegenteil von dem zu sein, was Honestys Vater gewollt hätte.

Dann richtete Honesty sich zu voller Größe auf. Wenn Imri gewillt war zu kämpfen, sollte Honesty dann nicht ebenfalls dazu bereit sein? Er wollte doch unbedingt ein Krieger sein. Und nun konnte es Honesty egal sein, was sein Vater davon hielt, denn er war *tot.* Honesty war zornig und voller Wut, und er war verletzt. Er litt seelische Schmerzen – und die einfachste Methode, diesen Schmerz zu lindern, bestand darin, sich die Leute vorzunehmen, die diesen Schmerz überhaupt erst verursacht hatten. Außerdem war es die Bestimmung eines Soldaten zu kämpfen. Nur dafür war er da. „Ich bin dabei", sagte Honesty deshalb.

Imri nickte. „Hast du deinen Blaster?"

Honesty tätschelte den Blaster, der schon die ganze Zeit, seit Avon ihm die Waffe gegeben hatte, an seinem Gürtel hing. Dann drehte Imri sich um und ging entschlossenen Schrittes los, sodass Honesty sich beeilen musste, um den älteren Jungen wieder einzuholen.

Mittlerweile hatte der Regen aufgehört, aber als sie sich ihren Weg durch den Dschungel bahnten, tropfte es noch immer von den Bäumen. Ein Tropfen landete auf Honestys Ärmel, an einer anderen Stelle als zuvor, und er schrie vor Schmerz auf, als das ätzende Wasser seine Haut berührte. Nun hatte er noch ein weiteres Brandmal.

„Vorsicht!", sagte Imri.

„Kannst du diese Blätter nicht über unseren Köpfen schweben lassen?"

„Nein", sagte Imri nüchtern. „Nicht jetzt."

Honesty hatte keine Ahnung, warum es gerade nicht möglich war, aber die Worte des Padawan erfüllten ihn mit einem Gefühl des Unbehagens. Konnte sich ein Jedi überhaupt weigern, die Macht zu nutzen? Und falls ja, was hatte es zu bedeuten, wenn er es tat? „Hast du so was schon mal gemacht?", fragte Honesty, während sie weiter durch den Urwald schlichen.

„Ja, ein paarmal. Douglas und ich, wir mussten hin und wieder in Port Haileap patrouillieren und Piraten verjagen, die Reisende schikaniert haben. Allerdings fand ich sie nie so gefährlich, dass ich mir deswegen Gedanken gemacht hätte. Ich schätze, damit lag ich falsch." Imris Unterkiefer verkrampfte sich, und er deutete auf einen leicht abschüssigen Hang, der von mehreren übel geschundenen Bäumen beherrscht wurde. „Wir gehen da runter."

„Haben wir einen Plan?" Nun, wo er hier war, war Honesty wesentlich weniger scharf darauf, wirklich zu kämpfen, als vorhin in der Höhle. Er hatte zwar jede Menge Nahkampfkurse absolviert – das gehörte zu den Überlebensfähigkeiten, die getestet wurden, bevor man auf Dalna als erwachsen galt –, aber er glaubte nicht, dass er gegen einen richtigen Piraten auch nur die geringste Chance hatte. Jeder wusste, dass diese Schurken, die ihren Lebensunterhalt damit verdienten, die Weltraumrouten zu plündern, niederträchtig und skrupellos waren, und wenn es ums Kämpfen ging, war Honesty allenfalls Mittelmaß. Imri hatte die Macht auf seiner Seite, aber alles, was Honesty vorweisen konnte, war ein winziger Blaster. Das war nicht sonderlich viel.

„Der Plan ist, dass du mir folgst", sagte Imri und drückte demonstrativ die Schultern durch. Seine Miene war noch genauso finster und grimmig wie vorhin, als sie losmarschiert waren.

Honesty ertappte sich dabei, wie er unwillkürlich einen Schritt hinter den Padawan zurückfiel. Es war, als hätte irgendetwas von dem älteren Jungen Besitz ergriffen, als triebe ihn auf seinem Pfad der Vergeltung etwas Dunkles und Unheilvolles unerbittlich an. Diese Erkenntnis ließ einen Teil von Honestys eigener Wut verfliegen. „Vielleicht sollten wir lieber zurückgehen", sagte er leise. „Damit Vernestra und Avon uns helfen können."

„Vern würde niemals jemand anderem Schaden zufügen, wenn es sich irgendwie vermeiden lässt", sagte Imri. „Jetzt komm und hör auf, Zeit zu schinden! Entweder bist du dabei, oder du bist es nicht. Ich brauche deinen Zorn, Honesty. Bist du gar nicht wütend wegen dem, was sie deinem Vater angetan haben? Musst du nie daran denken, wie viel Angst er wohl hatte, als er starb?"

Schlagartig loderte Honestys Zorn wieder genauso heftig wie zuvor. Als Imri lautlos zwischen den Bäumen hindurchpirschte, zögerte Honesty nur einen kurzen Augenblick, bevor er ihm folgte. Er wollte Rache, auch wenn ihm das in diesem Moment nicht unbedingt wie die beste aller Ideen vorkam. Deshalb schob er seine Bedenken beiseite und schlich hinter dem älteren Jungen her auf das ramponierte

Frachtschiff zu. „Was ist mit ihrem Schiff passiert?“, fragte Honesty mit gedämpfter Stimme.

Imri bedeutete ihm mit einer Geste, still zu sein. Die beiden standen auf der anderen Seite eines gewaltigen Felsbrockens, der sich in die Flanke des Schiffs gegraben hatte. Auf Imris Signal hin zog Honesty seinen Blaster, während der Padawan sein Lichtschwert zückte. Die Plasmaklinge erwachte knisternd zum Leben. Imri deutete nach rechts und dann auf sich selbst, ehe er nach links zeigte.

Man brauchte kein Genie wie Avon zu sein, um zu verstehen, was er damit meinte. Doch Honesty zögerte – nicht weil er verwirrt war, sondern weil er irgendwie erwartet hatte, dass ihr Plan mehr war als *das.* So, wie Imri sich das Ganze vorstellte, war die ganze Aktion bestenfalls unausgereift. Doch Honesty sagte nichts, kniff einfach nur die Lippen zusammen und nickte, ehe er in die Richtung schlich, in die Imri gedeutet hatte.

Als die Sonnen aufgingen, wurde die Welt um Honesty herum rasend schnell heller. Während er weiterpirschte, wuchs das Dickicht mit jedem Lidschlag mehrere Zentimeter. Erneut überkam Honesty ein Anflug von Furcht. Eigentlich hätte er gerade in der Höhle sein sollen. Aber wie zuvor schob er seine Bedenken beiseite und konzentrierte sich darauf, sich dem Schiff zu nähern. Direkt voraus befand sich die geöffnete Frachtluke. Er konnte Imri nirgends entdecken, doch mit Sicherheit wartete der Junge bereits auf der anderen Seite des Schiffs, um mit ihm zusammen an Bord zu gehen …

„Wenn ich du wäre, würde ich das lieber fallen lassen, Schuttratte!“

Honesty zögerte nur eine Sekunde, ehe er den winzigen Blaster zwischen die Farne vor seinen Füßen plumpsen ließ.

Er bekam einen wuchtigen Stoß in den Rücken und stolperte nach vorn.

„Beweg dich!", befahl die Person hinter ihm.

Honesty gehorchte. Zum ersten Mal, seit sie auf der Suche nach einer Rettungskapsel durch die Korridore der *Steady Wing* gerannt waren, hämmerte sein Herz vor echter, panischer Angst. Er konnte den Sprecher zwar nicht sehen, aber die Stimme klang tief und rau und duldete absolut keine Widerworte.

Als Honesty um die Ecke der Frachtrampe ging, wurde ihm klar, dass ihr Plan von Anfang an zum Scheitern verurteilt gewesen war. Imri lag mit von sich gestreckten Armen und Beinen auf der Rampe, entweder bewusstlos oder tot. Vernestra hatte recht gehabt. Sie hatten die Piraten unterschätzt, und nun würden sie den Preis dafür zahlen.

„Ist er tot?", fragte der Mann mit der tiefen Stimme und stieß Honesty weiter nach vorn, sodass er neben Imri auf die Rampe fiel.

Der Junge drehte sich um und stellte fest, dass es sich bei seinem Peiniger um einen Aqualishaner handelte. Auf Dalna gab es jede Menge Aqualishaner, aber die waren alle freundlich und nett. Diesem Mann hingegen fehlte ein Auge, und sein Fell sah irgendwie schäbig aus, was ihn sogar noch bösartiger wirken ließ, wenn das überhaupt möglich war. Eine Narbe auf der rechten Gesichtshälfte war mit einer blauen Tätowierung verziert, und wenn er grinste, lief Honesty ein eisiger Schauer den Rücken hinab. Auf Freundlichkeit brauchte er hier nicht zu hoffen.

„Nein, ich hab ihn bloß betäubt." Eine Menschenfrau mit bleicher Haut und knallrosa Haar stand über Imri gebeugt da und hielt das Lichtschwert des Padawan in der Hand. Sie drückte auf den Knopf, der die Waffe eigentlich aktivierte, aber nichts geschah. „Wie funktioniert dieses Ding?"

„Wieso, hast du vor, ein bisschen was fürs Essen klein zu schnippeln?" Der Aqualishaner lachte, nahm ihr das Lichtschwert ab und musterte es eingehender.

„Vielleicht", entgegnete die Frau mit einem verschlagenen Grinsen.

Honesty erkannte sie wieder. Sie war auf der *Steady Wing* als Wartungstechnikerin verkleidet gewesen und hatte seinen Vater gegrüßt, als sie nach einer kurzen Führung durch Port Haileap über das Deck zu ihrer Kabine gegangen waren. Sie hatten das Schiff tatsächlich mit voller Absicht zerstört! Sie wollten, dass all diese Leute starben. Schlimmer ging es nicht. Diese Piraten waren Abschaum! Honestys Herz wurde zu Stein, als er sich aufsetzte und den Piraten direkt in die Augen sah. Er würde sterben wie ein Krieger, nicht wie ein kleiner Junge!

„Tja, ich schätze, auf dein neues Spielzeug wirst du noch etwas warten müssen", erklärte der Aqualishaner seiner Komplizin und steckte das Lichtschwert ein. „Du sagtest, hier treiben sich noch mehr von denen rum?"

„Ich habe insgesamt vier gesehen – und einen Protokolldroiden. Da waren ein Menschenmädchen und eine Mirialanerin. Allerdings habe ich keine von denen draußen im Dschungel entdeckt, als ich über diesen hier gestolpert bin", sagte sie und deutete auf Imri. „Sollen wir auf die Jagd gehen?"

„Nein", meinte der Aqualishaner. Seine Augen funkelten vor Bosheit, als er Honesty ansah. „Lassen wir sie lieber zu *uns* kommen …"

20. KAPITEL

In dem Moment, in dem Vernestra erwachte, spürte sie, dass etwas nicht stimmte. Die Höhle fühlte sich merkwürdig an, seltsam leer und verlassen. Als sie sich aufsetzte, erkannte sie sofort, dass Imri und Honesty weg waren. Avon schlief noch, der Droide stand schweigend neben ihr. Vernestra sprang auf und weckte das jüngere Mädchen.

„Nein, eigentlich ist das ein doppelwertiger Spannungskonnektor … Häh, was? Vern?" Avon setzte sich auf und rieb sich verschlafen die Augen. „Ist etwas passiert?"

„Die Jungs sind fort", sagte Vernestra, in deren Magengegend sich ein mulmiges Gefühl drohenden Unheils ausbreitete. „Ich glaube, sie sind losgezogen, um sich die Piraten auf eigene Faust zu schnappen."

„Natürlich haben sie das vor, schließlich sind die beiden vollkommene Schwachköpfe", meinte Avon, stand auf und streckte sich. Sie griff nach der Kontrollbrille, die sie immer noch auf dem Kopf hatte, und zog sie sich vor die Augen. „Ich nehme an, wir gehen sie suchen, ohne vorher zu frühstücken?"

„Die ganze Sache scheint dich nicht sonderlich zu beunruhigen", sagte Vernestra und verschränkte die Arme vor der Brust.

„Sieh das Ganze doch mal vom Standpunkt der Piraten aus. Die wollen uns töten, richtig? Uns alle. Daher kann es ihnen nur recht sein, dass wir zu *ihnen* kommen. Momentan sind

Imri und Honesty wahrscheinlich noch wohlauf – jedenfalls vorausgesetzt, sie haben keinen der Piraten getötet. Und das haben sie sicher nicht getan."

„Und woher weißt du das?"

„Weil ich Essdee in den Wächtermodus versetzt hab, bevor ich mich gestern Abend schlafen gelegt habe – nur für den Fall, dass irgendwas passiert", erklärte Avon und tippte auf einen Knopf an der Seite ihrer Brille. „Sieht so aus, als wäre er Imri und Honesty gefolgt, als sie sich heute Morgen beim ersten Schein der Dämmerung aus dem Staub gemacht haben. Der Droide ist noch in der Nähe, bloß ein kleines Stück den Hügel neben einem beschädigten Frachtschiff runter." Avon betätigte erneut den Knopf an der Brille, ehe sie sie wieder auf die Stirn hochschob. „Wie ist es überhaupt möglich, dass ihr Schiff von einem Felsbrocken getroffen wurde?"

Vernestra zuckte die Schultern, auch wenn sie sehr wohl wusste, dass es das Ergebnis von Imris gescheitertem Einsatz der Macht an ihrem ersten Tag auf diesem Planeten war. Die Tatsache, dass der Felsen die Piraten getroffen und so dafür gesorgt hatte, dass sie auf Wevo festsaßen, ließ Vernestra glauben, dass die Macht ihnen gewogen war. Solange sich die Galaxis im Gleichgewicht befand, neigte sich die Waagschale der Macht naturgemäß eher zur Gerechtigkeit, und wäre dieser riesige Felsbrocken nicht gewesen, der ihr halbes Schiff zerstört hatte, wären diese Verbrecher mit ihren Missetaten ungeschoren davongekommen.

Avon warf Vernestra einen langen Blick zu, bevor sie ebenfalls mit den Achseln zuckte. „Okay, dann behalte deine Geheimnisse eben für dich, Jedi. Das Wichtigste ist jetzt, dass wir uns überlegen, wie wir diese Holzköpfe retten, bevor die Piraten beschließen, sie zu erledigen. Wir sind nur zu zweit."

„Wir sind zu *dritt*", korrigierte J-6 und trat von der Stelle vor, wo sie an der Wand gelehnt hatte.

„Ich glaube nicht, dass ein Droide uns im Kampf eine große Hilfe sein wird", meinte Vernestra.

„Dann ist es ja gut, dass ich kein *gewöhnlicher* Droide bin." Bei diesen Worten klappte das zentrale Fach von J-6 auf, und mehrere mechanische Arme schnellten vor – von denen jeder einzelne einen Blaster in einer anderen Größe hielt. „Ich bin auch auf Personenschutz, Aufklärung und das Wahren der allgemeinen Sicherheit programmiert." Aus dem Rücken des Droiden löste sich ein weiterer Arm, der eine Langstreckenkanone hielt.

Vernestra blinzelte, dann sah sie fragend Avon an.

„Ähm, ja, ich schätze, ich hätte dir von den Blastern erzählen sollen", sagte das Mädchen mit einem verlegenen Lächeln. „Meine Mom ist ein wenig überfürsorglich ..."

Vernestra atmete tief ein und wieder aus. „Also, dann überlegen wir uns jetzt mal, wie wir unsere Freunde retten."

Auf dem Weg zu der Stelle, wo Vernestra und Imri die Piraten am Vorabend beobachtet hatten, kamen sie nur schleppend voran. J-6 war viel langsamer als ihre beiden Begleiterinnen, und das unebene Gelände machte das Vorankommen nur noch schwieriger.

Avon sah dem Droiden beim Gehen zu und runzelte die Stirn. „Sobald wir wieder in Port Haileap sind, verpasse ich dir Schubdüsen", sagte sie. „So ist das echt frustrierend."

„Hm, ich habe diese Möglichkeit zwar nie in Erwägung gezogen, aber gegen ein paar Upgrades hätte ich nichts einzuwenden", meinte J-6. „Ich mache dir eine Liste."

Es war seltsam, einen Droiden um sich zu haben, der so

offensichtlich seine eigenen Wünsche und Vorstellungen besaß. Was immer Avon mit J-6 angestellt hatte, hatte dafür gesorgt, dass der Droide weniger wie eine Maschine und viel mehr wie ein Lebewesen wirkte. Doch schließlich waren sie dicht genug dran, dass sie das Frachtschiff sehen konnten, und Vernestra blieb nichts anderes übrig, als ihre Grübeleien auf ein andermal zu verschieben.

Das Trio duckte sich hinter einen besonders großen lila Busch mit Wedeln, die wie riesige Sterne geformt waren.

„Wo ist dein Spähdroide?", fragte Vernestra.

„In dem Baum da drüben", sagte Avon und zeigte auf einen Ast ganz in der Nähe, dann zog sie ihre Brille über die Augen. „Bevor wir aufgebrochen sind, habe ich ihn in den Tarnmodus versetzt. Schauen wir mal ... Scheint, als wären Imri und Honesty an der Einstiegsrampe festgebunden." Avon schob die Kontrollbrille wieder nach oben. „An der Stelle würde ich gerne darauf hinweisen, dass meine Annahme korrekt war."

Vernestra schnaubte verdrossen. „Was ist mit den Nihil? Kannst du sie sehen?"

Avon setzte die Brille wieder auf und zögerte einen Moment, bevor sie den Kopf schüttelte. „Abgesehen von den Jungs empfange ich nichts – nicht mal irgendwelche anderen Lebenszeichen."

„Trotzdem sind sie irgendwo da draußen", sagte Vernestra, überzeugt davon, dass sich die Piraten ganz in der Nähe befanden. Ihre Präsenz fühlte sich an wie ein Kribbeln auf der Kopfhaut, wie ein Geschwür in der ansonsten vollkommenen Harmonie von Wevo. „Wir müssen sie einfach irgendwie rauslocken."

„Überlasst das mir", sagte J-6 und wankte auch schon mit

ruckartigen Bewegungen auf das Frachtschiff zu, wobei sie „*Zzt-zzt-zzt*"-Laute von sich gab.

Vernestra konnte dem Droiden nur ungläubig nachstarren. „Was treibt sie da?", fragte die Jedi.

„Ich denke, sie tut so, als hätte sie eine Fehlfunktion", sagte Avon.

„Dir ist schon klar, dass das ziemlich schräg ist, oder?"

„Schräg oder wundervoll? Ganz im Ernst, Vern, das ist mit das Faszinierendste, was ich je gesehen habe! Das ist der Beweis dafür, dass Droiden sich selbstständig reprogrammieren können, wenn man ihnen nur die Möglichkeit dazu gibt! Das ist eine echte Sensation!"

Vernestra seufzte und zog ihr Lichtschwert. „Bleib hier!"

Avon wollte ihr widersprechen, klappte den Mund dann aber wieder zu.

Mittlerweile hatte J-6 die Einstiegsluke des Schiffs erreicht und schickte sich an, an Bord zu gehen. In diesem Moment tauchten die Menschenfrau und der Aqualishaner aus ihrem Versteck hinter einigen riesigen Farnen am Rande der Lichtung auf.

Genau darauf hatte Vernestra nur gewartet! Doch bevor sie sich in Bewegung setzen konnte, blieb J-6 mit einem Mal stehen und ließ ihre zahlreichen mechanischen Arme hervorschnellen, von denen jeder einzelne einen Blaster hielt. „Bleibt, wo ihr seid, ihr Abschaum!", rief sie.

Die Nihil erstarrten, und Vernestra seufzte. „Das war nicht Teil des Plans."

„Sie improvisiert!", sagte Avon, die vor Aufregung ganz außer Atem war. „Jott-Sechs überlegt sich spontan, was zu tun ist, als Reaktion auf ihre Umgebung. Das ist ja noch viel besser, als ich gehofft hatte!"

Dann war die Zeit der Worte schlagartig vorbei, als plötzlich alle gleichzeitig das Feuer eröffneten.

„Bleib unten und komm mir nicht in die Quere!“, rief Vernestra.

Blasterschüsse versengten die Blätter rundherum und prallten von J-6 ab, der die Treffer nicht das Geringste auszumachen schienen.

„Tolle Idee“, meinte Avon und drückte sich dicht auf den mit Laub übersäten Boden.

Vernestra aktivierte ihr Lichtschwert und sprang mit einem gewaltigen Satz nach vorn, um sich mithilfe der Macht förmlich durch die Bäume zu katapultieren. Hinter ihr stieß Avon einen überraschten Schrei aus, aber sie hatte gerade keine Zeit, um sich wegen des jüngeren Mädchens Gedanken zu machen. Sie musste Imri und Honesty retten und die Piraten unschädlich machen!

Das Leben als Jedi-Ritterin war um einiges anstrengender, als Vernestra gedacht hatte. Als Erstes nahm sie sich den Aqualishaner vor, der seinen Blaster auf Vernestra richtete, als sie zwischen den Bäumen auftauchte. Sie ließ die Klinge ihres Lichtschwerts durch die Luft wirbeln, um die Schüsse abzuwehren, bevor sie sich unvermittelt duckte und dem Mann die Füße unter dem Körper wegtrat. Er stürzte und ließ seinen Blaster fallen. Vernestra kickte die Waffe beiseite, ehe sie die Macht einsetzte und den Mann gegen einen benachbarten Baum schleuderte. Er krachte wuchtig gegen den Stamm und sackte bewusstlos zu Boden.

Doch Vernestra hatte keine Gelegenheit, sich über ihren Sieg zu freuen. Die Frau stürzte sich nämlich von hinten auf sie und stieß sie in den Dreck. Beim Aufprall entwich schlagartig alle Luft aus der Lunge der Jedi. Vernestra hatte ihr

Lichtschwert fallen lassen, daher griff sie auf einen konzentrierten Machtschub zurück, sodass sie und die Frau gemeinsam durch die Luft flogen. Vernestra landete auf den Füßen, doch die Frau mit den rosa Haaren krachte schmerzhaft auf den Rücken.

Letzteres spielte allerdings keine große Rolle, da die Frau plötzlich einen Blaster in der Hand hielt, dessen Mündung direkt auf Vernestra zeigte. Die Jedi streckte den Arm aus, um ihr Lichtschwert zu sich schnellen zu lassen, obwohl sie wusste, dass ihr das vermutlich nichts mehr nützen würde. Sie war schon so gut wie tot. Doch bevor die Frau sie erschießen konnte, weiteten sich plötzlich ihre Augen, und sie begann zu würgen. Sie ließ den Blaster fallen und umklammerte ihren Hals, als wollte sie unsichtbare Hände von ihrer Kehle lösen, die ihr die Luft abdrückten.

Vernestra schüttelte den Kopf. „Das bin ich nicht", sagte sie verwirrt. Dann schwand ihre Verwirrung, als sie Imri die Einstiegsrampe des Frachtschiffs herunterkommen sah.

Der Padawan ließ sein Lichtschwert aus der Tasche des Aqualishaners in seine ausgestreckte Hand fliegen. Hinter ihm hatte J-6 ihre Blaster weggesteckt und sich über Honesty gebeugt, um die Fesseln des Jungen zu lösen. „Nein", sagte Imri, die Stirn vor Konzentration gefurcht. „*Ich* bin das."

„Du musst von ihr ablassen, Imri! Das bist nicht du. Das ist die dunkle Seite, die versucht, dich zu verführen! Diese Gier nach Rache und all dieser Zorn … das ist der Weg zur dunklen Seite."

„Meister Douglas ist tot – und *sie* hat ihn auf dem Gewissen! Tut mir leid, Vern. Ich werde nicht zulassen, dass sie jemals wieder irgendwem Schaden zufügt."

Die Frau ließ die Arme hängen, und das Leben wich schnell

aus ihrem Leib. Vernestra wusste, dass ihr keine Zeit blieb, um Imri mit Worten zur Vernunft zu bringen, bevor es zu spät war. Deshalb bediente sie sich selbst der Macht, um Imri hoch in die Luft zu heben und ihn kurzerhand über das Frachtschiff zu schleudern, ins Dickicht der Bäume auf der anderen Seite. Die Frau sackte genau in dem Moment in sich zusammen, als Avon aus ihrem Versteck angelaufen kam.

„Was stimmt nicht mit Imri?“, fragte Avon, die Augen groß vor Angst.

„Er ist voller Wut – und diese Wut zieht ihn auf die dunkle Seite der Macht. Ich muss ihm helfen, bevor alles noch schlimmer wird. Du und Jott-Sechs, ihr kümmert euch um diese Verbrecher. Und egal, was ihr auch tut – kommt uns nicht nach!“

J-6 öffnete ihr Brustfach und richtete einen Blaster auf die hustende Frau mit den rosa Haaren und den bewusstlosen Aqualishaner. „Wenn du auch nur einen Finger rührst, bist du tot“, sagte der Droide.

Die Nihil-Frau hustete nur noch mehr und hob die Hände, um sich zu ergeben.

Vernestra packte ihr Lichtschwert fester und marschierte in den Dschungel, dem Padawan hinterher. Sie durfte nicht zulassen, dass Imri der dunklen Seite verfiel!

21. KAPITEL

Imri setzte sich stöhnend auf. Vernestra hatte ihn durch die Gegend geworfen wie ein Kinderspielzeug. Das war gleichzeitig beeindruckend und ausgesprochen peinlich. Er konnte von Glück sagen, dass er an einer Stelle mit besonders weichen Farnen gelandet war, sodass außer seinem Stolz nichts verletzt worden zu sein schien. Sie hatte ihn ohne große Mühe überwältigt, aber das würde er nicht noch einmal zulassen. Oh nein, er würde seine Rache bekommen! Und wenn Vernestra versuchte, ihn aufzuhalten, würde sie es bitter bereuen!

Genau in dem Moment, in dem Imri sein Lichtschwert zog, tauchte Vernestra vor ihm auf. Ihre grüne Haut zeichnete sich hell vor den dunkleren Farben der Pflanzen um sie herum ab. Einzelne Haarsträhnen hatten sich aus ihrem Pferdeschwanz gelöst. Sie ging in Stellung, und die lila Klinge ihres Lichtschwerts glomm drohend. „Hör auf damit, Imri! Du wirst diese Piraten nicht umbringen!"

„Da irrst du dich. Ich *werde* sie töten! Und wenn du mich nicht vorbeilässt, töte ich dich als Erstes!"

Die Worte, die aus Imris Mund kamen, schienen von jemand anderem zu stammen. Er hatte doch nicht wirklich vor, Vern umzubringen, oder? Schuldgefühle spülten über ihn hinweg. Vernestra war immer nett zu ihm gewesen. Aber nun, ohne seinen Meister, gab es niemanden, der ihn führen konnte – der ihm den richtigen Weg wies. Er war es Douglas schuldig, die Nihil für ihre Verbrechen zu bestrafen!

Dieser Gedanke gab den Ausschlag. Imri beschloss, Vernestra die Stirn zu bieten. Wenn sie versuchte, ihn daran zu hindern, sich um diese widerwärtige Menschenfrau und diesen grässlichen Aqualishaner zu kümmern, würde er sie töten. Dieser kriminelle Abschaum verdiente es nicht, am Leben zu sein, und er würde dafür sorgen, dass sich das bald änderte.

„Verschwinde, Vern! Ich muss das tun. Für Douglas!"

„Das ist das Letzte, was er gewollt hätte."

„Verschwinde oder trag die Konsequenzen", sagte Imri nüchtern.

Vernestras Miene verhärtete sich. „Also gut, Padawan. Dann zeig mal, was du draufhast!"

Imri aktivierte sein Lichtschwert. Die Klinge erstrahlte endlich in ruhigem, kräftigem Blau, das ihm Selbstvertrauen und Zuversicht schenkte. Er war genauso gut wie Vernestra! Er würde ihr zeigen, dass es ein Fehler von ihr gewesen war, ihn genauso zu unterschätzen wie alle anderen auch. Im nächsten Augenblick stürmte er los, angetrieben von seiner Wut und der Macht.

Vernestra stellte sich ihm unerschrocken entgegen. Zwar war sie mächtiger und besser ausgebildet als Imri, aber der junge Padawan war einen Kopf größer als sie. Sie sagte nichts während des Kampfes, ihre Klinge prallte wieder und wieder mit seiner zusammen, als sie seine Angriffe abwehrte. Ganz gleich, was Imri auch versuchte, Vernestra parierte jede seiner Attacken. Also konzentrierte er sich auf die Macht und stieß zu – doch nichts geschah. Sie rührte sich nicht vom Fleck.

Vernestras Miene verfinsterte sich, als sie unvermittelt in

die Luft sprang und einen Rückwärtssalto vollführte, um seinem nächsten Schlag zu entgehen. Imri stürmte vor, entschlossen, die Jedi niederzustrecken, und schrie überrascht auf, als etwas brennend Heißes seinen Handrücken traf und ihn dazu brachte, das Lichtschwert fallen zu lassen.

Vernestra stand vor ihm – ihr Lichtschwert hatte sich in eine Lichtpeitsche verwandelt. Als Imri nach seiner Waffe griff, zischte die Lichtpeitsche schnell wie ein Blitz über den Boden und ließ dabei eine knisternde Spur zwischen ihm und seinem Lichtschwert zurück. Imri versuchte erneut, an seine Waffe heranzukommen, aber diesmal traf Vernestras Peitsche den Griff seines Lichtschwerts – und teilte ihn in zwei rauchende Hälften!

„Genug, Imri!", sagte Vernestra. „Es reicht jetzt! Du hast die Macht schon einmal missbraucht, als du diese Frau damit gewürgt hast! Douglas hätte niemals gewollt, dass irgendetwas von alldem passiert, schon gar nicht, dass ein Jedi den anderen bekämpft!"

Bei der Erwähnung seines toten Meisters knurrte Imri vor Zorn. Er hatte vielleicht kein Lichtschwert mehr, aber kämpfen konnte er trotzdem noch! Er fokussierte sich auf die Macht, doch in diesem Moment verflüchtigte sich mit einem Mal seine Wut, die teilweise auch von Honestys Kummer und Schmerz befeuert war. Für den Bruchteil einer Sekunde glaubte er, die Hand seines Meisters zu spüren, die schwer auf seiner Schulter lag.

Ein Jedi zu sein, bedeutet auch, zu akzeptieren, dass die Macht auf mysteriöse Weise wirkt, Imri. Wir finden uns damit ab und versuchen, unser Bestes zu geben, aber wir dürfen niemals vergessen, dass letzten Endes alles genau so ist, wie die Macht es will.

Douglas’ Stimme hätte eine Erinnerung sein können, aber Imri kam es so vor, als wäre sie viel mehr als das. Schlagartig wich aller Zorn aus ihm, und er fiel auf die Knie und vergrub sein Gesicht in den Händen. Ja, er konnte nicht einmal mehr die Wut spüren, die Honesty zuvor förmlich bis zu den Haarspitzen erfüllt hatte, als hätte auch den Jungen sein Rachedurst von einer Sekunde auf die andere verlassen. Imri wollte nicht weinen, er wollte *wütend* sein. Doch seine Trauer war stärker, als er ertragen konnte, und er begann zu schluchzen.

„Aber das ist nicht fair … Es ist so ungerecht … Douglas war gütig und herzlich und stark, und diese Leute haben ihn ermordet. Und warum? Für nichts!“

„Wir werden rausfinden, warum sie es getan haben, Imri. Und es ist in Ordnung, darüber wütend zu sein. Aber wenn du dich diesem Zorn hingibst – wenn du zulässt, dass dieses eine Gefühl dein Tun bestimmt –, führt dich das geradewegs zur dunklen Seite. Wir können und müssen diese Leute ihrer gerechten Strafe zuführen, da hast du recht. Aber wie diese Strafe aussieht, darüber zu urteilen, ist nicht an uns. Wir dienen der Macht, und die Macht ist unparteiisch. Sie wählt keine Seite.“ Vernestra klopfte Imri auf den Rücken, bevor sie zu der Stelle hinüberging, wo sein kaputtes Lichtschwert lag, und es aufhob.

Scham und Schuldgefühle erfüllten Imri. Er hatte einen Fehler gemacht, einen so großen Fehler, dass es sehr lange dauern würde, um den Schaden, den er dadurch angerichtet hatte, wiedergutzumachen.

„Komm“, sagte Vernestra. „Lass uns rausfinden, warum diese Piraten die *Steady Wing* zerstört haben!“

22. KAPITEL

J-6 hatte die Piraten gerade mit einer Reihe komplizierter Batuu-Knoten gefesselt – wie man die machte, hatte Avon dem Droiden in Port Haileap beigebracht –, als Vernestra und Imri zum Schiff zurückkehrten. Der Junge wirkte verdrossen, und als Avon Vernestra mit fragend hochgezogenen Augenbrauen ansah, nickte die Jedi nur. Alles war in Ordnung – jedenfalls fürs Erste.

Avon deutete auf den Aqualishaner und die Menschenfrau, die zusammengesackt im Frachtraum des Schiffs kauerten. Beide waren wieder bei Bewusstsein und starrten die Jedi finster an, als sie näher kamen. „Ich nahm an, sie zu fesseln, wäre am sichersten. Ich wusste ja nicht, wie lange es dauert, bis ihr wieder zurückkommt“, sagte Avon. „Außerdem habe ich angefangen, auf den Kanälen der Republik und auf denen der Jedi ein Notsignal zu senden. Ich habe eine allgemeine Übertragung gestartet und auch eine an den Tempel auf Dalna und nach Port Haileap. Hoffentlich hört jemand eine davon und reagiert darauf. Ich würde sagen, unsere Chancen stehen gut, aber in diesem Sektor weiß man nie. Möglich, dass es trotzdem einige Tage oder sogar Wochen dauert.“

„Ich habe zudem eine Nachricht in die dalnanische Hauptstadt gesandt“, sagte Honesty und rieb sich den Nacken. „Ich schätze, die können uns mit den Nihil helfen, da der Gouverneur schon Erfahrung mit denen hat.“

Der Junge hatte sich geweigert, Avon in die Augen zu sehen oder auch nur mit ihr zu reden, und sie vermutete, das lag daran, dass es ihm einfach peinlich war, dass sie ihn retten mussten. Zugegeben, es *war* ja auch irgendwie beschämend, loszuziehen, um jemanden zu erledigen – bloß um dann als Geisel zu enden. Es wäre besser gewesen, wenn er seine Möglichkeiten von vornherein etwas logischer analysiert hätte, aber Avon sagte nichts dazu. Sie nahm an, sein verletzter Stolz sei für ihn schon Strafe genug, auch wenn sie hoffte, dass ihm außerdem klar wurde, dass Gewalt nicht immer die richtige Antwort war.

Vernestra nickte und signalisierte Imri, sich neben ein paar Frachtkisten in die Ecke zu setzen. Er kam der Aufforderung schweigend nach. Avon wollte zu dem Jungen hinübergehen, aber Vernestra hielt sie zurück. „Lass ihn allein. Er muss über einiges nachdenken", erklärte sie.

„Was ist mit ihm passiert, Vern?" Avon hatte den Jungen noch nie so böse erlebt wie bei seinem Kampf gegen Vernestra.

„Ein Jedi muss stets auf der Hut vor dem Lockruf der dunklen Seite sein. Imris Kummer hat die Oberhand über seine Vernunft gewonnen und ihn dazu gebracht, einige bedauerliche Entscheidungen zu treffen."

Avon schaute hinüber zu dem Padawan und kaute auf ihrer Unterlippe herum. „Steckt er in Schwierigkeiten?"

„Keine Ahnung."

„Ihr elenden Mynocks lasst uns lieber frei, bevor wir sauer werden", knurrte der Aqualishaner hinter ihnen.

Avon und Vernestra drehten sich zu ihm um, doch als sich Avon anschickte, einen Schritt vorzutreten, hob Vernestra die Hand. „Überlass das mir", sagte das ältere Mädchen, ging zu den gefesselten Piraten hinüber und hockte sich hin, sodass sie sich auf Augenhöhe mit dem Aqualishaner befand. „Verrate mir deinen Namen", sagte sie.

Mit einem Mal überkam Avon ein komisches Gefühl. Sie verspürte den sonderbaren Drang, Vernestra ihren Namen zu sagen, doch noch während sie diesen albernen Impuls verdrängte, begann der Mann auch schon zu reden.

„Gwishi von den Nihil. Ich bin der Anführer dieser Brise."

„Wer genau sind die Nihil?", wollte Avon wissen und kam Vernestras nächster Frage damit zuvor. „Seid ihr bloß Piraten … oder mehr?"

Was immer die Jedi machte, um den Mann zum Kooperieren zu bewegen, wirkte noch immer. Er drückte die Schultern durch und setzte sich gerader hin. „Wir sind viel mehr als das – viel mächtiger. Piraten wünschten sich, sie könnten das tun, was wir tun. Die Nihil gehen hin, wo sie hingehen wollen, tun, was sie tun wollen, und nehmen sich, was immer sie sich nehmen wollen. Wir sind viele, wir sind stark, und nur die Stärksten sollen überleben, so wie es seit jeher vorbestimmt ist."

Vernestra neigte den Kopf. „Und warum habt ihr die *Steady Wing* zerstört? Was wolltet ihr damit erreichen?"

Statt darauf etwas zu erwidern, schüttelte Gwishi nur den Kopf. Vernestra wedelte mit der Hand langsam vor seinen Augen herum und wiederholte ihre Frage, aber der Aqualishaner weigerte sich zu antworten.

„Wir wollten nicht, dass Dalna sich der Republik anschließt", sagte da die Frau hinter ihm, woraufhin Gwishi auf Aqualishanisch fluchte und J-6 amüsiert kicherte.

„Also, das war wirklich übel. Wollt ihr, dass ich für euch übersetze, was er gesagt hat?", fragte der Droide.

„Nein“, sagte Vernestra im selben Moment, in dem Avon Ja sagte. Avon wollte protestieren, doch ein strenger Blick der Jedi sorgte dafür, dass sie die Lippen fest zusammenkniff und resigniert die Hände hob, als würde sie sich ergeben.

„Warum wolltet ihr nicht, dass Dalna Teil der Republik wird?“, fragte Honesty wie aus heiterem Himmel. Er ging zu der Frau hinüber, die ihn trotzig anstarrte.

„Weil das *unser* Sektor ist! Wenn die Republik in diesem Teil des Weltraums mit ihren Kreuzern patrouilliert, würde das alles ruinieren! Und jetzt, wo die Nihil im Krieg mit den Jedi und der Republik sind, werdet ihr das ganze Ausmaß unseres Zorns zu spüren bekommen! Ein Sturm braut sich zusammen, und schon bald werdet ihr es bedauern, euch gegen uns gestellt zu haben! Die Starken überleben, die Schwachen sterben!“

Honesty sah die Frau eine ganze Weile ernst an, bevor er schließlich nickte. „Na, wenn das so ist, werden wir euch wohl einfach aufhalten müssen, damit ihr nie wieder jemandem Schaden zufügt.“ Damit machte er auf dem Absatz kehrt und ging zurück in den Frachtraum, wo er sich auf eine Kiste setzte.

Avon warf Vernestra einen Seitenblick zu, ehe sie zu dem Jungen hinüberging und sich neben ihn setzte. „Das mit deinem Vater tut mir leid“, sagte sie. Da sie nicht wusste, was sie tun sollte, tätschelte sie ihm unbeholfen das Knie.

„Denkst du, deine Mutter könnte mir eine Audienz beim Senat verschaffen?“, fragte er, nachdem er eine ganze Zeit lang geschwiegen hatte.

„Keine Ahnung“, erwiderte sie. „Schon möglich. Warum?“

„Weil ich dem Senat persönlich mitteilen will, was diese Nihil oder wer immer dahintersteckt meinem Vater und meinen Freunden angetan haben." Eine Träne kullerte die Wange des Jungen hinab.

Avon legte den Arm um seine starren Schultern, um ihn so gut zu trösten, wie sie es eben konnte. „Ich sorge dafür, dass du vor dem Senat reden kannst, Honesty. Egal, was dafür nötig ist. Ich versprech's."

Und dann schwiegen sie eine ganze Weile. Aber als Honesty ihre Umarmung schließlich erwiderte, wurde Avon klar, dass sie tatsächlich irgendwie Freunde geworden waren, und diese Erkenntnis brachte sie dazu, den Jungen noch ein bisschen fester zu drücken.

Zwei Tage nachdem sie die Nihil-Saboteure dingfest gemacht hatten, trafen die Jedi auf Wevo ein, um Avon, Imri, Honesty und Vernestra zu retten. Die vergangenen Tage waren ruhig und nervenaufreibend zugleich gewesen. Während der Warterei hatte irgendwann die Batterie von SD-7 den Geist aufgegeben, woraufhin Avon den kleinen Droiden traurig in ihrem Rucksack verstaut und sich mental eine Notiz gemacht hatte, künftig immer Ersatzbatterien dabeizuhaben.

J-6 hingegen brauchte nicht zu „schlafen", da sie sich dank einer Buchse an Bord des Schiffs wieder aufladen konnte. Der Droide war es auch, der den Großteil des Wachdienstes verrichtete: Mit gezückten Blastern behielt J-6 die Nihil im Auge, um jedes Mal, wenn die Schurken es sich ein bisschen zu bequem machten, einen Warnschuss in die Luft abzufeuern.

Avon fand, dass es J-6 etwas zu viel Spaß machte, in der Gegend herumzuschießen. Sobald sie wieder in der Zivilisation waren, würde sie die Programmierung des Droiden kalibrieren – *nur ein kleines bisschen.* Nicht so viel, dass J-6 sich so benahm, wie sie sich eigentlich benehmen sollte, aber definitiv genug, um sicherzustellen, dass sie nicht im falschen Moment zu schießwütig reagierte.

Die Jedi, die sie fanden, waren Meister Sskeer, ein Trandoshaner, und seine Padawanschülerin Keeve Trennis, die gerade auf dem Rückweg vom Planeten Shuraden gewesen waren, als sie ihren Notruf empfingen.

Avon war ganz aufgeregt, als die Jedi gefolgt von republikanischen Sicherheitskräften auf die Lichtung traten. Der Jedi-Meister hatte nur einen Arm, und Avon wollte unbedingt wissen, wie er ihn verloren hatte. „Wusstest du, dass Trandoshaner ihre Körperteile nachwachsen lassen können?“, flüsterte sie Honesty zu, der sich mittlerweile so an Avons unvermittelte Lektionen gewöhnt hatte, dass er sie einfach mit einem kleinen Lächeln bedachte.

„Bitte, denk nicht mal daran, den Jedi-Meister nach einem Grund für fehlende Körperteile zu fragen!“, ermahnte Vernestra sie.

Dass die Jedi immer genau wusste, was Avon gerade durch den Kopf ging, war einfach unglaublich nervig. „Das hatte ich überhaupt nicht vor! Ich wollte mich einfach nur danach erkundigen, wie lange es dauert, bis so ein Arm nachgewachsen ist – aus rein wissenschaftlichem Interesse natürlich!“

Doch die Mirialanerin ging bereits ihren Rettern entgegen.

Avon gesellte sich zu Imri, der in einer der hinteren Ecken des Nihil-Schiffs hockte. Seit seinem Kampf mit Vernestra hatte der Junge kaum den Mund aufgemacht, und wenn er doch mal etwas sagte, kamen seine Worte zögerlich, als hätte er Angst davor, was er vielleicht sagen könnte. Während sich J-6 um die Nihil-Gefangenen gekümmert hatte, hatte Vernestra Imri mindestens genauso intensiv im Auge behalten, sodass sich Honesty und Avon immer wieder fragten, was wohl zwischen den beiden vorgefallen sein mochte. Avon wusste, dass es irgendetwas damit zu tun hatte, ein Jedi zu sein – mit der dunklen Seite und damit, wie Jedi böse werden konnten, wenn sie von ihrem Weg abkamen –, aber die genauen Einzelheiten kannte sie nicht. Zumal Vernestra dafür gesorgt hatte, dass Avon auch keine Möglichkeit hatte, auf eigene Faust herauszufinden, was passiert war.

Vernestra sprach gerade mit dem Jedi-Meister, und Avon wusste, dass sie nur ein paar Minuten Zeit haben würde, um mit dem Jungen zu reden. „Tja, ich schätze, das ist das letzte Mal, dass wir zusammen rumhängen", sagte sie und setzte sich neben ihn. „Sieht so aus, als würdest du in ziemlichen Schwierigkeiten stecken."

„Das ist noch milde ausgedrückt", entgegnete er.

„Was war denn eigentlich mit dir los?"

Imri zuckte mit den Schultern. „Eigentlich muss ein Jedi sich darüber im Klaren sein, dass Hass und Zorn zu zerstörerisch sind, um sich ihnen für längere Zeit hinzugeben. Das habe ich in meinem Kummer vergessen, und das hat mich dann dazu verleitet, einige schreckliche Entscheidungen zu treffen."

„Wie die, gegen Vern zu kämpfen?"

Imri konnte sich ein gequältes Lächeln nicht verkneifen. „Ja, das war wirklich dumm."

Avon seufzte. „Jeder macht mal Fehler. Dafür werfen die Jedi dich doch nicht raus, oder?"

Imri schüttelte den Kopf. „Nein, ich denke nicht. Vern scheint zu glauben, dass ich einfach etwas Zeit in einem der Tempel verbringen muss, um gewisse Teile meiner Ausbildung zu wiederholen. Aber ehrlich gestanden bin ich mir nicht sicher, ob ich das überhaupt will." Imri blinzelte hektisch, als würde er gegen Tränen ankämpfen. „Ich glaube nicht, dass ich das Zeug dazu habe, ein Jedi zu sein."

„*Pffft*, Schwachsinn!" Avon stieß den viel größeren Jungen mit ihrer Schulter an. „Bei meiner Ankunft in Port Haileap hat sich keiner so viel Mühe gegeben, dass ich mich willkommen fühle, wie du. Du bist einer von den Guten, Imri. Die Jedi können froh sein, dich zu haben!"

Der Junge schniefte und nickte. „Danke, Avon! Das weiß ich zu schätzen."

„Na ja, und wenn du willst, kann ich auch auf dein Lichtschwert aufpassen, bis es dir wieder besser geht."

Imri lachte. „Nicht mal das habe ich mehr! Nach unserem Kampf hat Vern es an sich genommen. Abgesehen davon ist es ohnehin kaputt. Es ist vollkommen nutzlos."

Avons Herz tanzte vor Aufregung. Sie hatte nicht wirklich damit gerechnet, dass Imri Ja sagen würde – doch andererseits hatte sie auch nicht erwartet, in den Besitz eines defekten Lichtschwerts zu gelangen. Das war die beste aller Möglichkeiten! Wenn sich niemand mehr für dieses Lichtschwert interessierte, würde auch niemand das Lichtschwert vermissen!

Und so nutzte Avon die Chance, so unauffällig wie möglich hinüber zu Vernestras Rucksack zu spazieren, solange diese mit dem Jedi-Meister beschäftigt war, Honesty mit Imri redete und J-6 auf eine Gelegenheit wartete, die Nihil erschießen zu können. Eines Tages würde die Wissenschaft Avon ihr fragwürdiges Verhalten danken, davon war sie überzeugt.

Während immer mehr Jedi eintrafen, sich den Weg durch den Dschungel freischnitten und schließlich einen Frachtgleiter herbrachten, um sie alle zu ihrem Schiff zu bringen, fischte Avon heimlich, still und leise die Bruchstücke von Imris Lichtschwert aus Vernestras Rucksack und verstaute sie in ihrem eigenen – gleich neben dem abgeschalteten SD und einem übrig gebliebenen Päckchen Joppa-Gulasch. Alles in allem war dieses Abenteuer doch gar nicht so schlecht gelaufen!

23. KAPITEL

Vernestra schaute aus einem der vielen Panoramafenster der Starlight-Station. Sie waren gerade noch rechtzeitig zu den Eröffnungsfeierlichkeiten eingetroffen. Auf der Reise vom Haileap-System hierher hatten sie einiges an Zeit aufgeholt. Sie waren auf Routen unterwegs gewesen, die von der jüngsten Katastrophe nicht in Mitleidenschaft gezogen worden waren, und hatten dank ein paar Lichtgeschwindigkeitsstotterern weniger als zwei Tage gebraucht. Berichten zufolge mussten die Jedi zwar noch immer wegen plötzlich auftretender Emergenzen eingreifen, aber wie es schien, hatten sie das Schlimmste mittlerweile hinter sich.

Beim Anflug auf die Station hatte sie geleuchtet wie ein wohlwollender Stern, umhüllt von einer Aura warmen weißen Lichts. Der zentrale Turm blinkte langsam in einer Abfolge von Regenbogenfarben, und Schiffe näherten sich in organisierten Reihen auf vorgegebenen Anflugschneisen. Die Raumstation würde die Kommunikation in dieser Region verbessern, als Zwischenstopp für erschöpfte Reisende dienen und den Jedi dabei helfen, ihre Friedensmissionen zu erfüllen.

Alles hier war mit dem Gedanken an die Erhabenheit der Republik und das Licht der Jedi im Hinterkopf entworfen worden, und allein schon, die Station vor sich zu sehen, half dabei, einige von Vernestras Zweifeln und Ängsten zu zerstreuen. Sie war zwar nicht Meister Douglas und würde es auch niemals sein, aber nichtsdestotrotz konnte sie ihr Bestes geben, so wie sie es schon immer getan hatte.

Was den Rest ihrer Gruppe betraf, zweifelte Vernestra nicht daran, dass sich die Dinge zum Guten wenden würden. Avon und Honesty hatten bereits erklärt, dass sie vorhatten, jeden einzelnen Zentimeter der großartigen Raumstation zu erkunden, und bevor es Zeit wurde, wieder abzureisen, würden sie dazu reichlich Gelegenheit haben.

Vernestra war gelassen und ruhig, jedenfalls äußerlich. Sie hatten die Vernichtung der *Steady Wing* überlebt und diejenigen ergriffen, die für die Tragödie verantwortlich waren. Honesty würde dem Senat sein Anliegen persönlich in einer Rede vortragen, und Avon konnte es kaum erwarten, etwas Zeit in den Forschungslabors der Station zu verbringen, bevor sie nach Port Haileap zurückkehrte.

Doch nichts davon konnte Vernestras Stimmung heben. Sie konnte nur daran denken, wie inbrünstig die Nihil davon gesprochen hatten, fortan Krieg gegen die Jedi zu führen, und wie überzeugt sie davon waren, tun und lassen zu können, was immer sie wollten, selbst wenn das bedeutete, das Leben unzähliger Unschuldiger zu zerstören. Hunderte waren bei der Explosion der *Steady Wing* umgekommen, und die Nachricht darüber, was in Wahrheit hinter diesem Unglück steckte, würde sich wie ein Lauffeuer in der Galaxis verbreiten, um Furcht und Wut zu schüren. Auch wenn die Republik und Dalna diesen feigen Terroranschlag nicht unbeantwortet lassen würden, so würden sie doch die Jedi in dieser Angelegenheit um Hilfe ersuchen. Schließlich waren die Jedi genau dafür da, und Vernestra schwor sich, bereit zu sein, wenn man sie bat, sich an dieser Aufgabe zu beteiligen.

All diese ernsten Grübeleien trübten bei ihr jede Freude darüber, Wevo entkommen und in die Zivilisation zurückgekehrt zu sein. Und dann war da noch die Sache mit Imri. Was würde aus dem Padawan werden, nun, da er keinen Meister mehr hatte?

„Dir ist unbehaglich zumute, Vernestra." Die Worte wurden von einem Zischeln begleitet, was bedeutete, dass die Stimme nur einem gehören konnte.

Als Vernestra sich umdrehte, sah sie Meister Sskeer in der Tür des Observationssaals stehen. Sie schenkte ihm ein Lächeln und wandte dem Fenster den Rücken zu, um auf ihn zuzugehen. Schon früher hatte sie die Ratschläge des Jedi-Meisters als hilfreich und beruhigend empfunden, und obwohl sie eigentlich gedacht hatte, nicht mehr auf diese Art von Führung und Anleitung angewiesen zu sein, wusste sie doch, dass es häufig sinnvoll war, mit jemandem zu reden, wenn man sich selbst nicht so recht darüber im Klaren war, was man tun sollte. „Ich mache mir Sorgen um Imri", sagte Vernestra mit einem Seufzen. Seit sie auf Wevo an Bord der *Radiant Blessing* gegangen waren, hatte der Padawan sich noch mehr in sich selbst zurückgezogen als zuvor, ohne dass es irgendwem gelungen war, zu ihm durchzudringen. Er hatte sich emotional von allem und jedem abgeschottet, und Vernestra fürchtete, dass er womöglich für den Orden verloren sein könnte.

„Dann solltest du dir den Jungen zum Padawanschüler nehmen", entgegnete Meister Sskeer. Er sagte es ganz ruhig, aber sein Vorschlag traf Vernestra mit der Wucht eines Sacks voller Droidenteile.

„Was? Wovon redet Ihr da? Ich habe auf Wevo schon einmal bei Imri versagt. Wäre ich besser vorbereitet gewesen, hätte er sich seinem Zorn niemals so vollkommen hingegeben. Er hätte der dunklen Seite verfallen können, und es wäre *meine* Schuld gewesen!"

Der Jedi-Meister gluckste leise. „So einfach ist das mit der Macht nicht – genauso wenig wie mit den Gefühlen lebender Geschöpfe. Die meisten Jedi haben schon einmal die Versuchung der dunklen Seite gespürt. Das ist nur natürlich. Aber wir widerstehen dieser Versuchung, denn sie ist ein unausweichlicher Weg in die vollkommene Dunkelheit, nicht der Pfad zu ein paar schlechten Tagen. Ein Jedi zu sein, bedeutet, sich wieder und wieder für das Licht zu entscheiden."

Vernestra seufzte. „Das weiß ich, tief in meinem Innern. Aber ich habe keine Ahnung, wie ich das Imri vermitteln soll, der so voller Zweifel ist."

Meister Sskeer hielt mahnend eine Hand in die Höhe. „Mit deiner Hilfe ist es Imri gelungen, den Weg zurück ins Licht zu finden, Vernestra. *Nur* mit deiner Hilfe. Du bist eine ausgebildete Jedi-Ritterin, und man erwartet ohnehin von dir, dass du dir eines Tages einen Padawan nimmst. Also warum nicht jetzt?"

„Ich werde es mir überlegen."

„Ah, jetzt wirst du von deinen *eigenen* Zweifeln getrieben."

Vernestra lachte. „Ja, ich schätze, das stimmt." Sie schaute aus dem Panoramafenster nach draußen, auf das Licht, das von der Spitze der Raumstation ins Weltall hinausstrahlte.

Schließlich entschuldigte sich Vernestra und machte sich auf die Suche nach Imri. Sie konnte ihn im Meditationsgarten spüren, wo er auf einer Bank neben einem Teich voller biolumineszenter Fische saß, die beim Schwimmen ihre pure Lebensfreude durch die Macht ausströmten wie den süßesten Gesang. Es war ein wundervolles Gefühl, und die Strahlkraft dieser kleinen Lebewesen ließ Vernestra unwillkürlich lächeln.

Als die Jedi den Garten betrat, hob Imri ruckartig und voller Schuldgefühle den Kopf. „Stecke ich in Schwierigkeiten?"

Vernestra runzelte die Stirn. „Wie kommst du darauf?"

„Ich konnte fühlen, dass du an mich gedacht hast, aber deine Emotionen waren wirr. Deshalb dachte ich, dass ich in Schwierigkeiten stecke ..."

Vernestra schüttelte den Kopf und setzte sich neben Imri auf die Bank. „Nein, du steckst nicht in Schwierigkeiten. Ich sagte dir doch schon, dass es für das, was auf Wevo passiert ist, keine Strafe gibt."

„Aber ich habe zugelassen, dass Honestys Wut mich mitreißt ... Ich habe zugelassen, dass sein Zorn meinen eigenen anstachelt – und ich habe gegen dich gekämpft. Das war einfach nur falsch."

„Seine eigenen Fehler zu erkennen und es künftig besser zu machen, ist der Weg der Jedi. Der Orden schmeißt dich nicht wegen eines einzigen Fehlers raus, Imri. So funktioniert das nicht. Andernfalls *gäbe* es den Orden schon längst nicht mehr. Auf Wevo, da hatte ich Angst, weil ich mir nicht sicher war, ob und wie ich dir helfen kann. Ich hatte Angst, so auf dich einzugehen, wie ich es gern getan hätte. Doch inzwischen glaube ich, dass wir gut zusammenarbeiten könnten, du und ich. Deshalb hätte ich dich gern als meinen Padawan, wenn das nicht zu schräg für dich ist." Als Imri darauf nichts erwiderte, schenkte Vernestra ihm ein aufmunterndes Lächeln. „Ich bin vielleicht nicht Meister Douglas, aber mit einer Sache hatte er recht, was dich betrifft: Eines Tages wirst du ein bemerkenswerter Jedi sein, weil du bereit bist, dich anzupassen und dich, falls nötig, zu ändern."

„Ist das dein Ernst?" Tränen strömten die blassen Wangen des Jungen hinab.

Vernestra legte Imri einen Arm um die Schultern. „Natürlich. Sobald die Einweihungsfeier vorüber ist, können wir sofort mit deiner Ausbildung beginnen, wenn du magst."

Imri nickte, und zum ersten Mal seit Tagen lächelte er. „Ich werde dich nicht enttäuschen."

„Ich weiß, dass du das nicht tun wirst", sagte Vernestra. Auch sie lächelte.

Die beiden blieben noch einen Moment im Garten sitzen, bis Imri Vernestra schließlich fragte: „Denkst du, wir müssen uns wegen dieser Nihil Sorgen machen?"

Vernestra erwiderte eine ganze Weile nichts darauf. Doch dann machte sie einen tiefen Atemzug und ließ ihn langsam wieder entweichen. „Ich denke, wir haben bislang nur einen Bruchteil von dem gesehen, wozu sie fähig sind, Imri. Aber keine Angst: Wir sind Jedi. Wenn sie das nächste Mal zuschlagen, sind wir darauf vorbereitet!"

EPILOG

Kara Xoo lehnte sich im Kommandosessel ihres Schiffs, der *Poisoned Barb*, zurück. Sie starrte das Hologramm an und knirschte mit den Zähnen. Die Aufnahme war eine Woche alt und stammte vom fernen Rand des Haileap-Systems. Das Holo zeigte Klinith Da, einen der Menschen in der Galaxis, die Kara am wenigsten mochte. Die Frau redete zu schnell und wirkte mehr als nur leicht verängstigt. Wäre sie eine Quarren gewesen, so wie Kara, hätte sie gewusst, wie wichtig es war, sich gerade in solchen Situationen zusammenzureißen und unerschütterlich zu wirken. Stattdessen war Klinith' Antlitz ein Spiegelbild ihrer Emotionen, sodass sie weniger wie eine Nihil und viel mehr wie Beute aussah.

„Wir sind auf einem kleinen Mond gestrandet, den wir als Wevo identifizieren konnten. Ich bin mir ziemlich sicher, dass er verflucht ist, aber Gwishi meint, es liegt nur daran, dass es hier ein paar Jedi-Kids gibt. Doch wir werden uns um sie kümmern, keine Sorge. Das *Steady Wing*-Massaker wird bloß wie ein weiterer tödlicher Hyperraumunfall wirken. Keine Zeugen, keine Probleme!"

Kara wandte sich dem Weequay zu, der in der Nähe stand. Sie konnte sich nicht an den Namen des Burschen erinnern, aber sie versuchte es auch gar nicht erst. Er hielt sich nur deshalb in ihrem Kommandoraum auf, weil er zu der Brise gehört hatte, die losgeschickt worden war, um Gwishi und

Klinith zu finden. „Bist du sicher, dass es nirgends eine Spur von ihnen gab?“, fragte Kara.

Der Weequay nickte. „Da waren bloß die zertrümmerten Überbleibsel dieses Schiffs, das sie mit unserer Hilfe gestohlen haben, bevor sie aufgebrochen sind.“

„Na schön, verschwinde!“ Kara stand auf und schluckte einen Fluch hinunter. Wie die meisten Nihil ihres Sturms trug sie Waffenrock, Hose und schwere Magnetstiefel, alles in Schwarz, alles irgendwo gestohlen. Bei einer ihrer letzten Schlachten hatte sie einen ihrer Gesichtstentakel verloren. Die vernarbte Spitze schimmerte blau – der einzige Farbtupfer, den sie an sich hatte, wenn man von ihrer rotbraunen Haut absah. Sie wusste, dass sie eine beeindruckende Erscheinung war, besonders wenn sie aufrecht stand, und die Nervosität des davonhuschenden Weequay verschaffte ihr eine gewisse freudige Genugtuung.

Kara wartete, bis der Weequay fort war, dann lief sie nachdenklich hin und her. Es wäre nicht gut gewesen, wenn der kleine Bursche mitbekommen hätte, dass sie selbst beunruhigt war. Klinith und Gwishi waren schon die siebte Brise, die Kara in genauso vielen Tagen verloren hatte. Sie hatte einen großen Teil ihrer Truppen zu Kassav geschickt, so wie er es verlangt hatte, aber auch von denen hatte sie seitdem nichts mehr gehört. Keine Brisen zu haben bedeutete, dass ihr Sturm an Stärke verlor, und wenn sie nach außen hin schwach wirkten, würde es nicht lange dauern, bis einer der anderen Stürme auftauchte, um sie zu erledigen. Das war der Weg der Nihil.

Kara musste etwas unternehmen. Nur was? Während sie auf und ab marschierte, strich sie über einen ihrer Tentakel. Sie musste ihre Truppenstärke wieder erhöhen – und das schnell. Nun galt es, alles zu tun, damit ihr Sturm weniger angreifbar und anfällig wirkte. Normalerweise hätte sie versucht, auf die übliche Weise neue Mitglieder zu rekrutieren, durch das Abklappern von Cantinas und gute, altmodische Einschüchterung, aber das dauerte einfach zu lange. Kara musste eine Möglichkeit finden, ihre Reihen rascher aufzufüllen.

Es liegt nur daran, dass es hier ein paar Jedi-Kids gibt …

Kara blinzelte, als in ihrem Hinterkopf eine Idee Gestalt annahm. Sie ging zu ihrem Kommandosessel und drückte auf einen der Rufknöpfe. „Pere, wie viele Schulen gibt es auf Dalna?"

Einen Moment lang war nur Rauschen zu hören, dann kam die Antwort über Kom: „Ähm, vielleicht hundert oder so? Warum?"

Kara ließ sich in ihren Sessel sinken und lehnte sich zurück. Wäre sie imstande gewesen, wie ein Mensch zu grinsen, hätte sie es nun getan. Stattdessen ließ sie ihre Gesichtstentakel tanzen. „Wir müssen ein paar Neue rekrutieren."

Sie würde der Republik und den Jedi zeigen, wozu die Nihil fähig waren. Kassav und die anderen Orkanläufer würden stolz auf sie sein. Und wenn es schließlich vollbracht war, würde vom Dalna-Sektor bloß noch Asche übrig sein.

ÜBER DIE AUTORIN

Justina Ireland ist Autorin von *Dread Nation*, einem *New York Times*-Bestseller, der es 2019 in die Top 10 der YALSA-Auswahl von Romanen für junge Erwachsene geschafft hat. Sie hat noch weitere Kinder- und Jugendbücher verfasst, darunter *Deathless Divide*, *Vengeance Bound*, *Promise of Shadows* sowie die *Star Wars*-Romane *Lando's Luck* und *Der Funke des Widerstands*. Justina Ireland mag dunkle Schokolade und schwarzen Humor und ist nicht sonderlich stolz darauf, zugeben zu müssen, dass sie auch heute noch Angst im Dunkeln hat. Zusammen mit ihrem Ehemann, ihrem Kind, einem Hund und mehreren Katzen lebt sie im US-Bundesstaat Maryland. Im Internet ist sie unter www.justinaireland.com zu finden.

AN DIE WAFFELN, MÄNNER!

ERWECKE DIE MACHT IN DIR – MIT DIESEN UNWIDERSTEHLICHEN INTERGALAKTISCHEN FRÜHSTÜCKSREZEPTEN!

Stärke dich mit C-3PO-Pancakes! Bekämpfe den Hunger mit Finns fantastischem Fruchtblaster! Biete dem Bösen mit dem Parfait de Widerstand die Stirn! Jedes dieser einfach zuzubereitenden, leckeren Rezepte ist von Charakteren und Szenen aus *Das Erwachen der Macht* und *Die letzten Jedi* inspiriert und mithilfe von *Star Wars*-Actionfiguren gleichermaßen humorvoll, wie aufwendig in Szene gesetzt. Ein Muss für *Star Wars*-Fans und alle, die gern machtvoll in den neuen Tag starten!

Das *Star Wars* Brunch- und Frühstücks-Kochbuch
ISBN 978-3-8332-3623-5

NOCH ERHÄLTLICH:

Das *Star Wars* Kochbuch
***Star Wars* Cantina**

IM BUCHHANDEL ERHÄLTLICH

www.paninibooks.de